创见未来

新时代的商业
突破与变革

魏炜 张坤◎主编

VISIONARIES
OF
TOMORROW

格 致 出 版 社 上海人民出版社

序

　　翻开这本书，我想首先邀请大家一起畅想 20 年后的世界。那会是一个怎样的奇妙世界呢？或许，科技的飞速发展将使我们的生活变得更加便捷、高效；或许，可持续发展的理念将深深扎根于人们心中，让我们的地球更加美丽、宜居；或许，创新与创业将成为人们生活的常态，让每个人都有机会实现自己的梦想。

　　带着这份美好的希望回到当下。为了这个我们所希冀的奇妙世界，我们现在应该如何自处？我们的企业应该如何创新？我们当前的行业应该怎样变革？

　　在编撰《创见未来：新时代的商业突破与变革》这本书的历程中，我们时常自我叩问这些问题，始终铭记北大汇丰商学院创新创业中心的初心、愿景与使命。作为一个致力于培养创新创业人才的机构，我们整合了企业、政府、学术资源，旨在推动创新创业生态的发展。我们的愿景是将创业者、创新技术、产业链和投资人汇聚于一个平台，通过先进的创新创业思维与认知理念，共同构建一个世界一流的开放式创新生态。我们的使命是创造和整合世界级的创新创业思想与关键资源，为创新者与创业者赋能。而这，也正是本书所致力于创造的未来世界。

　　北大汇丰商学院创新创业中心成立以来开展了一系列工作。特别是过去一年来，我们举办了创讲堂、科创家讲坛、创新出海论坛、创新创业读书会等系列活动，为创业者和创新者提供了一个学习和交流的平台。我们还举办了多场创赛路演活动，吸引了全球各地的项目在这里充分展示，联动更多城市和地区的创新创业机构为全球的创新创业者建起一个广阔的展示平台，持续赋能创业企业。

为服务经济社会高质量发展，我们在前海中英研究院建立了国际创新空间，培养孵化了多家创业企业，近年来这些企业快速发展，团队规模和营收实现了成倍增长。此外，我们还建立了创新引擎实验室和未来实验室，打造开放式创新创业生态，构建充满活力与机遇的创新乐土。

在所有的这些工作和活动中，北大汇丰创讲堂是我们历史最久、影响力最大的品牌活动之一。作为面向社会大众开放的公益性创新创业主题讲座，设立5年多来，创讲堂已举办了近80场，线上线下累计超过200万人次观看，已然成为大湾区创新创业者的公开课堂。作为讲座的主办方，我们时常被观众的热情所打动，即便是工作日晚上十点，北大汇丰商学院的教室仍坐满听众，追寻知识的脚步从未停歇。他们对知识的如饥似渴、对创新的执着热忱，也鼓励我们不断创新讲座形式，开拓更多传播渠道，以满足更多观众对创新创业知识的渴求。

为此，我们在2022年5月策划出版了创讲堂第一本图书——《科创大时代：未来商业的新需求、新模式、新技术与新探索》，以惠及更多渴望获得创新创业知识的人。图书出版之后，受到了读者的广泛好评，书中18位演讲嘉宾的创业智慧和精神不断鼓舞着全国各地的创业者、创新者。进而，第二本书的想法诞生了。我们结合之前的经验和新的实践心得，将近几年创讲堂的内容与北大汇丰商学院的办学理念和创新创业思考紧密结合，编写了创讲堂的第二本文集——《创见未来：新时代的商业突破与变革》。

在新的商业变革下，本书分为三个部分：

第一部分我们归纳为"科创不眠"。这部分汇集了北大汇丰商学院教授、剑桥大学商学院前院长洛赫教授，韶音科技创始人陈皞以及被誉为传奇产品iPod之父的托尼·法德尔（Tony Fadell）等嘉宾的精彩分享。他们凭借自身丰富的经验和深刻的见解，引领我们深入学习创新、透彻理解创新。在这里，读者仿佛置身于浩瀚的知识海洋，尽情汲取创新的智慧养分。同时，我们还穿插了小库科技创始人何宛余和鳍源科技创始人张翀的创业故事，让读者更直观地感受创新的独特魅力。这些故事犹如一面面明亮的镜子，映照出创新者们在创业道路上的坚持与奋斗、智慧与勇气。

第二部分尝试"洞见未来"。这部分中我们精心挑选了在中国创新创业创投领域深耕多年的嘉宾们的智慧结晶。梅花创投的创始合伙人吴世春、知名营销专家小马宋以及艾比森创始人、董事长丁彦辉等，他们以自己的亲身经历和深刻洞察，助力我们更好地学习、理解并深入思考中国企业的创新创业破局之路。此外，我们也会看到百果园创始人余惠勇 20 年的经营思考、安踏集团首席运营官陈科对动态效率和企业永续增长的深刻解读以及麦肯锡全球资深董事合伙人张海濛对敏捷前瞻规划的深入剖析。这些丰富多元的内容为读者提供了更为全面的视角，让我们能够从不同的角度审视创新创业的前行道路。

第三部分将作一升华——"益企同行"，以呼应当下充满人文关怀的商业理念变革。在这部分中，全球 50 大管理思想家之一的纳维·拉德友（Navi Radjou）、谷歌原网络云首席技术官江朝晖、健行仿生创始人 CEO 孙小军、湛庐创始人、董事长韩焱、七幕人生创始人杨嘉敏以及社会企业家李霞等，从不同的角度深刻诠释了我们对创新创业的理解。他们告诉我们，创新创业不仅是一种崇高的精神，更是一种充满活力的生活方式。它能够让我们活出自信与伟大，在追求梦想的道路上不断超越自我。

看完这本书，我想读者朋友们一定会对本文开头提到的这些问题有更加深入的思考。我们也衷心期盼读者在潜心阅读本书的过程中，能够源源不断地汲取其中蕴含的智慧与力量，怀揣着书里的观点和信念，携手并肩，共同创见未来，为实现更好的生活及可持续发展，勇立潮头，引领新时代的突破与变革。

最后，衷心感谢所有参与创讲堂的演讲嘉宾们。他们无私地分享自己的创新创业故事和宝贵经验，他们的分享犹如一束束明亮的光，照亮了我们前行的道路。同时，感谢所有为本书的编写和出版付出辛勤努力的人们。感谢他们的专业精神和敬业态度，正是他们的努力，才让这本书得以出色地呈现在读者面前。

在未来的发展中，我们将继续坚守创新创业中心的使命和价值观，不断推动创新创业教育和实践的蓬勃发展。我们坚信，这本书的广泛传播，将使更多人受到启发，踊跃加入创新创业的浩荡行列，为实现中华民族伟大复兴的中国梦贡献自己的力量！

让我们携手共进，创见未来！

张坤

2024 年 12 月

目　录

洞见未来　>>>

科创不眠

如何成为创新型企业

克里斯托弗·洛赫（Christoph H. Loch）

北大汇丰商学院管理学教授、剑桥大学嘉治商学院原院长

作为一位曾掌舵世界顶尖商学院十年的重量级学者，克里斯托弗·洛赫此次来到北大汇丰，分享了自己对于"创新"的认知，并面向初创企业和成熟企业分别提出了实现创新的解决方案，鼓励企业实现"不可预测的创新"。

创新的定义

创新是组织发展的核心动力，它不仅仅是一个广泛的概念，更是推动进步的关键因素。在组织中，创新应该具备三个特点：新颖性、可执行性和价值创造。真正的创新应当能够改善工作流程并带来实际效益。如果所谓的新事物反而降低了效率，那么它就不能被称为创新。

对于初创企业而言，创新意味着向市场和客户引入前所未有的产品或服务。这种新颖性是吸引投资者和客户的关键。即便在其他市场，相似的概念也已经存

在多年，只要目标客户和市场未曾接触过，且企业是首个提供者，即符合"新"的定义。

中小型企业的创新则体现在尝试之前未涉足的领域。即便其他大型企业或市场已有成熟实践，中小型企业的尝试仍能够显著提升其自身的竞争力。因此，中小型企业应专注于实施新颖且有价值的行动，以增强自身竞争力。

大型跨国企业追求的创新则更为严格，它们寻求的是其他企业尚未尝试的创新。这些企业拥有强大的团队和资本，能够根据全球最佳实践来持续优化流程。

同时，应当警惕盲目追求新技术和推动企业流程自动化的习惯。并非所有创新都与新技术相关，创新可以是任何有助于企业竞争力并带来价值的优化措施。保持这种心态，企业才能识别出真正有价值的机会，避免不必要的投资浪费。

初创企业：在"不确定性"中寻找创新

为什么初创企业总是夸大自己

在初创企业的商业计划书中，夸大其词是一种常见的现象，其目的在于吸引投资者的关注。这种做法背后的逻辑是，通过展示一个详尽的执行方案，向投资者传达出"企业已经做好了充分的准备，只需要资金和时间的投入，就能够顺利推进项目"的信息。然而，实际情况往往并非如此。

真实的初创企业运营过程中，会遇到许多意料之外的挑战，例如客户可能并不了解如何正确使用产品。这表明，初创企业往往无法准确预测成功的道路，也无法确切知道成功的秘诀和步骤。商业计划书中的完美规划往往会给人一种错觉，让人们认为只要按照计划中的活动一步步执行，如产品构思、市场定位、营销策略、品牌建设、竞争分析、知识产权保护、合作伙伴关系建立以及资金募集等，就能够顺利实现目标。

然而，创业更像是一个持续的过程，而非一个有明确起点和终点的项目。即使企业成功完成 IPO，真正的业务维持和运营工作也才刚刚开始。因此，商业计划书中条理清晰的规划和甘特图，只是一种理想化的展示，与实际操作中遇到的复杂性和不确定性相去甚远。

现实刺破完美遐想的泡沫："不确定性"

现实世界充满了不确定性。不确定性与风险的概念不同。风险涉及已知的影响因素，尽管我们可能无法预测这些因素的具体影响程度。而不确定性则意味着我们可能连影响成功的关键因素都不清楚。正如管理学大师彼得·德鲁克（Peter F. Drucker）所指出的，新企业的成功往往出现在意料之外的市场，它们的产品或服务的实际用途和购买者可能与最初的设想大相径庭。

这种不确定性要求企业随时准备调整方向。例如，一个企业可能认为自己在与联想竞争，但突然发现真正的竞争对手是小米，这就要求企业重新考虑其战略布局。在产品开发过程中，企业可能需要不断调整和优化产品功能，以提升用户体验并获得客户的认可。同时，企业还可能需要改变产品定位，强调其高科技特性而非易用性，并可能需要调整技术性能或更换供应商。

为了应对这种不确定性，企业可以采用"平行实验法"，即同时进行多个实验，然后选择效果最好的方案。例如，一家汽车企业可能会同时测试两家供应商的电池，最终选择性能最佳的那家。虽然这种方法可能会增加成本，但它提供了速度和灵活性，有助于企业快速适应市场变化。同样，一家软件企业可以将同一个组件的开发外包给两家不同的供应商，通过短期合同来评估它们的表现，最终选择更好的合作伙伴。

这种将项目细分为模块的方法，虽然与传统的项目管理原则相悖，但它允许企业根据对各个模块的认知程度来确定合适的管理方式。对于那些相对确定的项目，传统的甘特图管理方法仍然适用；而对于那些充满不确定性的项目，则更适合采用"平行实验法"。

通过细分模块化和实施不同的管理方法，企业能够更有效地应对不确定性，这是优质公司在面对不断变化的市场环境时的上策。这种方法不仅适用于初创公司，也适用于大型跨国公司，因为企业无论其规模大小，都可能面临市场的不确定性和挑战。

模块细分导出问题根本的具体案例

在硅谷的帕洛阿托度假期间，我遇到了一位风险投资的管理合伙人伊莱恩。她的公司对一家名为 Escend 的初创企业进行了大规模投资。Escend 专注于为手机和其他电子消费品提供硬件供应链服务，其主要客户包括诺基亚、三星和小米等知名厂商。手机硬件供应链具有很高复杂性，其中存在众多中间商，导致制造商和客户之间无法直接沟通，造成供需不匹配的问题。Escend 最初的商业模式是成为一个行业内的中央数据库，通过整合供应链各方的信息，建立起一个连接供需双方的平台。

这个商业模式看似能够解决行业的痛点，但公司很快发现销售不足，面临亏损，快速烧钱导致资金周转困难，这让 Escend 的团队感到困惑不已。伊莱恩采纳了我的建议，运用模块细分的方法来分析公司各部门的运营状况。她发现，虽然大部分部门的问题可以在认知范围内解决，但有两个关键问题凸显出来：一是对客户需求的理解不足；二是不清楚行业对其产品的实际接受程度，事实上电子消费品供应链行业当时还不愿意将机密信息外包给第三方数据库。

通过模块化的方法，伊莱恩意识到她应该将可预见的问题交给副总裁处理，而自己则集中精力解决上述两个问题。当他们意识到中央数据库项目由于行业内各方不愿意共享信息而无法继续时，他们开始探索其他产品形式和服务模式。他们尝试制造一个通信设备来协调各方的时间表和信息共享，但效果并不理想。之后，他们又尝试开发了一套客户关系管理系统，但同样未能取得成功。最终，通过收购一家提供类似产品的公司并进行整合，Escend 成功推出了一个名为"设计-盈利-收入追踪"的方案，实现了订单交易具体信息的共享，从而成功地集中了各方愿意共享的信息。

尽管最终的成功与最初的计划有所偏差，但 Escend 通过持续学习、勇于调整方向，并有逻辑地逐步调整，避免了资源的浪费。这个案例后来被编写成论文，并被广泛引用，成为证明"模块细分、不断学习、勇于转向"这一方法论有效性的有力证据。

"快而脏"生存论

在经济放缓和风险投资紧缩的背景下，初创公司需寻找"快而脏"的策略以赚取早期收入，支持运营和研究。通过简化产品来降低技术等级，快速产生收入，这能支持公司运营，并验证产品技术和市场需求，增强风投对公司的信任。初创公司应分拆产品为小模块，快速输出商业价值，创造营收以支撑后续研究优化。

成熟企业：在全局考量中落子创新

解除误会：成熟企业也有创新！

成熟企业为了保持行业内的竞争力，需要不断地引入新想法，并将其整合到战略布局和公司在客户心中的定位中。这不是简单依靠运气就能实现的事，而是需要有意识地进行项目管理和资源分配。以小米为例，尽管其手机外观可能看起来并不引人注目，但它们以质量和耐用性赢得了市场，吸引了那些追求稳重、简朴和实用性的客户群体。

项目之间相互影响，它们会争夺公司的有限资源，并可能在市场上产生互补或竞争的效果。因此，成熟企业在投资规划每个项目时都必须谨慎考虑。例如，一个优质的高端产品线可以促进公司廉价款式的销售，而一个失败的高端产品线则可能破坏客户对廉价款式的购买意愿。这是因为顾客会根据公司的整体产品系列来对公司进行定位，并据此做出购买决策。同时，产品线过多可能导致固定成本大幅增加，需要更多的人力来维持管理、销售和法律等部门的运营，这可能导致成本结构难以控制，进而引发资金周转问题。

如何鼓励创新？

创新是一个多维度的概念，它不仅仅局限于发明新技术或新产品。有些创新可能在细节上微妙但能有效降低成本；有些创新可能体现在以新的方式吸引新客户；还有些创新涉及商业模式的根本变革；当然，也有些创新就是我们普遍理解的技术革新。

每一种创新都需要采取不同的管理策略。对于大型企业而言，由于规模庞大和组织结构复杂，其推动创新所面临的挑战远大于初创企业，这也是大企业在外界看来创新速度较慢的原因。成功的创新需要依赖于持续不断的创意点子，而这些点子不应仅由个别天才提供，而是需要由组织内多个部门的人才共同贡献。

组织内部通常由不同的小群体构成，他们在各自的网络中交流，但群体间的互动可能较少。销售人员、开发人员等各自与外界接触，从而获得不同的启发和创意种子。如果组织内部的沟通不畅，这些来自外部的创意点子就无法有效传播到整个组织，尤其是那些拥有资源和技术能力来实施创新的部门，从而导致组织无法优化流程，逐渐失去竞争力。

组织内部信息不对称的文化可能加剧这一问题，例如高层管理者不愿意分享信息，或者部门间存在偏见不愿交流。幸运的是，这些问题是管理层可以直接介入和改善的。通过实施轮岗制度，让员工体验不同部门的工作，可以加强组织内部的人际网络，促进创意的传播。此外，公司还可以开展跨部门的小型咨询项目和培训，举办跨部门会议和基准考察活动，这些都有助于减少群体间的差异，使组织结构更加扁平化，管理更加开放，营造一个鼓励分享和建议的文化氛围。

创新该由谁负责：成熟企业与初创企业之间的关系

创新，无论其承担者是成熟企业还是初创企业，都取决于创新想法与成熟企业现有业务的匹配性。如果一个创新想法与成熟企业的现有业务不匹配或者只是互补关系，那么它不符合"创新必须为企业带来价值"的原则。在这种情况下，成熟企业不应直接实施这些方案，而应当考虑分拆团队，支持或鼓励他们联系风险投资者，成立独立的初创公司。即便创新想法适合成熟企业当前的产品线，但如果它不适合公司现有的工作流程，公司也不应盲目追求这一创新。由于这类创新可能需要大量预算且资源不匹配，公司需要进行投入回报分析，才能做出是否投资的决策。总结来说，成熟企业拥有有限的资源，应当明确地对任何创新想法进行业务匹配判断，避免在回报不足的项目上浪费资源。如果创新与公司当前的产品和工作流程高度契合，公司应指派一个专门的团队来专注于实施这些创新方案。

相对而言，风险投资公司关注的是项目本身的潜力，它们通过分散投资来降低风险，因此更适合为初创公司提供融资。风投公司愿意投资那些可能带来高回报的创新项目，即使这些项目的风险也相对较高。这种投资策略使得风投公司成为支持初创企业成长和推动创新的理想选择。

从创新的战略布局到制定年度预算

创新的战略布局主要受两个因素影响：企业技术的创新程度和企业对市场的认知。由此，可以将创新项目分为四种类型。一是微型优化项目，如提升生产率，以积累长期竞争优势，中小型公司尤其需要将大部分资金投于此。二是创造符合顾客需求并带来新鲜感的新产品和设计，尽管风险较高，但若成功可大幅提升市场份额和定价能力。三是复杂技术，成熟企业宜投资购买技术，而非自主研发，以免研发进程缓慢。四是开拓新市场，尽管市场风险较高，但如果回报潜力大，值得尝试。需要注意的是，所谓的"蓝海计划"指的是探索未知市场和业务领域，这类创新虽然可能带来市场垄断的机会，但风险极高，通常只适合资金充足的大型企业承担。

通过将创新项目分为这四种类型，企业可以制定年度资金预算，明确投资重点，并严格执行预算管理办法。高级总裁可以利用这种方法监督项目进展，确保投资决策不受外界影响，与集团战略布局保持一致。

成熟企业的"联动"特性——宏碁案例

在 2000 年，宏碁的笔记本电脑系列营销火热。然而，由于项目过多和管理不善，导致资金分配不当，最终多数项目遭遇失败。宏碁当时的产品线有三种：高端的豪华笔记本电脑，功能齐全；面向学生市场的中低端笔记本电脑，价格低廉但性能一般；为 IBM 代工的 OEM 产品。

通过对产品进行模块化分析，宏碁发现豪华系列产品亏损严重，考虑停产。但它担心缺乏高端产品会损害品牌形象，进而影响盈利的低端产品系列。为了解决这一困境，宏碁采取了激进的营销策略，专注于推广低端系列产品，并逐步改变了消费者对其产品的认知。最终，宏碁决定停止生产豪华系列产品，这一决策使得公司能够节约成本，并将资源重新分配到回报更高的项目上。这一转变帮助宏碁在接下来的五年内摆脱了困境，并实现了首次增长。

宏碁的案例强调了企业中各个项目之间相互依存的关系。由于资源有限，对一个项目的投入会产生机会成本，影响其他项目。因此，企业在做出决策时必须考虑全局战略布局，这是成熟企业与初创企业的一个重要区别。成熟企业需要同时管理多个项目，而初创企业可能只需专注于一个项目。

不同创新应该以不同形式进行

创造新产品的创新是初创企业的常见做法，因为它们具备速度快、灵活性和单一的成本结构，能够迅速适应新技术的发展，并不断学习和尝试，为新技术找到合适的商业模式。例如，iPhone 虽然不是第一款无按键手机，但其设计灵感部分来源于 1999 年由剑桥大学计算机科学院开发的 Snacks 手机。这表明许多创新产品都是在现有技术开发的基础上，随着技术成熟和时代发展，逐渐演变为具有商业价值的产品。

不过，持续改进也是一种创新方式。例如，宝马的丁格芬工厂通过了解工人的日常不便，逐步改善工作环境，如铺设木地板、培养拉伸习惯、购买椅子、使用可调整高度的桌子等，这些小改进累积起来，以较低的成本显著提高了生产线效率。

开拓新市场和"蓝海计划"的创新则依赖于传统的项目管理方法论，重点在于市场营销。例如，欧莱雅通过重视产品包装，改变了消费者对其产品的定位。在开发新产品时，它也运用传统的项目管理方法论，但重点在于工程部门的创新。

这些案例展示了创新可以采取多种形式，从新产品的开发到现有产品的持续改进，再到新市场的开拓，企业可以根据自身的特点和市场的需求，选择最适合的创新路径。

创新，不可预测

人类的预测能力往往受限于过去的经验，这导致了许多预测与实际发展之间的差异。以扫地机器人为例，20 年前的预期与现在市场上如小米、戴森等品牌的机器人相比，存在显著的差距。这种差异源于在产品开发过程中，很难预测客户的真实需求，产品往往需要通过不断的改进和调整来满足市场。

在产品开发过程中，传统项目管理流程通常由工程师主导，随后市场营销部门介入推广。这一过程需要工程师、管理者和市场营销人员三种不同类型的人才协同工作，他们各自具有不同的逻辑思维和研发流程。

尽管初创公司在创新方面表现出色，但成熟企业的创新更具挑战性。它们需要在众多创新想法中做出正确的判断，理解项目之间的相互作用，并考虑如何管理不同类型的创新。成熟企业能够在这些多层次的挑战中取得成功，这正是创新型公司应有的特质。

精彩问答

Q：如何更有效地在组织内传播创新的想法？

A：有的人认为，做一个人工智能的微信小程序，让员工通过微信上传自己的想法，就能达到自动化的成效，省去员工之间私聊浪费的时间。可惜事实并非如此，研究发现人只有在线下面谈时，才勇于分享想法，可能因为他们能够通过观察微表情获得即时反馈和认同感，从而感到满足。反之，若规定每个员工得在一定期限内分享创新想法，那也会产生物极必反的效果，因为人都是厌恶被强制做的差事。

Q：如果年轻人有新想法，但改革决定权落在思维较为古板的权威或长者手中，那我们该如何推进创新？

A：面对这种风险，关键在于确保决策过程能够反映目标市场的声音。以施乐实验室（Xerox Labs）为例，尽管开发了许多基础技术，但因为施乐总公司未能采纳这些创新，这些技术被竞争对手利用，最终施乐自身遭受了重大损失。在这样的情况下，组织内部需要建立一种文化和机制，让员工的创新想法得到尊重和考虑，尤其是当这些想法与目标市场紧密相关时。

为了避免在组织内形成这种文化，应确保产品设计和决策权掌握在与目标客户群体同代的人手中。例如，如果目标市场是年轻人，那么设计和决策团队应主要由年轻人组成。同样，如果产品针对的是老年人，那么决策层应包含来自老年群体的成员。这样做不仅有助于创新想法在组织内传播，还能确保最终的决策更贴近目标客户的需求和偏好。通过这种方式，组织能够更好地推进创新，并保持市场竞争力。

Q：千禧年代人群喜欢追崇潮流，如何评估"产品不好但抓得住风口，通过流量爆红"的营销策略？

A：这种营销策略的效果取决于多重因素，需要进行权衡。一方面，如果产品本身质量不高，即使短期内通过流量获得关注，最终也可能因为消费者的负面反馈而迅速失去市场。另一方面，抓住流量的优势可以帮助企业快速了解客户需求，从而高效地优化产品，实现"自证预言"的效果。

在某些情况下，市场上的激进表现确实能带来优势，但同时也伴随着更高的失败风险。例如，英国企业可能在技术上有优势，但因为在市场上缺乏足够的存在感而未能引起关注。因此，在市场上采取积极的策略有其特定的价值，但也需要考虑到可能带来的风险。

对于企业家而言，是否采用追逐流量的策略需要根据产品本身、行业定位、消费者观念等因素做出判断。同时，这也与企业家和投资者之间的信任程度有关。过度追求短期利益可能会迫使企业采取过于激进的策略，增加风险。总的来说，企业家需要根据自己的行业洞察力来做出明智的业务决策。

本文根据作者 2024 年 1 月 11 日在北大汇丰商学院创讲堂的演讲整理而成，经作者审阅并授权发布。

硬科技创新的第一性原理

陈皞

韶音科技创始人、CEO

陈皞从韶音科技自身的实践经验出发，畅谈其关于"硬科技创新"的认识。在这次分享中，韶音科技掌门人陈皞提供了关于如何做产品、如何运用确定性和不确定性方法论、如何搭建创新企业需要的组织和人才思想等领域的思考和洞见，也许读者可以从中找到韶音领跑运动耳机市场的不二法门。

什么是创新

"懒蚂蚁"：追究问题的本质

我一直在思考两个问题：一个是李约瑟之问，另一个是钱学森之问。大家知道我们现在面临着关键技术"卡脖子"、新旧动能转换、追求高质量发展、摆脱中等收入陷阱等问题和挑战，也面临一些技术革新为什么没有发生在我们这儿等更具象的创新问题。我的分享的其中一个目的在于让大家知道一些核心概念。至于这个词将来怎么展开，没关系，至少种下了一颗种子，它在你未来的路上会慢慢发芽。当然，了解这些概念对你的创业、学习、职业规划以及对你关于以上问题的思考，我相信都会有很好的启发作用。

那么，什么是第一性原理？我看过一个短视频，有个人问马斯克：所有伟大的企业家都有什么共同的特点？马斯克想了想说，这些人都有一个共同的特点，那就是在思考最本质的问题。第一性原理就是对最本质的问题进行刨根问底式的深度思考，而且要特别较真。我们中国需要这种较真精神，如果没有这种较真精神，会导致很多东西似是而非，似是而非就做不了创新和好的产品，整个商业效率会很低。

这里有一个关于懒蚂蚁的故事。一个蚂蚁群里几乎所有的蚂蚁都会有很具体的工作，比如打猎、搬食物、当"工人"或者去战斗。除此之外，一个蚂蚁群里也总有一群懒蚂蚁，这些懒蚂蚁表面上每日无所事事，但是当这个蚂蚁群已有资源被利用完的时候，懒蚂蚁就会发挥它们强大的能力——为这个族群提供新的思维、新的方法、新的发展空间。西方社会为什么能够不断地做出一些巨大的科技突破和创新，在我看来，就是因为有一群这样的"懒蚂蚁"，从苏格拉底、柏拉图、亚里士多德、欧几里得，到笛卡尔，培根、休谟，一直到后来的波普尔、库恩等。他们不断地去做本质思考，尝试把一些我们平常可能觉得不重要的概念梳理得非常清楚。最后，你会发现，当把这些东西搞清楚以后，你不光可以做创新，做商业也会有非常高的效率。

第一性原理就是这样的本质思考。本质思考有个最常用的方法，就是逻辑学。逻辑学最基础的要求就是，凡有概念，必须定义。如果你对一个概念没有定义的话，你谈的就是似是而非的概念或者大而不当的概念，它不符合逻辑学的规范，在落地的时候也不会太好用。所以，我会比较强调对很多概念进行精准的定义。本质思考还有一个很常见的方法论——理性方法论，指如果这个概念似是而非，那就把这个概念一直细分下去，分到子概念或者说更小的概念，直到这个概念能够被精准地定义。这样你才能建立一套体系来思考和解释一些问题。

硬科技与创新

韶音科技也对自己进行了一些定义，这个定义的背后是我们的精准定位，每个词都有它的指向：

"在硬科技领域做技术驱动创新（基础技术突破驱动）和原创式科技创新，有自主定价权的、中高端自主品牌和全球市场营销的全价值链企业。"

"韶音基于对数学、科学、技术、工程学和系统工程的深度认知，致力于用科技创新推动世界进步，让人类生活更加美好。积极布局声学、可穿戴设备、医疗大健康、半导体等业务方向，走向一个我们能够想象的自由和光明的未来！"

拆解这两段话，我们需要先探讨几个概念。首先，什么是硬科技？硬科技在我看来很简单，不管前端做的是什么，只要最终落地在制造业上，提供的是一个实体服务或者实体产品，需要通过制造业把它生产出来，就都是硬科技。比如，ChatGPT 如果只是用来聊天对话，在我看来它就不是硬科技；但是如果它被作为一个机器人的操作系统，最后这个机器人通过生产线生产出来，那机器人就属于硬科技。

那么，接下来，什么是创新？这在今天是一个极其高频的词，但是到底什么是创新，创新有哪些分类，似乎从没见人说清楚过。

我们简单地尝试做个分类。第一个分类方法的依据是创新的类型。在这种分类方法下，第一种是商业模式创新，其中典型的就是互联网创新。大家都知道互联网有两个特点：边际成本几乎为零和网络效应。所以，互联网的模式通常体现为"烧钱"，通过资本的大量投入去争夺垄断地位，进而利用垄断地位施加市场影响，这也是我们经常听到呼吁反对资本无序扩张或者反垄断的原因，其实其中针对的就是互联网平台的商业模式创新带来的一些负面影响。

　　第二种创新是营销创新。营销创新最典型的例子是瓶装水。我记得我小时候没有瓶装水这个概念。但是通过饮用水生产公司的不断灌输，我们知道了这个概念，于是就产生了需求，最后生长出一个非常庞大的市场。消费品类里经常可以见到这种营销创新，比如我们被灌输了酱香型白酒很好喝之类的概念。

　　第三种创新属于科技创新范畴，叫需求拉动创新或者场景驱动创新。它跟后面将提到的第四种技术驱动创新最大的区别是，它不需要底层技术的突破就能完成。这种创新大致有三个细分方向，即组合式创新、设计创新和工程技术创新。其中，设计创新多见于创意科技产品领域；工程技术则比较特殊，就是我们经常说的工业工程（IE）技术，山东青岛一家叫酷特的服装定制公司利用 IE 技术很灵活地进行柔性制造，最后实现了高档服装的定制化，就是典型的工程技术创新，也属于需求拉动创新。而组合式创新是这一分类范畴中最常见的一种，指根据需求和场景把现有的模块组合到一起来满足特定的功能，再去做产品定义。但组合式创新有两个最大的问题：一是这样的组合或许已经是前人失败的经验，二是组合式创新没有"护城河"，一旦你干起来了，就有无数的公司冲进来跟你"卷"。

　　比如有一家深圳的公司，其主营业务是生产家用电源。它的相关技术是将现有模块、现成技术组合到一起。电源在服务电脑或者手机充电时的产品定义，与它作为一个家用的备用电源时的大不一样，虽然还是那些要素，但是它所满足的需求和使用场景发生了变化。当时刚好碰上美国大停电，所以市场有了一个爆发式增长，这家公司 2022 年的销售额已经涨到了 50 多亿。后来据说有近千家公司进入了这个赛道，"卷"得飞起，在这种情况下，很有可能实现盈利都成了很大的挑战。因此，我们在选择这种组合式创新时要小心。

　　我们韶音尝试做的，正是以创新的类型划分的第四种——技术驱动创新。这种创新由基础技术突破驱动，完全建立在底层技术突破的基础上。

　　我想说的第二个分类依据是创新和品类之间的关系。这就回到了刚刚的问题：什么是创新？创新在硬科技领域的定义非常简单，就是开创一个新品类，原来没有这个品类的产品或者服务，我去开创一个全新的产品品类或者服务品类。这种原创式创新就是在这个分类下我们要说的第一种创新类型。

第二种是跟随式创新。跟随就是，我没有开创这个品类，但是在这个品类高速成长的时候，当它的体量规模变得足够大的时候，我作为跟随者进入，并在后面试图去争夺这个品类的领导权或者说至少成为这个品类的具有一定影响力的品牌。

第三种是成本下降创新。这里必须要提的一个典型案例是 SpaceX。它通过重新定义火箭发射任务，利用火箭可回收，直接让火箭发射成本做到了只有 NASA 的十分之一。现在 NASA 干脆不自己制造火箭了，全部外包给了马斯克，这就是典型的成本下降创新。我说的并不是牺牲产品质量，牺牲毛利率，牺牲净利率，卖得更便宜，这个不叫创新，或者说跟创新一点关系都没有。

第四种创新是微创新。日本的企业很擅长这个，它们会在很窄的领域不断地迭代和微创新，运用其工匠精神，在一些很前端的专业领域也能做到世界领先。但是其实这个过程它们可能用了 50 年甚至 100 年的时间，不断打磨，精益求精。

此外，我们也可以按照创新的结果来对其分类，这就得到两种创新类型：颠覆式创新和多样化创新。智能手机取代功能机，新产品迭代老产品，就属于典型的颠覆式创新。而我们的骨传导耳机就是典型的多样化创新，因为它给了用户更多样的选择，要听 HiFi 时可以用入耳式耳机，但如果追求安全舒适，就可以采用开放式耳机、骨传导耳机。

在我们看来，现代工业基础最底层的是科学和技术，科学又分成基础科学和应用科学。当然，按照钱学森先生的分法，应用科学也可以叫做技术科学。但在这前面其实是数学；这里有一个哲学概念大家一定要知道，数学不是科学，从哲学角度来讲数学是先验的，而科学是必须通过实证验证的，所以说科学是后验的，数学和逻辑学则是先验的。这三个东西构成了我们最常用的工具和手段，即工程学和系统工程，进而构成了现代工业基础，而现代工业基础可以用来做专精特新，也可以用来做发明创造。在这里，需要特别说明的是，创新不是技术概念，而是经济学概念和社会学概念。

以上就是我对硬科技和创新的定义，以及与它们相关的通过理性方法论分而析之的理解。这其实也是我们韶音的定位背后所隐含的思考。

从韶音看创新

韶音主要做两个赛道，一个是声学系统赛道，一个是可穿戴系统赛道。我们现在做的产品包括骨传导耳机、助听器、开放式耳机，属于这两个赛道的交叉。也就是说，我们必须同时满足这两个赛道对产品设计或者性能的一些本质性规定和要求，这也是我们的特点。

韶音是2004年成立的，我们不是一家靠融资存活的创业企业，原本只是遍布珠江三角洲的贴牌加工小厂之一，从事代工业务并发展不错。在发现代工越来越不赚钱后，我们于2007年开始了民用骨传导的创新。我们当时想得还比较简单，没想到一做就做了九年，一直到2016年才真正地在骨传导技术领域取得基础技术突破，做出了第五代技术，开始了业绩的高速增长。相比2016年时的情况，2023年韶音的业绩已增长百倍，并开始布局很多新的方向，比如助听器，还包括医疗健康等。目前除了深圳的营销中心、研发中心、制造中心以及垂直供应链正向精密之外，我们正在走向全球化，成立了很多国外子公司，其中也包括偏营销职能的欧洲公司。从五到十年的长期战略规划来讲，我认为我们会成为一个年收入超过千亿的世界级企业。

我们现在有三个主力产品系列。第一个就是大家比较熟悉的骨传导系列，第二个是助听器系列，第三个就是定向声场蓝牙耳机系列。气传导的路径是经过耳膜、听小骨，最后到耳蜗；骨传导则是把振动经过颞骨直接传到耳蜗，它的优点是开放双耳、佩戴舒适、干净卫生、对听力友好，同时很安全，因为你能听到周围的声音。既然它有这么多优点，那么为什么过去这么多年没有人把骨传导技术民用化？这主要是因为民用化的过程中会面临很大的问题，比如体积、功耗、音量、音质和外漏音等。今天，我们在骨传导技术上已经迭代了十代技术，基本上把这些问题全都解决了。我们不只是拥有全球最先进的骨传导技术，而且是全世界唯一一家解决了这些技术难题的公司。

2023 年 8 月我们拿到了助听器的二类医疗器械注册证，骨传导助听器确实是个革命性的产品。我们现在是全世界唯一的外置式一体化骨传导助听器产品和技术的拥有者。骨传导助听器对于轻度和中度的听力损失问题有特别好的效果，所以我们的骨传导助听器跟市面上常见助听器的差异是，我们针对的不是重度听力损失问题。我们能够比较好且低成本地解决轻中度听力损失问题，同时体验良好。现在全世界有 80 亿人，老龄化程度在加深，我们认为光这个赛道，未来至少都有千亿的市场机会。

我们另一款代表性产品 OpenFit，是一款不入耳的蓝牙耳机，采用的也是一个非常基础的技术，即定向声场技术，其底层技术有偶极子、定向声场模组和耳甲腔耦合。它跟骨传导相比最大的好处就是非常小、非常轻，低频效果会更好。所以，两种技术分别有不同的使用场景，骨传导更适合于专业运动，OpenFit 更适合办公状态，或者在开车、坐地铁的时候使用。

我们定位自己是高端自主品牌，全球的所有顶尖渠道里都能看见韶音产品的身影，比如沃尔玛、百思买（Best Buy）、FNAC、Bic Camera 等。大家也可以在全球各大机场找到我们的产品。我们的业务分布世界，有大中华区，有北美，也有欧洲、亚太和拉美。

关于公司的获奖情况，我们在国内的话曾拿过中国专利金奖和一个外观设计银奖——那一年我们是深圳唯一同时拿了金奖和银奖的企业。另外，我们是国家专精特新重点"小巨人"和国家级制造业单项冠军企业。国际来看，我们在全球一共拿过 300 个以上的奖项，四大设计奖——德国的 IF、日本的 Good Design、德国的红点和美国 IDEA——已经拿了个大满贯，此外还有《华尔街日报》的年度科技创新奖，比大疆拿得还要早一些。

所以，如果让我总结韶音的关键词，第一个就是原创科技创新。我们是开放式耳机的全球开创者和领导者，我们推出了全世界唯一一款外置式一体化骨传导助听器，截至 2023 年 11 月，布局了 3 700 项专利。第二个是底层技术突破，我们在声学器件、算法、大健康，包括半导体等领域均有所收获。第三个是高端自主品牌和全球营销，我们的销量 70% 多都在海外，最大的市场是北美。最后一个是高速增长，我们从 2016 年开始增长了百倍以上，并且我认为我们未来还能继续增长。

不确定性方法论

不确定性方法论主要与创新方法论有关，因为创新面对巨大的不确定性，基本上是在"无人区"、在一团迷雾中去做探索，所以我把它叫做不确定方法论。它是相对于后面将讨论的确定性方法论而言的。

在我看来，不确定方法论又可分成基础研究方法论、用户与市场研究方法论和创新方法论。需要用到的学科最基础的还是哲学，也有数学、科学、技术、生物、心理、艺术、历史，面对系统问题还需要用到经济学、金融学、社会学、法学。常用的工具就是工程学和系统工程。

"双轮"驱动，持续迭代

技术驱动创新最核心的方法论是"双轮"驱动。一个"轮子"是用户思维，另一个"轮子"是技术突破，组合这两个东西就有了创新方向和产品定义，这就是所谓的"双轮"驱动。而且，创新不是一次性实现的，而是一个持续迭代的螺旋上升过程。

创新最本质的要求是，你既要抓用户思维，也要抓技术突破。用户思维的核心就是研究用户，这也是创新所面对的问题——人和人群的问题，以及背后的用户需求、市场环境、生活方式、社会问题、人类发展等。

这里不得不提到两位创新领域的经典人物。第一位是约瑟夫·熊彼特（Joseph Alois Schumpeter），他在百年前其写就的经典著作中提出，创新不只是解决用户需求和市场问题，更是要推动经济发展。他认为经济发展才是创新的本质规定。他还提出需要企业家精神，而且认为只有能够创新的企业家才能被称为企业家，其他的只能被称为职业经理人、资本家或者企业主。熊彼特认为企业家是必须持续不断做创新的。另外一位是彼得·德鲁克，他提出企业的功能就是社会功能，就是要解决社会问题。小的社会问题就是小的创新机会，大的社会问题就是大的创新机会。当你解决了社会问题，你就创造了价值。作为后续的自然回报，创新的企业自然就会有很好的赚钱能力。但是，赚钱并不是企业创新的唯一目的，或者甚至不是主要目的。创新的核心是推动经济发展，解决社会问题，创造价值。这才是真正的创新或者说企业家的一个本质规定。

接下来的问题是怎么做需求分析。我借鉴百度前副总裁李靖的观点来解释，就是首先要有缺乏感，心中要有一个目标去填补这个缺乏感，同时还要有采取行动的能力，或者说采取行动的成本，你要能付出这个成本，而且金钱并不是唯一的成本。这是一个分析框架。用户研究和市场研究的基础学科是人文社科。它有实验法，有定性，有定量。所以，好的创新企业，也需要人文社科领域出身的员工。

然后是创新的流程，在这个过程中我们会用到很多心理学、社会学的调查方法，比如聚类分析、因子分析、相关性分析、信度分析、效度分析等。这些都是比较常用的分析方法。

技术突破：基础技术奠基进步

韶音特别重视基础技术研究，所以我们的定位里有讲到"基础技术驱动的原创科技创新改变世界"。这里大致有两个定义。第一个定义是我们做非常多的非常底层的东西。大家不要以为韶音做的只是骨传导耳机，实际上这么多年我们做的都是骨传导声学器件，针对骨传导扬声器这一个基础的换能器，或者我们叫基础声学器件，迭代了十代技术。我们公司做的基础研究还涉及我们常用的一些材料，比如传感器、换能器、半导体器件。这是我指的第一个底层。

第二个定义是我们解决这些问题时用到的方法很多时候都是偏底层的，主要是物理层和算法层。众所周知，技术是分层的，大致可以描绘成从底层的应用物理层到算法层，再到软硬结合层，一直到应用层。我们过去二三十年有一个很有意思的现象，大家都觉得上层的技术回报高，再加上底层知识非常难学且不容易学好，所以很多人更愿意"追时髦"学上层的技术。但是你可能忘了，底层学不好，这些建筑就都是建立在沙子上的。我们现在有很多互联网成果，但是基础层，比如芯片、光刻机、基础材料、精密加工，却被"卡脖子"。所以，我们需要打真正的基础，只有这些基础稳固了，上层的东西才能建立在一个坚固的底座之上。

有意义和有价值的科研

什么是有意义和有价值的科研？借用亚里士多德的四因说，有价值有意义的科研在我看来也要满足四因，就是目的因、动力因、质料因和形式因。目的因是说你的科研到底要解决什么问题，或者说你的目的是什么？精准定义问题往往比你回答问题更重要。动力因则是要对你这个技术流派进行溯源，要去看这个技术流派产生的背景、基础的初始化假设、隐含的边界条件，只有把这些东西搞明白，才知道这个技术流派是怎么一路传承过来的。质料因与关键要素、关键变量和隐含变量相关。形式因指你怎么把关键要素、关键变量组合起来，构成一个解释框架或者一个模型来回答你的问题。所以，一个好的科研，一个有价值有意义的科研，在我看来必须同时满足四因说。

什么是科学

关于什么是科学，我的分享参考了清华大学科学史系主任吴国盛老师的一些观点。科学这个概念在科学史上被赋予过不同的定义，从笛卡尔的理性主义到休谟的经验主义，到培根的实验哲学，再到人为自然立法、实证主义、逻辑实证主义等，经历了一个漫长的发展过程。

现在比较流行的，一个是波普尔的证伪主义，一个是库恩的范式革命。当你走到范式革命的时候，你会发现不管这个世界的本质或者说本体是主观的还是客观的，我们的认识都是主观的。这里的范式指基于我们的假设，提出来的一种解释世界的框架，从范式的理论出发，我们对世界的解释并不存在唯一的真理，它在鼓励大家有更好的怀疑精神，或者说理性批判主义。

还有两个分支，一个是从中世纪起比较流行的机械论，认为这个世界像一个钟表一样运行，并以此来解释世界。还有一个是从古希腊时代开始的还原论，意思是拆解物体一直到原子状态，最后原子的属性之和就是整体的属性。今天我们有了系统论，当然系统论又分成简单系统和复杂系统。这些概念在我们做科研的过程中，还是很重要的。

什么是技术

技术的定义是被捕获并被利用的现象的集合，是对现象进行有目的的编程。那什么是有价值和意义的技术？第一，要满足四因说；第二，总结等于集合加抽象归纳，经验等于总结加复盘，技术等于经验加定向积累。它与科学是有一些不同的。

吴国盛老师有一个观点，认为中国古代只有技术没有科学，有批评者以四大发明为论据进行反驳，但我认为四大发明都是技术，不是科学。比如，指南针的背后是电磁学，但我们没有电磁学理论，活字印刷的背后是自动化技术，火药和造纸术的背后是化学，我们是没有这些东西的。我们从古代一直到今天，更多是追求实用，追求快速实现的技术。但今天这个时代，你必须有科学精神。你得把很多科学的范式想明白，把技术的范式想明白，才可能把技术或者科学真正搞好。

所以简单地说，科学和技术是不同的。简单的定义就是，科学是理性逻辑加实证，要知其然知其所以然；而技术是经验加定向积累，它不需要知其所以然，但是它是非常好用的方法和工具。今天科学和技术的关系发生了转变，科学可以支持技术，反过来技术又反哺科学，这是科学和技术之间的一个良性循环的状态。不要轻视技术，也不要小看科学。如果没有科学精神，或者说你没有科学哲学和科学认识论，你也很难去更有效地实现科研突破。

美国有一种很常用的衡量技术成熟度（Technology Readiness Level, TRL）的标准，分为 9 级，级别越高意味着技术越成熟。韶音会从 TRL3（概念验证）做到 TRL9（市场验证）；其中，基础技术研究会从 TRL3 做到 TRL6（技术验证），产品开发会从 TRL6 一直做到 TRL9。

创新铁三角

回到创新，韶音的创新体系是个铁三角模型。左边是基础技术研究部，上面是产品创新部，右边是产品开发部。大家注意到很多公司说有自己的研发系统，但可能它的研发系统往往只有产品开发部，没有基础研究，也没有真正的产品创新，这个是不一样的。在我们公司，这三个模块都是齐全的。基础研究我们不叫工程师，而叫研究员；产品开发我们才叫工程师；产品创新部主要就是产品经理，他是做创新方向产品定义的。围绕着产品经理，有用户与市场研究，有工业设计，还有 GTM。GTM 就是 go to market，它也是一个有规模的企业特别重要的岗位。

而我们所践行的产品创新方法论有一个大的框架。这个框架的右上角是康德的以人为中心的哲学导向，我们今天关注的都是人文主义世界的需求，包括用户需求、市场环境、生活方式、社会问题、人类发展等。左边是数学、应用科学和技术，"双轮"驱动要对创新方向和产品定义做出初始化的定义，这是第一次定义，然后你要通过你的工程和系统工程能力去进行初始化验证，当然，这个过程就会产生很多问题。

什么是工程

虽然我们的很多大学里都有设置机械工程、电子工程、生物工程等专业，但当我问很多人什么是工程的时候，没有一个人能给我回答。为此我专门去看了钱学森先生 1971 年的书。工程的清晰定义是什么？就是造物的方法。我们人类为了解决生活问题、社会问题，要去造人造物。在人造物面前，我们就是造物主。

工程最常用的两个方法：一个是正向设计，或者叫正向工程；一个是逆向设计。简单工程用来解决的是比较简单的产品；当面对复杂的产品，比如光刻机、航空发动机、大飞机等时，就要用到系统工程，系统工程分成管理系统工程和产品系统工程。这个是做硬科技最常用的基本概念。

在用工程和系统工程对概念进行第一次初始化验证后，你要去调整方向，或者说对产品进行重新定义。如果你对概念的定义是恰当的，这时候它一定会产生一大堆技术难题，甚至是应用科学问题，所以你还要尝试着去回答这些技术难题和应用科学问题，做科技突破，做进一步的研究和攻关。没有这些问题，科研的结果就容易与社会需求、经济发展和创新脱节，变成毫无干系的两张皮。

0 到 1 的创新是有路数的，其中又可以分成 0 到 0.1、0.1 到 0.5 和 0.5 到 1，分别是概念提出、概念验证和产品验证。对应这些不同阶段又有不同的关键岗位——产品经理、用户研究、工业设计、基础研究、项目管理、开发工程师、供应链、产品营销，他们分别在不同的市场阶段入场，但产品经理和用户研究需要参与整个流程。

总的来说，当你面对一个不确定性问题时，不能用一些简单的方式思考，而要进行本质思考。以上就是不确定性方法论的一些概念和框架。

确定性方法论

确定性方法论指的是产品方法论，或者说是产品和供应链方法论，如果说不确定性方法论主要讲怎么创新，那么确定性方法论主要是讲怎么做一个好产品，这两个概念是不一样的，没有创新能力也能做一个好产品。

具体来说，确定性方法论的底层是数学、技术、工程学和系统工程，大家要注意这里没有科学，因为真正走到使用层面的都是技术。我们还可以把确定性方法论分成工具层和系统层，工具层常见的是计算方法、仿真方法、实验方法和正向设计，系统层主要是管理系统工程和产品系统工程。

正向设计

正向设计、逆向设计和重新设计，它们的系统状态、关注焦点、工程范式、思维过程、方法等都是不一样的。很多人听过逆向设计、重新设计，甚至了解系统工程，却不清楚正向设计的内涵。特别是，过去 30 年，很多企业基本上都在做逆向设计，粗暴来说就是模仿，即便听过正向设计这个概念，大部分也不知道怎么用它，或者说不知道怎么去落地展开。

我曾经听到一个教授说过一句很经典的话，他说整个西方工业的历史就是一部正向设计的历史。所以我想大家应该已经明白了，为什么我们这里鲜少有具象的创新发生。其实，我们都还没有导入基础的概念和方法论。

正向设计的流程，是从企业战略、品牌战略和产品战略出发，根据需求、场景设计解决方案和关键参数，然后是技术预研和产品设计，一直走到制造等环节。每一步都是要验证的，制造要工艺验证，设计要设计验证，方案要方案验证，最后产品要使用验证。验证通过就可以进入下一代，如果不通过就打回去，重复这个过程。战略、规划、定义、开发、评价、迭代，这就是整个正向设计的流程。

产品系统工程

产品系统工程的核心理念，或者说最大保障就是功能、性能和可靠性。功能是能做什么；性能是能做到什么程度、做得有多好；可靠性是要在设计的产品生命周期内，保证产品不出问题。

设计目的通过架构设计实现，要把一部整机拆成部件，拆成组件，最后拆成零件。比如，我们一个耳机有声学架构、硬件架构、力学架构、软件架构等，这些架构都需要层层展开，然后用来保障这些设计目的。只有达到这些设计目的，才能保证产品是靠谱的。此外，我从来不相信性价比，只有把产品性能和可靠性做好，才是所谓的性价比。

产品系统工程中有一个基础概念叫设计基线，在一开始设计产品的时候就要确定设计基线。设计基线有高低之分，用低设计基线的产品和高设计基线的产品比性价比，完全是误导消费者。

管理系统工程

产品系统工程要靠管理系统工程来保障，其中大家最熟知的就是 IPD。我们要通过管理系统工程来把控产品系统工程，通过架构设计来保证产品的功能、性能、可靠性，以及我刚才提到的可量产、可维护、安全等一整套体系，这个才是产品系统工程、或者说是如何做好产品的本质所在。

做好确定性方法论的中国机构有两家，一个是中国航天，另一个是华为。说到中国航天就不得不说到钱学森先生，他在回国之初搞理论力学，后来搞实验力学制造火箭。当发现制造火箭不是一个简单的问题，而是一个工程和系统工程问题时，他又开始研究控制论、系统论，包括系统工程等，最后逐步建立起来了中国航天这个体系。再说说华为，它从 2002 年开始不惜代价找全世界最好的管理咨询公司，引进了 IPD 这套体系。用了十年时间真正地建立起这套能力以后，华为像是手上有了一把巨大的锤子，砸到哪里都灵，做交换机、路由器管用，做政企网也管用，甚至后来拿来做手机也非常厉害，可以说是"一招鲜吃遍天"，这就是它的核心能力。

大家可能问为什么我称之为确定性方法论。华为内部有一句口号，叫做"以内部的确定性来应对外界的不确定性"。这里说的确定性是什么？其实就是指通过一套方法论，把做好产品系统工程变得确定性很高，可以重复和流程化。

质量与可靠性

在考虑了前面这些基础之后，后面就是更落地的质量和可靠性。这也是很重要的概念，如果没有工程和系统工程，做出来的产品就没有办法保证质量和可靠性。质量和可靠性的基本理念就是裕量可靠、退化永恒和不确定性，关键就是在设计寿命内保证产品不出问题。

最经典的例子就是日本的汽车。假设说日本汽车的设计寿命是 100 万公里或 30 年，它能保证在此期间内不需要大修，一旦过了 30 年或者行驶超过 100 万公里，基本上所有的部件同时出问题，用户可以直接换辆新车。这其实说明日本汽车把可靠性设计做到了相当厉害的程度。

集成供应链

系统工程思想不仅仅只能用于产品开发，还可以用于供应链管理，甚至可以用来做市场营销。这也是华为很厉害的地方，它把系统工程思想推到了一个极致的程度。

好创新、好产品背后的组织和人才思想

组织和人才思想是我们公司独特的地方。这里面要说的第一点就是我们的信仰，我们会把生存（survive）分为四个层次：基本生存，普通生存，高质量可持续，更高的生存。韶音的信仰是面向更高的生存，也即有价值的、有意义的、有使命的生存。韶音的价值观的最底层是"站着赚钱"，不搞权钱交易。第二点是长期价值主义，做硬科技创新其实是要长期投入的。我们做了 16 年骨传导，做了 12 年助听器，研究开放式耳机的技术至今也有 6 年。所有这些技术都是要长期布局的，不是短期就能够做出来。第三点是不贪、克制、聚焦、知止。简单说就是韶音只做自己开创的或者自己重新定义的领域，我们不会冲到别人的领域去跨界打劫，或者去抢别人的奶酪。之前一位跨境电商公司的老板造访我们公司时说，他们做跨境电商的，是"一公里的宽度、一米的深度"，而韶音真正能做到"一米的宽度、一公里的深度"。我们非常专注于自己的领域，守正创新。

我们的团队是球队型组织，讲的是相互赋能，彼此成就。每一个企业组织，它都有个初始化设定的假设，我们公司的初始化设定就是信任。我们认为，创造力需要自由，而自由的概念不能被滥用。所以，韶音只信任成年人，即那些理解自由意味着更大责任的人。

不信任的问题是什么？不信任的话你的投入会非常大，你的流程会非常细，你的管控会非常严，你的成本其实会变得非常高。如果文化以信任为基础，整个组织的效率会非常高，投入不需要那么多，对于流程和管控也不需要那么严格，但相应地，对人的要求就会特别高。

我们公司强调从管理到治理。讲治理的意思就是，我们要讲自治，讲赋能，讲主动内生的创造性工作，而不是强管控。康德说，人必须是目的本身，而不能仅仅是手段，这句话很重要，是一切组织最基础的理念。如果基于不信任文化搭建了一个精密运行的机器，你可以把每个人都看成工具，把每个人都看成一个螺丝钉。但当你搭建起这样的组织体系的时候，你的组织就会效率很低，并且你会发现，这带来了另一个问题——很难做创新。

我们的创新文化特别强调独立人格和自由精神。什么叫独立？就是不依附，要独立判断、独立选择。自由精神的核心就是要让自己的选择尊重理性和道德，自由即自律。很多人对"自由"的理解存在很多误解，实际上现代文明的自由不是自由放任、自由随性、自由散漫，它应该首先是自由意志。自由意志的上一层是内在自由，也即自由精神，康德所说的"自律即自由"就是这一层面的意思；更上一层是个人自由，是哈耶克说的不被强制的自由，或者说是以赛亚·伯林（Isaiah Berlin）讲的消极自由。所以我想澄清一下，韶音讲的这个自由，是说你要有自由意志，做自由选择并且承担相应的责任。自由与责任在我们看来是一体两面，它们是不能分割的。当然，对自由和权利的运用、对责任的承担以及能力的提升最终都要靠认知的提升。

我们还特别强调自律自驱，强学习动力，构建学习型组织。韶音的企业文化是健康、学习、奋斗、创新。我简单解释一下。这里的"健康"是，我们公司提供多种选择，帮助员工发展健康的身体和生活方式。"学习"是，我们规定每个人每月要完成100个学习积分，相当于一年120篇读书笔记，我们还在全公司范围内推行费曼学习法，其核心就是以高质量的输出倒逼高质量的输入。"奋斗"是其中一个重点，它是行动式学习的刻意练习状态；这意味着在韶音，奋斗是自己的事情，没人逼你，是长期可持续奋斗，当然它也不等于时下流行的加班文化。最后一个"创新"指的是，从技术突破、产品创新到管理创新，践行我们一以贯之的创新理念。

我们公司打造了一个我自认为整个中国最齐全的培训和学习系统，我也经常在外出给学生讲课的时候告诉他们要思考自己的人生规划。了解硬科技公司在不同阶段对人才的需求，对未来的就业选择会有一定帮助。很多创新企业其实很缺好的产品经理，他们要思考怎么洞察需求、找到场景和创新方向，给出产品定义，最后实现产品，同时还能把产品很好地卖出去。而创新企业达到一定规模之后，有一个优秀的 CEO 也变得非常重要，因为 CEO 需要根据情况来确定战略意图、战略目标，进行战略解码，最后调集资源实现战略目标。这很需要经验的积累和个人有意识的成长。一个好的创业团队，团队里有没有没有这样的人很关键，团队组成健不健全也很重要。如果组成健全，并且有好的产品经理，有好的技术专家，那这个团队就有机会。

我们做硬科技创新需要卓越工程人才，所以韶音有很多关于新工科教育的思考。传统工科教育的关注点主要在计算思维和实验思维，然后加点正向设计。新工科教育理念是从工科基础（含计算思维、实验思维）穿透设计思维、系统思维走到创新思维。这个在我看来就是新工科教育和卓越工程师的本质定义。

这中间的设计思维最核心的并不是创意设计，而是前面所说的正向设计。系统思维最核心的则是管理系统和产品系统，当然也包括复杂系统。不同的岗位对应不同的素质要求，一个 CEO 主要要把握住战略思维；产品经理要把握住创新思维；系统工程师要把握住系统思维；前端开发工程师则需要有设计思维；后端的工程师的核心就是要打好工科基础。

我还想说，在面临人生关键节点的选择时，不一定非要千军万马走独木桥。市场经济最大的好处就是多样化，就是你可以有多样的选择，不见得一定要在一条赛道上卷。这条道路之外，同学们可以多想想未来到底要干什么、想干什么，多进行不同的尝试。韶音在打造自己的科教生态，最近启动了"T类实习"的计划，旨在吸引国内高校的一些优秀本科生。参与这个项目的学生会配有学界和业界的双导师，面对企业创新和科研过程中的元问题和真问题，切实做有意义和价值的事情。我们希望能够探索出产业、教育和学术的融合之路。

总结与展望

韶音的使命是用科技创新推动世界进步，让人类生活更美好。我们的愿景是成为不断做出原创科技创新的平台型生态型企业。

怎么解释愿景呢？我们的第一增长曲线是骨传导耳机，第二增长曲线是助听器，第三增长曲线是 TWS 定向声场耳机。本质上，我们有点像一个孵化器，不断地在做原创科技创新。你说我们是做骨传导的，但是我们有非骨传导的东西；你说我们是做声学的，但是我们也在做半导体、可穿戴等非声学的业务。韶音的基础研究，是在器件层、算法层、芯片层，围绕着新材料、精密机械、人工智能做底层技术布局。就像我们的吉祥物虎咪，嘴里头吃一块，筷子上夹一块，盘子和锅里还有很多块。我们做各种各样的尝试，这就是我们韶音的创新布局。

我在清华 EMBA 的毕业论文讲的是闭环微笑曲线，这也是韶音的价值创造体系。曲线左上部分是创新模块，包括基础研究、用户和市场研究、产品经理的创新方向和产品定义；接着是产品开发模块，包括产品开发、试产、供应链、量产，对应前面所说的确定性方法论的部分；右边则是品牌和市场营销的模块。这些活动形成一个闭环，所有这些活动之间都是相互关联的，并且都会互相起到循环的作用，而不仅仅像是原来施振荣的微笑曲线——是个开环的。打个比方，我们在量产过程中会产生大量的工艺和技术 Know-How，这些东西反过来支撑我们的设计开发来做极限技术，甚至支撑我们走到世界的技术前沿，去做基础研究的突破。

所以，韶音是一个全价值链企业，这就是我一开始所说的韶音的定义。所有的模块都有，从最前端的用户和市场研究、基础研究、创新方向和产品定义，到产品的开发实现、供应链、量产，到品牌和营销，全流程全模块完整体系，没有任何缺失。

我们要向这些伟大的哲学家、科学家、艺术家和创新者致敬。他们这些人共同的特点就是有勇气、正直、真实、简单，像刀锋一样纯粹而锋利。乔布斯最有名的一句话——"Think Different"——告诉我们要始终相信一件事情，就是只有那些疯狂到认为自己可以改变世界的人才能真正做到这一点。用更直白一点的说法，就是马云说的，你要先相信你才能看到，如果你不相信的话，你不光看不到，你也做不到。

当下的社会，"卷"成了一个极其高频的词。大家都很焦虑，因为老的电梯停了，老的范式已经赚不到钱了，大家的压力都很大。但站在人类的视角上看，过去 30 年上升的电梯就是一朵小浪花，它不是常态。真正的常态是，你只有通过创新，让自己真正站在价值链顶端，才能够有好的生活。

那么，创新来自什么？用古希腊的说法，创新来自闲暇，来自好奇心，来自理性批判主义，来自对真理的追求。我希望我们中国有真正的原创创新，成片地出现真正的科技创新，这样我们才能够不被"卡脖子"，才能够赢得别人的尊敬。我相信，凭借我们的智慧和勤奋，只要我们把那些底层的概念想得明白，我们就能够把中国的科技创新做到"星星之火，可以燎原"！

精彩问答

Q：我们知道做产品本身需要系统工程，需要去做很多的设计。您把韶音科技本身打造成了一个产品，韶音整个公司就是一个系统工程。您是从什么时候，在什么阶段、什么背景下开始去构建这个体系的？又花了多长时间把这一整个体系构建得比较完善，能够得到验证？

A：我大概从 2016 年开始思考很多底层问题和系统问题，因为我们之前都是在跨越"死亡之谷"，没空去想这些问题。当时我开始系统地反思回顾，同时也开始系统学习。我曾经请过一个对我特别有帮助，给我开了"天窗"的老师——李乐山教授，他是德国留学回来的学工业设计的博士，之前在西安交大做工业设计系主任，很多最底层的理念是他给我开的"天窗"，但我今天走得已经比他教我的要远很多。他给我讲了很多最基础的哲学概念。大家会发现在管理企业的过程中，除了科学哲学，确实要经常用到道德哲学或者政治哲学。我碰到了很好的老师，但是另外一方面我也知道要习惯于去思考本质。

我特别想澄清的一点是，大家千万不要认为哲学是没有用的。哲学其实很有用，对企业来说特别重要。我经常会打的比方就是，DNA 转录成 RNA，RNA 转录成蛋白质，蛋白质转录成细胞，细胞变成肌肉。你不能天天问我怎样能长肌肉或者怎样快速赚钱，因为它是有很底层的东西的。你可以认为哲学是 DNA，你的肌肉是你的强大的产品力、你的"出海"能力，甚至你的企业的盈利能力。它中间有一层一层的转录过程，不能被直接拿来用。当你能把这些很长的深度思考的链条想明白的时候，你就会知道今天哲学不再仅仅停留在形而上学层面，它已经是非常重要而且有用的了。

Q：之前看到过一个关于韶音科技的资源能力建设的案例，其中提到韶音通过授予可转换股份，找到了一位富有行业背景和品牌运营经验的美国人担任公司CEO。您是怎么找到这个人并鉴别这个人的？作为一个创业者，什么时候把自己换掉比较合适？你们又是怎么开启跟苹果的合作的？

A：时间有限，我只能简单回答。你问如何开启和苹果的合作，实际想问的是怎么"出海"。《升级定位》一书中有一句特别经典的话就是，你开创一个强势品牌，最核心的是你要开创并主导一个品类。当你可以做原创创新，并且能够打造出很强的产品力的时候，你就能打造出强势品牌，你跟这些大公司就有很强的谈判能力。

"出海"大概有两种模式。第一种模式是像我们这样高举高打，真正做高端品牌。第二种就是所谓的通过跨境电商，比如亚马逊等，通过做低价品走出去。但是坦白讲，第二种基本上没什么前途或者挣不到钱。要做高端的"出海"，还是要有创新，要有很强悍的产品力才行。

然后说说你那个具体的问题，我们当时确实请了一个美国籍的人。但是，事实上，无论是从我们的实践还是从大疆的实践来看，这里有很多"坑"。要想做成这件事情，又要能"避坑"，有几点建议：第一，多参展；第二，去参加美国的行业协会，在行业里头多多了解情况，这会很有帮助；第三，要签一个动态激励条款。我们当初请的美国人是美国公司CEO，我们跟他签的就是动态股权。这位CEO在很短的时间内替我们做了一些事情，相当于把我们带进了这个门。但再往后他不仅没有正向作用，甚至有反向的作用。所以我们后来就通过股权调整让他出局了。

Q：当时创立韶音这个品牌是基于什么样的背景和环境呢？我相信您在当时创立这个品牌也是基于很多的思考，然后才做的决定，您能分享一下第一桶金是怎么来的吗？

A：我大学毕业于 20 世纪 90 年代。我一开始在香港的工厂打工，后来又去了台湾公司；后面才第一次创业。为什么创业呢？真实的原因是觉得老板水平不怎么样，我好像比他能干。我第一次创业干的是传统的机械，因为我学的是机械。

第一次创业失败以后，我又回到了一个外资企业打工。我开始思考一个问题，那就是我不能再做这种很传统的行业，我必须做高速变化的行业，因为只有行业高速变化或者高速成长，我才有机会。当时高速成长的是通信业，所以我就想投身其中。但是通信业的技术和资金门槛非常高，而我的能力有限，于是我就想我可以找个通信业的周边。那通信业的周边是什么呢？耳机就属于通信业的周边，随着通信技术的大幅发展，比如手机的发展，耳机及其相关技术一定也会快速发展。最重要的是，耳机这个行业不需要很多的资金，而且与我的专业也是匹配的。

在我加入耳机行业时，我并没有一开始就杀到红海里。我是做了一个很细分的专业领域——对讲机耳机的贴牌代工。虽然我们当时在这个领域挣了一些钱，但是我不甘心一直做贴牌代工。所以当我有些钱以后，我就开始二次创业，或者说升级转型，开始布局我们的研发能力，然后布局我们的创新能力，后来找了一个方向，就是骨传导技术民用化。我的故事是这样子一路过来的，我的每一步都走得很稳，除了第一次以外。

很多同学也会问我支持不支持学生创业。其实坦白说，我不是特别看好这件事情。你可能会觉得自己很厉害，或者你的想法很厉害，但实际上很有可能你的水准或者你的认知还差得很远。所以我个人建议，最开始应该先去找一家很优秀的企业，一边打工一边学习，等到羽毛丰满，有了更强的认知和能力以后，再考虑创业。不过，参加创业比赛、创业营这些，是特别好的事情，它能提升你的创新思维、系统思维、设计思维。有了这些以后，对你的学习、思考、认知，以及对社会和企业的了解，都会很有帮助。

Q：韶音科技专注原创科技创新，以及底层技术的突破。这整个过程其实是很"烧钱"的。那么，怎么沉淀整个团队，确保大家能专注突破技术创新呢？在没有盈利之前，团队怎么凝聚的？是不是得益于公司的信任文化？

A：首先，硬科技创新不花钱，或者说不怎么花钱。相比之下，我刚刚提到的商业模式创新，才是真的"烧钱"，以至于我们经常讲要防止资本无序扩张以及防止垄断。跟平台互联网模式比，其实硬科技创新用的钱微乎其微。

我们在2011年、2012年很困难的时候，整个创新团队大概也就是二三十个人，是很小的团队。我们今天其实也有很多创新项目，但每个项目里我们的人更少，这很有意思。我想跟大家说的是，硬科技创新不是"烧钱"的。那它的逻辑是什么？它对于你的认知要求非常高。从资本角度来讲，它的周期长，不确定性比较高，或者风险比较高。但是对真正的创新团队而言，它对人和认知的要求特别高。真正厉害的硬科技创新，从来都不是所谓的需要"烧钱"的。

关于第二个问题，先声明一点，就是我们韶音其实从来没亏过钱。从我2004年开企业的第一天，从2007年到2016年的9年时间里，我每年都赚钱。为什么？因为我有传统的贴牌代工业务，它的特点就是技术含量高、多品种小批量，同时对质量和可靠性要求非常高，能做好这件事情不容易，所以我当时有相当不错的定价权。我就用传统业务的利润养一个开销不大的创新业务，后者从2016年开始进入高增长阶段，然后马上就能产生很好的利润，有很好的正向现金流。我可以告诉你，我们每年的净资产收益率，或者我们叫权益收益率，其实都非常高。但是，这个不是简单的资本收益，而是企业家精神和企业家能力带来的超额收益。资本只赚平均回报，你光靠资本是不行的，你必须有企业家精神和企业家能力。

企业家的认知，或者说企业家底层逻辑、企业家能力，同企业家精神是相辅相成的，你有企业家精神，才会倒逼你在创新的过程中去建立你的企业家能力。同样，你有企业家能力，你才能支撑你的企业家精神。光有精神，没有能力，那你只是空想。所以说，我们有非常高的回报，其实更多是来自企业家的收益，而不仅来自资本的收益。

宏观一点来看，美国正在吸取全球最优秀的人才，做最大的科技突破，做最大的创新。我听过薛兆丰老师的一个经济学观点，他说创新所带来的价值，大概企业家只能分享不到 5%，95% 以上会变成社会价值。虽然我不知道其中的具体算法，但我们可以窥见，正是因为有这么多的企业家做出很厉害的创新，帮助美国维持一个很厉害的工资水准。在美国，那些开卡车司机、码头工人、汽车司机的收入都很高。这背后靠的是它有世界领先的科技突破和创新。

所以说，创新靠什么？创新要靠企业家。我也希望将来，你们中的一些人也能成为很优秀的企业家。我们中国现在真的特别需要科技创新和能真正做原创创新的企业家。

本文根据作者 2023 年 11 月 16 日在北大汇丰商学院创讲堂的演讲整理而成，经作者审阅并授权发布。

小库科技的创业故事

何宛余

小库科技创始人兼 CEO、旭柔计划发起支持人

　　未来的建筑产业是什么样的？怀揣着这样一种使命感，何宛余离开了大名鼎鼎的大都会建筑事务所，抓住人工智能的浪潮，投身创业，创办了小库科技，带来了一种全新的人工智能驱动的建筑信息模型。回顾来时路，何宛余发现她的设计思维、科幻思维、长期思维和运筹思维，构成了她不断创新、敢为人先的性格底色。

用不同路径寻找新时代建筑业的最优解

　　小库通过智能设计引领建筑产业的生产力升级。在这个行业中，"设计"是一种基础语言，涵盖了按图采购、按图施工、按图销售和按图运维等方面，其中"图"指的是被设计出来的图纸。然而，要完成一座建筑，光有图纸是远远不够的。设计将建筑从概念到实体进行转化，这是这个行业的起点，也是其基础语

言。长期以来，建筑行业一直采用的是图形思维，即通过图形驱动的逻辑进行工作。这种方法首先是想象出某个地方的构建情景，然后将其绘制成图纸，绘制完成后，再进行核查，确保其符合初衷，检查其经济属性是否合理。如果不合理，则进行反复修改。这就是所谓的图形驱动。

如今，我们面临着许多数据化的需求，比如希望了解投资项目涉及的成本、造价、工期和利润率等信息，这些信息光凭图纸是无法提供的。小库通过人工智能驱动的 BIM（建筑信息模型）实现了这一点，它是一种在云端运行的新型第三代数字语言。简而言之，它是通过机器辅助人类进行设计，利用机器完成一些重复性的设计基础工作。机器根据对数据的理解，驱动并生成新的设计内容和方案，这种方式被称为数据驱动。针对数据目标获得一系列结果是代数逻辑，而图形驱动则是几何逻辑。尽管路径不同，但它们都在描述同一件事情。在计算机时代，代数逻辑能够更好地帮助机器得出运算后的最佳解决方案。这就是小库的核心理念。

在当今社会，人类所做的工作占据主导地位，而机器所承担的工作相对较少。但是在未来，随着人工智能的发展，机器将承担越来越多的工作，而人类所承担的工作将逐渐减少，这类似于今天我们不再手动搓衣服，而是交给洗衣机去完成。这是工业时代为我们带来的生活变革。在人工智能时代，许多原本需要重复脑力劳动的工作也可以逐步交给机器完成，机器可以帮助我们收集数据，做出更多判断，并提供更多决策依据，而人类则负责最终的决策。由此，人类可以将更多精力投入到沟通、协作以及发现和解决新问题等更为重要的事务上。小库致力于解决核心的底层系统问题。

我们公司的名字的部分灵感来自建筑界的泰斗雷姆·库哈斯（Rem Koolhaas），他是普利兹克奖得主。2000 年他获得普利兹克奖的颁奖词中提到，在互联网时代，虚拟空间正在不断发展变革，但我们的现实世界、我们的建筑仍在水泥砂浆的泥潭之中挣扎。库哈斯当时认为，如果建筑学不进行改革，可能无法适应未来，甚至有可能在 2050 年前就会消亡。这段话深深触动了我，与库哈斯交流后，我意识到我们的建筑行业确实面临着迫切需要变革的时刻。然而，多年来，行业似乎并未出现太大改变。这让我开始思考更深层次的根本原因，即所谓的第一性原理：我们面临的最根本问题到底是什么？

1000 年前，人们用图纸表达建筑设计，那时因为只有尺规，甚至可能连尺规都没有，只能依靠纸和笔。进入计算机时代后，虽然出现了 CAD 等电子绘图工具，但仍然是在模仿纸和笔的基础上进行。而今，我们有了更多技术的支持，可以进行全新的探索。这也促使我们采用了人工智能驱动的云端建筑信息模型，开创了一种新的建筑方式，库哈斯对我们在这方面的启发不言而喻。此外，小库中的"库"还代表着智库、数据库、算法库，意味着数据集的概念。我们的英文名称"XKool"更加强调了我们正在从事一项极富创意的工作。

从小团队里走出来的智能建筑梦

小库成立之初，办公空间位于一个简易的 LOFT 里，紧邻停车场，底层是我们五六个人的工作区，上层设有两间会议室。通过巧妙的色彩和功能布局，我们使空间拥有了全新的功能。设计的本质在于在多元要素和多维度之间进行综合判断和提供解决方案。

一年的时间里，我们从几个人的小团队迅速扩展到了拥有 200 人左右的规模。尽管条件有限，但我们的办公环境既适宜运动又适合交流，同时还提供了丰富的公共活动空间，供员工们碰撞思想。面试者甚至可以在题板上回答问题。我们最初在墙上写下了一句口号："Make it happen！"（实现它！）。因为对我们来说，拥有想法很重要，但更重要的是付诸实践。因此，我们公司有一句口号："Be pioneering and make it happen！"（勇于开拓，勤于实践！）这体现了人类登月的精神，我们正在探索太空，虽然这是一个遥远的梦想，但我们致力于实现它。正是通过一步一步的努力，我们才能逐渐接近理想，从而推动人类社会不断向前发展。

我们公司成立于 2016 年 10 月，第一次发布会于 2017 年 6 月 3 日举行。在此之前，我们通过一篇与当时热点事件相关的文章《建筑界的人工智能已来》，在建筑行业的知名媒体上引起了轰动，文章的阅读量一夜之间超过了 10 万。我们在文章末尾宣布了将于 6 月 3 日举行发布会的计划，然后设计了一系列海报，将我们对建筑的思考传递了关注我们的用户和未来合作伙伴。虽然发布会场地简陋，没有真正的投影幕布，但这并没有影响到大家的热情。尽管场地只能容纳最多 150 人，却有来自全国各地的 200 多人涌入，他们都因为看到了我们的文章，特别想了解人工智能如何与建筑结合，以及其潜力和可能性。来宾中有很多知名人士，他们都对我们的现场展示表现出了极大的兴趣。对于让机器帮我们进行设计这一概念，小库实现了从无到有的突破。

2017 年 11 月 25 日，我们举行了公测发布会，吸引了超过 300 人的关注，其中包括一些院士、知名建筑师和投资人。2018 年 6 月 24 日，我们在重庆举办了一次发布会，吸引了一些著名的科技界人士、建筑界人士、探索家、建筑师和计算机科学家。我们运用了他们的名言和想法，传递了我们自己的理念。这是我们第一次离开深圳举办活动，我们在现场进行了一次机器与人类制作同一方案的 PK 对决。结果毋庸置疑，机器只用了 10 分钟就完成了一个非常实用的方案，而人类才刚刚开始。

2019 年，我们在北京举办了发布会，通过大量的科幻 PPT 和海报，进一步传达了我们的理念。我们强调了效率、创新和协作的概念，并将原本需要设计的 26 个步骤简化为 6 个步骤。我们的活动得到了很多关注，我们借此与一些客户开始了正式合作，并将合作成果展示在了展厅空间中。现场还设置了互动展台和界面，与用户进行互动，我们也成功举办了"人工智能建筑未来峰会"。

2020 年，我们在上海举办了发布会，特别强调了在疫情后时代，如何更好地利用小库的智能设计能力进行合作、沟通和协作。

2021 年，由于新冠疫情的影响，原定于 6 月在广州举行的发布会改为线上直播，这也是我们首次尝试这种形式的发布会，效果还不错。同年 11 月 28 日，我们在深圳举行了一次发布会，主题是"回溯原点，重整再出发"。我们最新的成果已经能够帮助设计解决规划单体的尺度问题，并且我们开始向施工图方案的发展迈进。小库将实现 AI 驱动的云端建筑模型，真正替代原有的 CAD、BMI 工具。

精彩对谈

陈玮[1]：小库科技的规模大概是怎样的？

何宛余：我们的团队规模从最初的五六个人发展到现在的 200 多人。我们最初制定了一个"九年计划"，因为我们所从事的产品本身并不简单。它是第三代建筑数字语言，采用全新的数据驱动方式实现。因此，我们预计至少需要九年的时间才能完成第一个阶段的闭环。这样的长周期是一个漫长的过程，我们将其分为三个阶段，分别为"活下去，立起来""跑得快，高成长""飞起来，活得好"。这三个阶段虽然抽象，但代表了我们在不同阶段的目标和产品相应的深度。

目前，我们的产品已经进入了第二个阶段，产品的深度基本上按照我们预期的计划发展，能够在建筑设计中实现高达 60% 的功能。我们的应用场景主要集中在批量化的建筑领域，如住宅、产业园区、酒店、医院和学校等。我们的产品已

1　北大汇丰管理实践教授、北大汇丰"创讲堂"发起人，时任北大汇丰创新创业中心主任。

经能够帮助人们实现智能设计，为这些城市背景下的大规模建筑提供服务。

在用户层面上，我们已经拥有数万用户，这是我们逐步积累起来的成果。当然，一些用户还需要进一步体验更多功能。

陈玮：在"九年计划"结束的时候，小库会变成什么样？

何宛余：首先，我们的产品规划包括建筑数字化新底层模式 ABC（AI-driven BIM on Cloud，智能云模），即实现在量产型建筑中的智能设计，包括规划方案和施工图。这一愿景是我们最初也是最重要的目标，即让机器帮助我们实现设计。通过这种方式，我们可以极大地缩短原本需要的设计时间，从 3—6 个月缩减到半个月。此外，整个流程不仅仅局限于设计阶段，其产生的结果还可以应用于产业链的上下游，比如在决策端，能够帮助做出更好的决策。

长线思考

陈玮：您提到的决策判断是怎么样的呢？

何宛余：比如说，当开发商进行投资或者拿地时，他们需要一系列的方案和数据指标来帮助他们判断哪种方案最优。我们现在已经能够实现这一点。但是，我们的未来发展还包括另一个重要方面，即通过装配式模块化的建筑实现设计端到工厂端的无缝衔接。你可能听说过装配式设计的概念，我们采用的是钢结构箱式装配式。例如，你曾经所见到的隔离酒店、防疫医院和方舱，它们都是由一个个模块化的空间构成的。甚至包括公寓、宿舍和酒店等，都可以采用这种模块化、装配式的方式来实现。这种方法实际上可以大幅缩短原本 2.5 年的建造周期，即从理论上的接近 30 个月减少到 3—6 个月，因为我们在设计的同时，就可以在工厂进行预置生产，有些构件甚至已经是成品。我们将这些构件组合成一个方案的设计需求，不再仅仅是上帝视角下的模块化，而是根据这些模块组装起来，就像搭乐高积木一样。这种方法使用了特别标准化的最小单元，可以组成各种千变万化的建筑类型。这种思路可以类比中国古代的营造法式，那时的工匠可以根据不同的场地需求拼凑出各种各样的亭台楼阁。我们现在利用新技术，通过机器更精准地组装这些构件，实现更优化的设计。同时，它也是一种循环经济，因为基本上由钢结构或者轻钢龙骨组成的方案后面可以再次利用。

在这种方式下，也就是你刚才提到的我们未来九年的路径上，我们在某些场景可以实现真正的从设计到制造的打通。我们认为，未来建筑行业不应该是现在这样依靠大量人力完成的状态。我们需要推动建筑业的工业化进程，而不是让行业的发展停留在类似于农业时代的水平。我们不能继续以这种方式发展未来建筑。

当然，有人可能会质疑未来3—5年建筑业是否还会继续保持这样的状态。我们完全可以充满信心地回答这个问题。首先，中国的城市化率已经达到了63%、64%的水平，与欧美等其他国家相比，它们的城市化率是80%—90%。根据我们的"十四五"规划和2035年远景目标纲要，到2035年，我们的城市化率将达到75%。因此，我们仍然有很大的增长空间。可能有些人生活在大城市，居住条件相对较好，无法真正体会到城市的真实状态。事实上，只有30%的人居住在新修建的房子里，也就是说能够居住在十年内新建的房屋中的人仅占30%。大部分的房子仍然是"城中村"，占比50%。剩下的是以前工厂的宿舍楼。这种居住空间对于年轻人和新一代来说并不理想。尤其是在像深圳这样脑力劳动密集型的城市，即使是我们最发达的城市，情况也是如此。对于其他二三四线城市来说更是如此，这就是目前城市化的现状。我们仍然需要做很多关于城市和空间的工作，而且不仅仅是居住空间，还有生活、办公、娱乐等方面的空间。只要涉及我们真实空间的问题，建筑行业都应该努力改善。

当然，现在我们还要考虑加入元宇宙，未来可能还需要在其中工作。因此，建筑行业的工作量还是非常大的，未来产业发展也必须继续向前推进。另外，还有一点值得注意的是，国内的建筑业在全球范围内已经处于相对领先地位。除了工业化方面，我们的理念和设计也相对领先。因此，政府提出了"三个中国"的概念——"中国创造""中国制造""中国建造"，这些都是未来希望向海外输出的。在"中国建造"中，我们可以部分地再融入"中国创造"和"中国制造"。通过新型的建筑工业化，我们可以实现这一目标。这正是"十四五"规划中提到的智能建造与新型建筑工业化的内容，强调了应用建筑的工业化、数字化和智能化。这也是我们目前正在做的事情。我们认为未来的建筑产业一定会是工业化的，是基于智能建造实现的。

陈玮： 当用机器来设计建筑时，可能会提高效率，但也可能会影响美感，如何解决这个问题呢？

何宛余： 首先，建筑可以被划分为多个类型，传统建筑注重经济性、适用性和美观性，而现在还加入了绿色因素。但是，这些要素在不同类型的建筑中的重要性是不同的。例如，博物馆、机场和音乐厅等建筑更注重美观性，这是它们的首要考虑因素。但住宅和产业园区等建筑更注重的是经济性和适用性。当然，也有一些低碳建筑更注重绿色性。

因此，未来我们可以通过机器更加平衡这些因素之间的关系。因为人类在进行设计时，要平衡经济性、适用性和美观性已经非常困难了，而通过机器的智能设计，我们可以找到更多可能性。举个例子，假设设计一个卫生间，里面有洗手池、淋浴池、便池和门这四个要素。在一个平面上，创新的可能性就有 4^4 种，即 256 种。因此，无论做什么设计，都只是 256 种可能性中的一种。所以，创新是有边界的，尤其是在以经济性和适用性为主导的建筑类型上。我们有国家的规范和业主的要求，因此有很多约束条件。机器可以触及更广泛的创新可能性，在人类无法很好地满足这些需求时，通过机器，我们可以找到这些可能性。我认为，机器可能是唯一能够平衡标准化和定制化之间关系的方式。

因为标准化是千篇一律，虽然经济性很高但长得都一样，而定制化则是完全不同，虽然独特但经济性较低。而我之前提到的营造法式，它可以利用最小的标准化单元，组装出各种不同的结果，这样就能平衡两者之间的关系。

陈玮：为达到理想状态，还有哪些挑战需要克服？

何宛余：首先，我们已经完成了ABC底层语言的单体规划，并在细部尺度上取得了进展。但要实现整个ABC的完整性，还需解决一些挑战。其次，我们已经在某些小规模案例上实现了从设计到制造的打通，我们相信不到一年，这些成果就会显现出来。我们预计再过三年，这一体系会更加成熟。我们与供应链合作，包括装配式厂家，在数据格式和构件信息上的连接会更加顺畅。通过满足标准化和定制化需求，实现企业的平衡发展。

陈玮：如何做到长线思考？

何宛余：作为一名建筑师，我不仅仅是一个绘图员。真正的建筑师会从设计的第一天开始，甚至项目的第一天开始，当还是一片空地、一张白纸时，就开始思考。他们会想象最终建成的房子应该是什么样子，如何满足功能需求，并将这个方案详细绘制出来。他们会规划所有的环节，包括工期安排，从土建进场开始，到建筑、结构等各个专业的进场，以及水电等。所谓"以终为始"，其实就是从一开始就考虑到最终的目标。

我们也会思考这个行业未来的终局会是什么样的，因为我本人很喜欢科幻，并且也写过一些科幻作品，会想象未来建筑行业可能的发展方向。我们会畅想未来，看到的是刚才我提到的一些可能性，甚至比这些可能性更加美好的未来。比如，我们可以通过脑机接口将我们的房子3D打印出来，这是一个更美好的未来。但是，我们离那个未来还有多远，需要什么样的手段才能实现，中间的差距有多大，我们需要达成多少个里程碑才能到达那个未来，这些都是我们需要思考和规划的。

当然，实现长线思考也会遇到一些需要应对的挑战。虽然大方向已经确定，但是要在这个方向上前行，可能会遇到各种阻碍和困难。我们内部有一个形容我们自己的话叫做"举火夜行"，意思是我们知道自己要去的目标，认为那里可能有我们梦寐以求的东西，但是这条路上一片漆黑，我们只能举着火把前行。你可以想象在黑暗中你什么都看不见，你只能小心翼翼地向前走，尽量避开一些

"坑"，然后根据情况应对，始终坚定地朝着目标前进。这是深刻理解行业后的坚定信念，我们希望像航海一样，CEO 则作为舵手，不断调整方向，计划如何一步一步抵达彼岸。

陈玮：可以从个人经历的角度谈一下长线思考的培养方法吗？

何宛余：大家或许熟悉一个概念叫做"设计思维"。首先，我们必须明确我们对现实的理解，找出问题所在，尤其是要关注核心问题。不论是个人还是公司，都需要把注意力集中在最关键的问题上，比如我们关注的是建筑底层语言的问题。然后，我们提出问题，这些问题可能不是一天里提出来的，而是一直存在的。举个例子，我认为机器应该协助人类完成大量重复性工作，这是我的愿景。基于这个愿景及对问题的分析和研究，最终得出我们的论点：我们要讨论什么？我们的议题是什么？提出了论点后，找到假设的场景。在这个场景中，我们将刚才分析的问题、我们的立场和论点都融入其中，然后得出解决方案。解决问题的过程就是提出问题并寻找解决方案的过程。但是设计并不是一开始就画图，我见过很多设计师，一拿起笔就开始画，这样不对，你必须先想清楚，然后再开始概念设计。你要提出一个怎样的概念？这个概念必须解决之前提到的核心问题，然后才是如何呈现这个方案，最后才是方案本身。

因此，这个方案涵盖了很多内容，从房屋的外观到机电结构、水暖等各方面的信息，再到空间、工期等，都是细节。设计思维是一个完整的体系，你必须从一开始就清楚地思考问题，明确你的最终目标是什么，你要解决的问题是什么。这种方式可以很好地帮助我们思考，不一定要通过五年本科学习建筑学，也可以通过设计思维的方法来引导大家。

陈玮：您的论点、观点是如何形成的呢？

何宛余：其实每个人的论点和观点都是因人而异的，因为我的观点或出发点可能与你的不同。这取决于每个人的立场，而立场则建立在个人的各种认知基础之上。比如，你站在红队还是蓝队，这是立场问题，并不存在对与错，因为不同的立场都可能有合理的解答。

然而，你的立场是什么？你会基于这个立场采取什么行动呢？举个例子，当设计深圳证券交易所项目时，我们构想了一个漂浮的大平台，这是基于对公众尊重的态度。我们认为，核心区域下方的空间应该向公众开放，而不是被裙楼所压制，让人们只能绕行边缘。

陈玮：您能给"创讲堂"的设计提出一些改进建议吗？

何宛余：实际上，设计除了涉及时间和空间，还包括人，以及人的心理和行为活动，这些都会影响设计。设计本质上是一门运筹学，以前我们的老校长在我们入学时问过我们："你们认为设计是什么？或者建筑是什么？"大家可能会说是关于空间、绘图、各种材料、光影等，但是他说，建筑、设计是关于思考的，思考是设计的本质，设计就是在多维度、多要素之间做出决策和规划。

实际上，我们"创讲堂"的设计已经做得很不错了，我们考虑了多个维度，包括现场和线上，甚至记录。此外，我们还考虑了空间维度，设置了多个摄影机位和灯光，桌子的摆放位置也经过精心设计。我认为可以参考一下电视节目中的访谈设置方式。主持人和嘉宾的座位应该有所区别，不应该是完全对称的桌子摆放。主持人甚至可以考虑使用长椅，让一两个人可以共同交流。这样的设计可能能够更好地吸引更多的人参与进来。

求学历程

陈玮：可以分享一下您的求学和工作心路历程吗？

何宛余：我本科毕业于一所传统的建筑学院，整整五年的学习里，我们接触了建筑领域最基础的东西，比如美术和手绘。刚开始学习时，我们使用的是图版尺规绘图，就是在一块 A0 大小的图板上，借助大型 T 字板和直角三角板手工绘图。一张图如果画错了，就得重新开始，这种经历让我觉得有些无法理解，为什么要这样做呢？这也促使我一直想了解真正的建筑学是什么。

尽管我的母校也为我提供了很好的基础教育，但我仍然想要深入了解建筑领域。我记得我入学时，老师问了我们一个问题："你们认为建筑是什么？"老师的回答让我印象深刻，他说建筑是上观天文、下观地理、中观人世间。

在学习过程中，我们涉及历史、美学、数学、物理、化学等多个领域。我在选择学校时，希望能够学习一个综合性的专业，既包含理科，比如数学、物理、化学，也包含一些艺术类课程，比如建筑美学、美学史和建筑历史，达到文理兼修的状态。

随着我越是接触到大师级别的建筑作品，我越想了解外面的世界。于是我决定去欧洲留学，学习西方建筑的起源。我选择了荷兰作为留学目的地，因为荷兰在建筑界有着举足轻重的地位，被称为"超级荷兰"。荷兰的现代主义建筑流派非常出名，有很多著名的建筑大师和事务所，如雷姆·库哈斯和MRVDV建筑规划事务所等。我申请了荷兰的贝尔拉格学院，这所学校被认为是全球顶尖的建筑学院之一，它更像一个实验室，对我来说是一次很好的启蒙之旅。虽然一开始我不太适应国外的教育体系，但通过不断补课和努力，我在那里获得了很多启发。

陈玮：您能谈谈荷兰和中国在教育方面的不同之处吗？

何宛余：传统的欧洲大学并不像我所在的贝尔拉格学院，比如荷兰的代尔夫特理工大学。代尔夫特理工大学跟国内的学校很相似，侧重于传统教学方法，和我本科学校的情况相似。但是贝尔拉格学院与众不同，它是一个叛逆者，就像我一样。贝尔拉格学院的创始人赫尔曼·赫兹伯格（Herman Hertzberger）原本是代尔夫特理工大学的教授。他认为传统的教学方式缺乏创新和自由思考，因此他独立出来创办了贝尔拉格学院。这所学院非常开放，世界各地的建筑大师都会来这里授课，每周你都能听到不同大师的讲座，他们会分享自己的思想和作品。

学院课程包括理论课和设计课。设计课会提供一些设计题目，要求我们进行田野调查，并整理设计思路，完成设计和相应的论文。理论课涵盖了历史、哲学等多个方面。我们有一位非常绅士的老师托马斯，他会带领我们骑自行车游览阿姆斯特丹，讲解每一栋建筑背后的故事。他会讲荷兰建筑的发展历史，包括荷兰在东印度公司时期的建筑风格以及现代荷兰的建筑风格，这些历史非常有趣。

我们还有哲学课程，这些课程不仅限于建筑师，有时候还会邀请一些知名的哲学家来授课，其中包括福柯的学生。此外，学校还提供摄影理论、投射理论等经典课程，让我们接触社会最前沿的思潮。我觉得欧洲在这方面的思潮发展得要比美国早，包括在新兴计算机技术与建筑行业结合方面，欧洲也领先于美国。因此，我从欧洲学到了很多有启发性的东西。

陈玮：您在美国的求学经历又是怎样的？

何宛余：我在美国攻读了博士学位。我选择了一个相对特殊的研究方向，即人工智能与空间建筑。这里的空间并非指一般的建筑空间，而是指太空空间，因为我对科幻颇感兴趣，希望能够将人工智能和建筑与太空的一些概念结合起来。为了找到合适的导师，我研究了行业内最知名的杂志，发现一份杂志中有一期专门介绍了太空建筑。该期的主编是欧洲科学院的院士，我通过各种渠道联系到了他，并表达了我希望能够在他的指导下攻读博士学位的愿望。后来，他为我另外联系了一位来自 NASA 的教授，专门从事太空建筑设计的研究。

创业心得

陈玮：可以介绍一下 OMA 的背景吗？

何宛余：OMA 的全称是"Office for Metropolitan Architecture"，即大都会建筑事务所，成立于 1975 年，起源于纽约。该事务所的创始人是雷姆·库哈斯，他被誉为现代主义的大师，堪称顶级建筑师。库哈斯不仅在设计方面有着卓越的才华，更因其思想和言论而广为人知。他最初是一名记者，父亲从事文化出版行业，因此他具有敏锐的观察力和对社会的深刻理解。他在获得硕士学位后，前往伦敦一所建筑学院深造，与当时的一位老师伊莉亚（后来也是贝尔拉格学院的教授）合作创建了OMA。在纽约，他设计了一系列标志性建筑。库哈斯最著名的著作之一是《癫狂的纽约》，探讨了20世纪70年代的现代纽约及其后现代主义思潮。他于2000年获得普利兹克奖，这是建筑界的最高荣誉。OMA的作品遍布世界各地，包括中国的中央电视台总部大楼和深圳证券交易所，以及葡萄牙的波尔图音乐厅等。此外，他还负责设计普拉达每年的时装秀。

陈玮：您在那里的工作表现不错，为什么后来选择了一条与传统不同的路？而且您刚才提到库哈斯说2050年传统设计会消失，您为什么认为这与您有关？为什么要把这件事变成您的使命？

何宛余：我认为最关键的是我之前提到的荷兰的学校。那里不鼓励建筑界的"明星"，而是倡导具有社会责任感的建筑师。这种理念让我深受启发，让我相信我们参与的行业事关重大，与我们息息相关。因此，当我开始加入OMA时，我怀着崇敬之情，因为这是全球顶尖的建筑设计公司，培养了许多建筑大师，比如扎哈·哈迪德（Zaha Hadid）等，他们设计过北京大兴机场、银河SOHO等著名建筑。我刚加入时，心情非常激动，前几年也一直保持这种状态。

然而，随着时间推移，我参与了很多实践项目和投标项目，可能在经历了七八年的工作之后，我开始感到有点不满。每次新项目开始时，我总是不断地走一遍我们所谓的"项目思维"，感觉自己陷入了一种固定模式。虽然过程中充满美好的回忆，但每一个细节都需要我亲自处理，有时觉得有些事情其实并不需要人来做，但最终都落到了我身上。比如，绘制图纸时，需要逐一勾勒地下车位，一遍又一遍地排布。我意识到人类的能力是有限的，有时候不得不在CAD软件里删除并重新绘制，但这并不是最聪明的方式。我开始思考是否有其他方法可以帮助我们提高效率。

因此，我选择了贝尔拉格学院，并选择了导师皮特。他擅长利用计算机方法进行设计，我也开始选一些小程序帮我来处理那些繁琐的工作，这也成了我的一种爱好。我喜欢通过这种方式减轻工作量，让工作变得更轻松、更愉快。

然后，随着时间的推移，我开始意识到这种循环不对劲，不只是我一个人感到累，实际上很多建筑师都有同感。我通常每天工作时间很长，从早上 10 点工作到凌晨 3 点，第二天早上 10 点又开始工作，没有周末。因为当时的项目工作量极大，为了追求极致的创意，我们需要用人工的方式去遍历所有可能性。例如，当一个项目启动时，我们会分成几个小组，包括一些新的建筑师实习生，分别做出 50 个不同的方案，然后再进行评估。虽然这种方式看起来行之有效，但我开始思考是否有更聪明的方法。所以我们掌握了一些技术，比如跟随皮特学习计算机算法，我相信这种方式一定可以进行革新。

此外，大约在 2016 年，AlphaGo 的出现让我们看到了希望。2010 年，我和另一位合伙人利用我们的算法做了一个项目的投标，但由于缺乏算法、算力和数据，我们无法将算法进行产品化。然而，到了 2016 年，一切都如拼图般被完美地组合在一起，我们拥有了算法、算力、数据以及丰富的经验积累，这是一个非常重要的时机。

我认为创业最重要的是把握好时机。就像猪站在风口上一样，你必须抓住那个时机，预测未来并做好准备。2010 年虽然我们尝试了很多，但那并不是最好的时机，很多事情都无法实现。而 2016 年，则是一个非常好的时机。

陈玮：我能感觉到您其中的一部分动力来自对重复工作的厌倦，让您想要摆脱目前有些无趣的状态。但从您的介绍中，我也感受到了一种责任感，类似一种舍我其谁的使命感。您感觉到内心深处有何种联系，以至于激发了这种改变这个行业、改变这个世界、改变建筑等方面的使命感？

何宛余：其实，这主要是一种责任感。首先，我们觉得这是我们应该去做的事情，我们能够想象到那个未来的景象，就像是另一个平行宇宙，我们选择了这条时间线，科技树得往那个方向发展，但没有人在做这件事情。如果我们还不行动，2050 年就要来了。这让我感到一种紧迫感。

陈玮：实际上，在重塑行业前夕，许多人都可能感受到这种紧迫感，但并不是每个人都会觉得这是自己的责任，舍我其谁，我必须去做这件事。为什么是您？为什么您会有如此强烈的冲动和欲望？您进行过自我分析吗？

何宛余：我觉得首先是因为我具备了这种能力，同时也有责任感，而且我发现自己对其他事情似乎也不太感兴趣，这是综合了几方面的原因。首先，我意识到自己必须有相应的能力才敢于承担这项任务。幸运的是，我在这个领域受过一定的教育，也进行过一些研究和实践，因此我认为我有一定的基础能力。但当然，我也意识到在创业方面我还存在一些不足，特别是在公司管理和治理方面，我经验不足。尽管我之前在 OMA 也有过一些最基本的管理经验，但与创业相比，仍然存在较大差距。所以我觉得，这方面的能力是非常关键的。因此，我觉得我有能力去做这件事情，而且市场上似乎没有其他人在做，这也是我决定投身其中的原因之一。

此外，我依然坚信这件事情应该被做成。实际上，早在 2010 年或 2013 年，我就多次与当时的合伙人小迪讨论是否要做这件事情。当时我们觉得时机不成熟，但到了 2016 年，我们认为这是最好的时机，必须抓住这个机会。

因此，就像您所说的，这是一种因缘际会，我自己也有这种意愿和动力去做，同时亦有一种莫名其妙的责任感。这种使命感驱使着我去实现这个目标。

科幻人生

陈玮：作家斯蒂芬·茨威格（Stefan Zweig）曾说过："一个人生命中最大的幸运莫过于在他年富力强时发现了自己的人生使命。"我觉得您正处在这样一个年富力强的时期，找到了自己的使命。我对您的科幻人生很感兴趣，您能分享一下吗？您目前在做些什么呢？

何宛余：实际上，我并没有做什么特别的事情，主要是看得比较多。因为我是四川人，而四川有一本著名的杂志——《科幻世界》。我记得小学时候老师会让同学们订各种杂志，我就订了这本。但更早的时候，是我的父母给我买的书，其中有人物传记，以及各种科学家的书籍。我大约六·七岁时就开始阅读这些书籍，对里面的人物感到十分敬佩。我认为更重要的是我父亲对我的影响。每个假期，他都会带我玩游戏。

陈玮： 他是游戏迷吗？

何宛余： 不是的，他是书迷。他常常看各种各样的书籍，我的房间里常常摆满了他的书。他会带我玩游戏。在四川，女孩子通常不太被灌输"女性化"的教育，虽然我母亲也会告诉我作为女孩子应该如何行事，但我父亲一直称呼我为"幺儿"，意思就是"儿子"，在我们那里，性别不同并没有太大区别。或许这与古时蜀国以女性织蜀锦赚钱的历史有关，再加上四川地势平坦，女性也可以参与农耕，所以在四川，女性的社会地位相对较高。因此，我父亲并没有将我看作一个"典型"的女孩子。他会带我玩游戏，也会带我看各种国际大片，比如《终结者》等。我对科幻作品也比较感兴趣，对未来充满好奇。

陈玮： 那么，您曾经想象过的最魔幻、最具未来感的世界或人物，能否与我们分享一下？

何宛余： 我曾经写过一些长篇和短篇小说，有些发表了，有些则没有。我会在我的公众号上写一些自己的想法和故事。这些故事是将我的想象通过文字表达出来。创作的愿望需要释放，设计也是一种释放创作愿望的方式，只是通过空间来表达，而科幻则是通过文字来表达，你需要构建一个宏大的世界观，想象在这个世界里会发生什么。我写得比较多的是关于太空旅行的故事，比如我们发现了开普勒星球，它离我们有多远，我们该如何派遣人类前往，并在那里经历怎样的故事。我写的小说中探讨了一个很有趣的点，就是人类如何定义"人"。我的小说其实是一个三部曲，其中有一篇叫做《记忆的备份》，讨论了记忆如何证明一个人的身份，只有真正属于你的记忆才能证明你是那个人，这是一个非常有趣的想法。

陈玮：这其实也是您父母对您想象力的早期培养。今天的访谈结束前我想再问一个问题，您认为小库科技在第一阶段成功晋级的最核心因素是什么？能与我们分享一下吗？

何宛余：我们将第一阶段称为"活下去，立起来"，我们确实做到了，也获得了一定的知名度，让我们这个行业的大部分从业者都知道了我们。我认为能够实现这一目标有几个关键点。首先，我们确实掌握了行业核心的跨界技能。其次，我们拥有建筑领域的技能，我们真正理解建筑及其底层语言是什么。这看似简单，但在此之前，全世界似乎都是模糊的，没有人真正搞清楚并将其落实，所以我认为那句话"Be Pioneering and Make it Happen"非常关键，前者是意识上的创新和战略思维，后者则是团队和组织能力，实现这一目标，我认为这两点非常关键。

陈玮：非常好，您的分享给了我们很多启发。从宛余身上可以看出她强大的思维能力和特征，这些特征对于创业、创新或者做任何工作都是值得借鉴的。比如，刚才宛余给我们解释了设计思维的含义，其实设计思维可以应用在我们生活的各个方面，比如年轻人约会时也可以设计一些小惊喜。

何宛余：没错，可以设计一些小惊喜。

陈玮：其实所有事情都需要运用设计思维。如果你有了这样的理念，你对你做的每一件事情都不会轻易放过，都会投入心力去思考和设计，让它变得更加到位、有意义、有价值。

第二个是科幻思维，其实就是一种想象力。你会想象未来会是怎样的，虽然未来是未知的，但你可以设想出来。这直接延伸到对终局的想象，其实不仅仅是想象，它是一种愿景的能力。有些人展现出了一种特殊的能力，他们能够看得更远，清晰地看到未来的终局。这种愿景的能力对于创业者和领导者来说非常重要。

　　第三个是长期思维，这并不是每个人都具备的。长期思维其实就是一种战略思维，因为战略讲的是长远规划，当然需要考虑短期和长期的结合，但更强调的是长期性、全局性和整合性。所以，长期性、全局性、整合性与设计思维和长期思维相结合，形成一种思维的能力，我认为这非常有价值，也非常强大。

　　当然，宛余刚才也谈到了运筹思维，永远要记住你的资源是有限的，你要如何在有限的资源下不仅做到局部最优化，还要达到全局最优化，这也是非常重要的。

　　另外，宛余提到她在荷兰母校的叛逆精神，其实叛逆精神、批判性思维、创新思维及勇于领先的精神，与我之前服务过的公司耐克（NIKE）的"JUST DO IT"有一些精神上的共鸣，就是要敢于领先、敢于行动、把事情做成，这种思维能力和价值观，再加上社会责任感，就构成了我的使命，舍我其谁，这就是我应该做的。将这些元素组合起来，就形成了小库科技诞生的底层逻辑和思维方式，我今天受益匪浅，谢谢宛余，您的故事给了我们很多启发。

　　本文根据作者2022年4月28日在北大汇丰商学院创讲堂的演讲整理而成，经作者审阅并授权发布。

对话 iPod 之父: "To Build Great Things"

托尼·法德尔 (Tony Fadell)

iPod 之父、谷歌 Nest 创始人、投资公司 Future Shape 创始人

托尼·法德尔,硅谷传奇人物,乔布斯的幕后功臣。作为一名知名设计师、管理者,他曾经是苹果最伟大的产品之一 iPod 的缔造者,参与研发了初代 iPhone。在其近期出版的新书《创造》(*Build*)中,他给创业者讲了很多实用建议,并分享了在苹果参与设计 iPod、iPhone 的经历。他离开苹果后又发起了一项关于恒温器 Nest 的创业活动。

陈玮: 我们期待获得更多关于如何创办一家公司的见解,以及您参与开发 iPod、iPhone 以及 Nest 的故事。请问您能简单地介绍一下现在从事的工作吗?

托尼·法德尔: 我目前担任一家名为 Future Shape 的公司的负责人。这是一家类似风投的投资公司,我们没有有限合伙人(LP)。到目前为止我们已在全球范围内投资了 200 多家公司,投资金额从 25 万美元到 2 500 万美元不等,为这些公司提供资金支持以及运营指导。我们专注于深科技初创公司,致力于改善全

球气候、人类社会以及个体健康，我们倾向于那些从事真正艰难而伟大事业的公司，并希望与他们一起改变世界。

我们的投资起始于公司的早期阶段，目前我们已经构建和管理这个投资组合超过十年了。该投资组合已涵盖了超过 200 家公司，包括了一些已经上市、估值达到数十亿乃至数百亿美元的公司。我们在继续向这些公司注资的同时，在全球范围内寻找那些从事真正重要事业的新公司。

最近的投资故事是关于 Diamond Foundry 的，这家公司通过人工合成技术制造钻石，它提供的钻石与天然钻石几乎没有区别。这将带来诸多好处，一是减少对地球的开采并降低对环境的破坏；二是避免了使用童工或支付过低工资的问题；三是确保钻石不会被用于资助恐怖活动或其他非法行为。此外，它还生产用于半导体的钻石晶圆片，利用钻石作为终极半导体材料，这是史无前例的。Diamond Foundry 每年以环保的方式生产数百万克拉的钻石。

一些初期项目往往还没有收入，可能仅有一个原型。但我们坚信，那些从事艰巨任务，可能需要十年才能取得成就的公司是最值得投资的。因此，我们通常不会投资于社交、移动应用或游戏等领域。如前所述，我们关注的是那些能够根本改善全球气候、人类社会以及个体健康的真正重要的项目。例如，我们投资的一家公司正在研发癌症疫苗，经过了 30 多年的研究，项目即将进入人体试验阶段，一旦成功意义非凡。我们还投资了一家开发电池材料的公司，其技术能在相同体积下提供 5 到 10 倍的电池容量。这些基础技术的突破和改进不仅能够改善人类生活方式，还能促进人与地球共存。

与乔布斯的"苹果树"下故事

陈玮：关于创造 iPod 和 iPhone 的经历，您有没有什么真理时刻或是关键事件愿意分享？

托尼·法德尔： 人们常认为 iPod 和 iPhone 一经推出便立刻大获成功，实际上这些产品的真正成功是从第三代开始的。当时，苹果的全球市场份额微乎其微，北美以外几乎没有销售，只有在日本有 1% 的市场份额。那时还没有苹果零售店和天才吧，我们最初只是为苹果的一小部分忠实 Mac 用户制造 iPod。直到第三代产品问世，我们才推出了 iTunes 数字音乐商店，并使 iPod 兼容 Windows 操作系统。这些改变使得 iPod 开始取得商业成功。前两代产品虽好，但从商业角度来看并不算成功。

iPhone 也是类似的情况。虽然大家都说 iPhone 是必备之选，但它的电话和相机功能并不出众。虽然它的愿景是正确的，但定价策略和商业模式都有待优化。最初的设计没有应用程序，直到第二代我们加入了应用程序，第三代则确立商业模式、改善数据连接并开始在全球销售，此后 iPhone 才开始大放异彩。通常情况下，无论是软件、硬件还是二者结合的产品，都需要经过三代的改进才能成功，因为需要时间进行创新调整与商业模式优化。

很多投资者期望第一代产品即刻成功并盈利，但现实中成功往往出现在第三代或第四代产品，为此可能需要投入四到五年的时间，重要的是要持之以恒。

陈玮： 能否分享更多在 iPod 和 iPhone 项目中的经历？您认为为何自己能取得如此巨大的成功？与史蒂夫·乔布斯相处又是怎样的体验？

托尼·法德尔： 首先，我的成功背后有十年的失败经历。许多人通过四到六年的学习获得了硕士或博士学位，但那只限于特定的技术领域或职能。无论大学教育多么出色，生活的学院并不存在。若想成为一名伟大的企业家，你需要在现实世界获得一种"学位"，而学习的途径是"失败"。我在十年的失败经历中学到了许多，这使我在 31 岁时能够组建团队，并设计交付了 iPod。若非有十年的时间学习如何组建、管理、领导团队，理解技术问题并了解制造过程与市场营销方法等方面的知识，成功是不可能的。

即使在苹果这样的大公司内，领导者也需要理解所有不同的职能并建立联系，以确保产品的实现。在我加入苹果之前，我们在飞利浦开发了基于 Windows CE 的手持设备 Velo 和 Nino。工程和制造团队做得很出色，但营销团队却不能正确销售，结果我们花费四年时间开发的产品无人问津。当我们团队为了创造伟大的产品而夜以继日地努力时，我不希望仅因为销售或营销的失败而让所有的努力付诸东流。因此，iPod、iPhone 和 Nest 的成功都基于我们从过去的失败中学到的经验。

史蒂夫·乔布斯也是如此，他在 iPod 之前也经历过多次失败。他在 Apple II 上取得了一些成功，但麦金塔计算机（Macintosh）作为一个伟大的产品，销售却并不理想。他也从失败中学到了很多。人们常认为乔布斯触及的每件事都会成功，但实际上他的成功率大约只有 30%，但成功的那 30% 却意义重大。我们应敢于冒险，明白只要不停止脚步，这些失败就最终会导向成功。失败只有在放弃时才真正成为失败，如果能在失败中寻找教训并继续前进，那么成功就在眼前，因为我们在学习其他人不愿意冒险的东西。

人们必须学习的最重要一课是如何看待失败。学校里，老师通过书本传授知识，我们阅读书籍并参加考试，此时的失败往往被看作是不可接受的。然而，生活并不遵循这样的规则，生活是关于尝试、失败、学习和最终成功的过程，这一过程充满未知和冒险，尤其是在追求创新的路上。这是我从过去的失败中学到的最宝贵的教训，它教会了我如何在面对挑战时持续前进。

陈玮：能详细阐述一个 iPod 团队与史蒂夫·乔布斯的有趣交锋吗？

托尼·法德尔：我接下来要说的这个故事揭示了 iPod 成功背后的策略。起初，iPod 仅支持麦金塔计算机，这大大限制了其潜在用户群。乔布斯相信，如果 iPod 足够出色，人们会为了使用它而去购买一台麦金塔计算机。然而，这意味着整体花费高达 2 400 美元，并需花费精力迁移所有数据，这并非用户所期待的。直到第三代 iPod 兼容 Windows 操作系统后，人们才真正开始体验到苹果的魅力，使得用户愿意尝试价格为 400 美元的 iPod，并可能考虑尝试使用笔记本电脑或 Mac，而这一切并非强制性的，是消费者自愿做出了选择。这表明我们不能强迫用户改变他们的生活方式来适应一个产品，即便我们认为它非常值得。

当我们准备发布第一代 iPod 时，我们尝试说服史蒂夫·乔布斯让 iPod 能在 Windows 平台上运行。他最初坚决反对，认为这样会削减 Mac 的销量，并坚信通过仅支持 Mac，iPod 会促使更多人购买 Mac 电脑。然而，当第一代 iPod 发布后，我们发现新的 Mac 电脑销量并没有因此增加，而 iPod 的销量也开始下降。到了第二代末期，我们与一家名为 Musicmatch 的公司合作，开发了让 iPod 在 Windows 上工作的软件。在 iPod 销量和 Mac 销量都未能达到预期的情况下，乔布斯虽不情愿但最终同意将这款软件提交给评论家试用。评论家的反馈极为正面，认为这是 Windows 平台上最好的数字音乐播放器。

我们几乎用了两年半的时间来证明这一点是正确的选择，所有人都非常努力地向史蒂夫·乔布斯展示这一决策的价值。最终，他改变了主意，iPod 开始在 Windows 用户之中取得成功，这不仅使得 iPod 的销量大幅提升，也为苹果开辟了更广阔的市场。

此外，我们用了数据让史蒂夫·乔布斯改变想法。在做出革命性的决策时，很多决策最初是基于个人的判断和意见。乔布斯凭借他的直觉做出了很多初始决策。但随着产品迭代和市场反馈的积累，我们获得了更多的数据，这使我们能够以数据为基础来进行决策，并最终说服乔布斯接受一些必要的改变。这种基于数据和实际行动的方法最终证明了它的价值，并帮助苹果实现了一系列的成功。

如何识别"真正伟大事业"的创造者

陈玮：你们目前正在从事的投资行业，面临的挑战在于如何进行筛选和决策，你们是如何做出这些重大投资决策的？

托尼·法德尔：首先必须清楚的是，我们所做的投资中有80%都会失败，但剩下的15%到20%的成功足以抵消这些失败，当选择高风险时就要全力以赴。我们先确保项目真正具有新意，从而可以通过专利保护让公司独家拥有。然后我们会与量子计算、材料科学、物理、化学等方面了解最新研究成果的专家合作。此外，我们还会评估项目商业模式和团队组成，并努力降低各种风险。

陈玮：有些人认为正确评估创业者及其团队是成功的重要因素，该怎么看待这种说法？

托尼·法德尔：我们更倾向于支持那些在深度科技等技术领域有深入了解的科学家、研究人员和工程师。即使他们不是最优秀的企业家或是最擅长沟通的销售员，围绕这些拥有创新思维的人士建立起的团队也足以弥补他们在其他领域的不足并具有巨大潜力。仅凭卓越的技术是不够的，还需要其他多种要素的支持，这种全方位的加强至关重要。

因此，我们寻找的不仅仅是颠覆性的技术，更重要的是技术背后带来的颠覆性市场进入策略。如果一个项目能够将创新技术和独特的市场进入方法相结合，那么它就能在竞争中脱颖而出，因为一些成熟企业在长期固有的运作模式下难以适应变革，它们无法理解新技术，也难以适应新的市场策略。

陈玮：创业者需要具备的前三项特质是什么？

托尼·法德尔：首先，创业者并非无所不知、无所不能，所以他们必须具备的第一项特质是好奇心，第二项是学习的愿望，第三项是对不同职能有基本的了解和尊重。我曾遇到一些对营销引资不感兴趣的技术人才，但领导者如果不能像尊重技术一样尊重其他职能是很难取得成功的，他们不需要亲自精通每一项，但必须认识到这些职能的重要性，并雇用合适的人才以共同推动项目向前发展。找到那些真正愿意接受挑战并将精力投入所热爱事业的创业者，是组建一个优秀团队的关键。

送给创业团队的启示录

陈玮：在您的职业生涯和创业经历中，最黑暗的时刻是什么时候？您又是如何走出来的？

托尼·法德尔：有一部电影叫做《通用魔术》，讲述了 20 世纪 90 年代的一个巨大灾难，这是一个关于失败、救赎以及如何从失败走向成功的深刻故事，也正如创造麦金塔计算机的团队成员们提前 15 年尝试创造 iPhone 的经历一样。当时，作为团队中最年轻的一员，我只有 21 岁，那段日子对我来说非常黑暗。我曾以为我们将征服世界，我付出了所有的努力但团队还是失败了。在最黑暗的时刻，我开始自省失败的教训，我不想再次感受那种沉重的心情。

之后我加入飞利浦并遇到了更多失败，但我每次都会从中学习并变得更强大，我坚信总有一天我会实现目标，这就是信念的力量。我们都需要成为谨慎的乐观主义者，因为如果不保持乐观，生活会变得非常艰难。我一直在艰难尝试创新，并在学习与进步中逐渐接近目标，最终我们创造了 iPod。那个来自"通用魔术"的团队不仅创造了 iPhone，还参与了 Android 的构建，这些曾经彻底失败的人在 15 年后改变了世界，因为我们从未放弃努力。

你必须明白，如果你正在做一些非常困难的事情，尚未成功并不代表完全失败，而是因为某些方面尚未完善。但只要你的愿景正确且清晰，找到导师与团队成员并持续努力，最终你会实现那些革命性的成就，而我非常幸运能够领导和参与这一过程。

陈玮：团队的失败是否可以分担个人失败的痛苦？

托尼·法德尔：作为一个团队，大家是共同面对失败的。如果你未能履行自己的职责，那么就意味着个体的失败。但如果所有人都付出了最大努力，大家就需要一起寻找问题所在。我们必须铭记，我们是在为共同的使命而努力，成功不是由个体的金钱、头衔、权力或地位所定义的。但如果你忠于足够伟大的使命，钱财和一切都会随之而来，因而要专注于使命，与那些同样关心这个使命并希望改善世界的人们一起工作。

陈玮：首席执行官需要有一个开放的心态来真正看待数据并愿意接受数据和现实，而团队中的其他高层成员则需要勇于提出挑战，他们应当怎么做呢？

托尼·法德尔：他们需要团结一致并共同努力。如果我独自面对史蒂夫·乔布斯是无法取胜的，但当整个信任他的管理团队团结起来对抗他时，我们就有了胜利的可能。我们必须向他展示，即使是他最信任的人也认为某些决策不正确，他可能仍会反驳，所以我们需要努力通过实际行动来证明我们的观点。最终，当足够多的人转变立场认识到这一点时，团队的共识就形成了。

陈玮：很多创业团队在内部针锋相对中浪费了很多时间，面对不同的想法、观点、数据和商业模式，有什么原则方面的建议吗？

托尼·法德尔：团队需要明确了解在制定初代革命性产品的决策中，有哪些是基于意见，哪些是基于数据。每个人都可能有自己的意见，基于意见的决策需要一个小团队来推动，这样可以确保愿景的清晰性。发布产品后，则可以依靠数据来帮助理解下一步基于意见和数据的决策。重要的是要清楚区分意见与数据驱动的决策，并确保这些意见代表了创新的核心。

陈玮：您在书中提到项目早期阶段不建议投入过多资金、时间或人力资源，这应该怎么理解？

托尼·法德尔：在版本迭代过程中通常会收集到大量革命性的新策略和新想法，一旦形成了想法则需要尝试先在较小的团队内完成80%，然后再扩大。你需要有足够多的人参与决策，同时也需要足够的空间来容纳其他人加入，然后他们可以通过特定的角色帮助你理解其他细节。但如果你有一个庞大的团队，人们会更多地关注他们个人的感受而不是任务本身。因此，你需要一个小团队以快速做出决策并找到解决方案。

这个团队大约需要五至七个人，最好来自不同的地区，涵盖业务发展、产品营销和客户反馈等方面，且必须有一个领导者，可能还需要硬件和软件工程师等专业人员以及服务和营销人员以组成子团队。你们可以尝试不同的商业模式和融资方式。融资是为了测试商业模式，并扩展业务框架。正如细胞分裂，你必须从小规模开始再逐步扩展，这就是有机增长。

地球上最适应环境变化的生物往往是小型生物体。例如，微生物或藻类能够迅速适应环境变化，因为它们具有适应快速变化的 DNA。相比之下，长寿生物如树木则无法像微生物那样快速适应环境变化，因为它们的 DNA 进化速度较慢。当环境条件发生变化时，树木等长寿生物可能会受到威胁，这是由于它们无法迅速适应新的环境。因此，为了迅速适应并实现愿景和使命，你需要一个规模较小的团队，他们可以根据环境变化和所学知识快速发展，并建立一个可持续的结构，从而实现最佳愿景和使命。

陈玮：您是如何获得额外的能量并从头建立了 Nest 呢？

托尼·法德尔：我看到了真正的痛点并想要解决它。我考虑到了恒温器，因为我担心地球的能源和资金的浪费情况，于是思考如何节约能源。我认为这对地球来说非常重要，同时这些产品和服务是每个家庭都需要的，而我知道如何构建这个产品，便决心尝试，这就是 Nest 的出发点。

为了将想法变成实际，我必须深入研究技术、了解竞争对手，并明确产品构造以及使用流程，经过研究我们相信这项事业是值得的。很多人创业并没有充分掌握足够的基础知识，说服自己真正去做一些有风险之事的最好方法是通过观察商业模式、定价策略、销售渠道等要素来减轻风险。

陈玮：书中也提到了 Nest 被谷歌和 Alphabet 收购后的故事，当公司面临被收购的情况，您能提供一些建议吗？

托尼·法德尔：当时我们犯了一个错误，我们虽然做了很多正确的初始工作，但没有在协议中明确涵盖对于财务计划、商业模式或其他方面的变革规定。有一天，对方要求我们裁撤一半员工，并改变了薪资定价，这使得我们的财务状况变得混乱，我们本应该事先明确这两件事。此外，收购方如果想要我们适应一种新的商业或金融模式，就必须提供足够的时间以便双方达成一致。

陈玮： 最后请问企业家如何找到更合适的导师以及如何获得更多的指导？

托尼·法德尔： 首先最重要的是，无论男女，导师会比你更年长，他们会有丰富的经验且乐意分享。通常年长者们想要回馈社会并保持自己的价值。

此外，导师必须是一个值得信赖且可以向之学习的人。他们可能并非企业家，而是工程师或销售人员等。他们是否属于公司内部也不重要，重要的是你们之间可以建立起良好的相互学习的关系。

但要记住，不要急于求成，建立起可以相互信任、彼此分享经验的健康的关系可能需要几个月甚至几个季度的时间。与董事会或管理团队分享一些困惑有时是困难的，你必须保持自信以便让人们信服。然而，当你真的陷入困境时，你需要人性层面的指导，例如如何做销售、如何激励或领导下属、如何组织和构建团队，以及如何自我发展等，能帮助你掌握这些软技能的才是一个合适的导师。

最后，你应该了解自己的业务。尽管导师们会提出一些你从未考虑过的问题，但对业务内容他们永远不会如你这样了解。

本文根据作者 2022 年 11 月 1 日在北大汇丰商学院创讲堂的演讲整理而成，经作者审阅并授权发布。

鳍源科技——水下机器人的创业故事

张翀

鳍源科技创始人

张翀，鳍源科技创始人。鳍源科技诞生于深圳，深耕水下机器人的研发、制造及销售领域六载有余，凭借创新的功能和设计斩获各类奖项，其中就有 2021 年在北大汇丰-剑桥嘉治全球创新创业大赛中赢得的大奖。张翀在这次对谈中分享了自己从富士康到独立创业的职场经历，作为"80 后"的一员，她赶上了互联网、移动互联网基础建设的起始年，也在 2005 年抓住了行业发展的重要时机，为自己的职业生涯奠定了坚实的基础。未来，鳍源科技将为探索海洋继续做出更多的贡献。

富士康工作八年的收获

陈玮：您的第一份工作是在哪里？

张翀：我的第一份工作是在富士康。我想特别介绍一下这个平台，因为它让我接触到了世界 500 强的一些产品，也与许多大公司建立了合作关系。我在那里负责开发了 30 多款量产产品，包括游戏机、诺基亚手机、网通的产品，以及笔记本电脑中使用的许多无线网卡等。

陈玮：为什么您能在富士康工作八年之久？

张翀：富士康为我提供了很好的机会，这对我来说是一次特别有意义的人生经历。在富士康的头三年，我担任射频工程师，因为当时是网通产品无线化的时代，所以这个工作当时很受欢迎。在做了三年工程师后，我被派驻日本，做市场相关的工作——站在用户的角度，全程跟踪一个产品从想法到落地的全过程。后来我又回到了富士康的研发团队，重新领导团队。虽然在同一家公司工作了八年，但我实际上经历了三次职业视角的转变。

陈玮：在这八年中，有没有一些故事让您印象深刻？在面对困难时，您是如何克服并逐步取得成功的？

张翀：成长转变过程中接受不同维度的挑战吧。第一段是我刚进入职场的小白时期。虽然我不想从性别角度解读认知，但事实上，当一个男性工程师和一个女性工程师坐在你面前时，大家根据过往的经验，普遍认为男性工程师的专业水平更高。在我作为"新干班"成员进入富士康的那一年，我是我们团队里唯一的女性。当其他同事拿到项目的时候，我还在帮助大家做一些基础工作，比如申请料号等。我拿到的第一个项目是接替一个离职同事的。很不幸，这个项目我没有做好，老板理所当然地认为这可能是因为我的能力不足，尽管后来证明这是制程上的问题（冷焊问题），但我知道面对机会我需要获得更大的信任。

陈玮：所以初入职场并不意味着立刻获得巨大的成功。那么您是如何扭转局面的？

张翀：在这个过程中，我没有在环境或他人身上寻找借口，我只是想，作为一个研发工程师，如果我不能做到自己想要的样子，那么放弃就太可惜了。因此，我认为，别人不愿意做或比较挑剔的事情，我能做好就先做好，正是这些努力让我赢得了同事和老板的信任，尽管这种信任来之不易。

信任转变的契机是当时公司内部举办了六西格玛比赛，大家都不太重视，我们研发部门总是垫底。老板对公司所谓的"智商最高"的人总是垫底感到很生气。因此，我们必须重视这次比赛，但是团队里参加过六西格玛课程的好像只有我一个人。在这次比赛中，我带领团队获得了第一名。当时也有很多质疑声音，这令年轻的我感到非常不服气，我下定决心要每次都取得第一名。在最后的总决赛中，我第一次得到了老板的认可。当时一个处长说这是他见过的所有六西格玛比赛中最好的报告。我站在台上，眼泪在眼睛里打转，因为这是我第一次在工作中得到了认可。这次之后，我觉得老板对我的看法也有所改观，认为我是一个可信赖的人。

陈玮：那么后来您是怎样不断取得成功的呢？

张翀：我觉得要把自己融入环境中，以结果为导向，不抗拒做不在自己职责范围的事。我当时在网通产品事业处，是第一个被派往日本的中干。公司当时需要一位对产品线了解足够全面、在产品生产和品质管控体系上有一定积累的人，这些恰恰是我当时干的很多"杂事"，因此我非常意外地成了最合适的人选。我深刻地体会到"机会是留给有准备的人"。而能有这些机会找到你是因为自己从未给自己设限。

陈玮：这个非常有意思，不设限地拓展自己的范围、领域和经验，让您获得了如此宝贵的机会。接下来，还有什么经历让您印象深刻？

张翀：在日本工作的那段时间，印象最深刻的是与兄弟（Brother）公司工程师的一场激烈较量。我们双方就 PCB（印制电路板）降低成本设计的可靠性展开了激烈争论，我认为目前提出的低成本方案可以保证足够可靠的性能，但显然对方认为这样的设计存在非常大的风险。他们从最初参会的两人，一直不断调度，最后增加到来自不同部门的七人参与讨论。当时我一个人和业务同事在一起，还是感受到了非常大的压力的，但面对每次的质疑，我都还是坚定、耐心地向他们介绍方案的原理，提供实证数据支持，同时展示我们同等量级产品的实际行业案例。最终，我们赢得了他们对方案的支持和认可。

在那之后，他们对我们非常尊敬，甚至以 45 度鞠躬的方式表示尊敬。我们之间的交流变得更加友好。我离开日本时，还与当时与我一起奋战过的索尼和任天堂的工程师们一起吃饭告别。

陈玮：您刚才提到数据，我可以想象到，一个能够侃侃而谈、引经据典，拥有大量数据和实验证明的工程师，能够以这种态度与他人沟通，确实会给人留下深刻的印象。您认为说服他们的关键是什么？

张翀：尊重他们的质疑，用敬畏之心、专业态度对待他们。我记得那块 PCB 有 17 个元器件，每个元器件都有三个不同的参数，我们当时调整参数的上下限，和同事一起把所有可能组合的结果分析都提供给了对方，告诉他们最佳情况下的结果以及我们如何解决问题。当他们知道自己每个方向的质疑都是被充分考虑、充分验证过的，认可自然就发生了。

陈玮：我们经常在企业中看到这样的情况，一个优秀的个人贡献者最终成为一名管理者。您能否分享一下第一次担任管理者回国后，这个转型过程中的经验？

张翀：从工程师转变为负责团队结果的管理者，对我最具挑战的部分是看待问题思维的角度以及身份的转变，也就是从关注个人到关注团队结果。我们团队的规模最多不超过 50 人，我是第一次担任管理者，后来发现随着团队规模的扩大，问题也频繁出现。独自工作时，我的能力覆盖范围是我可以承担的。但是当我所管理的人开始负责管理其他人时，信息沟通、过程追踪和真正落地的闭环过程可能会带来很多问题。

我并不是一个一开始就非常宽容的人，这也源于自己当时能力的限制，我对团队要求非常严格。同事的报告中有问题，我甚至不愿意和他们交谈，因为我会觉得你为什么又犯了这种低级错误，自己拿回去改，不要浪费时间了。但后来我发现，这并不是一个好的管理办法。帮助他们成长，明确目标和期待，建立好的工作习惯和方法，培养他们的能力，最终形成团队的凝聚力和战斗力，才是一个好的管理者该做的事情。

陈玮： 您有没有经历过一些温暖人心的事情？

张翀： 作为开始的基层管理者，引导和陪伴团队成长。比如说，今天真的很急，我们需要及时给客户发货，但由于某些原因，仪器协调耽误了很多时间，已经到了很晚的时候，员工可能对完成工作没有信心。这时候我会陪他一起进行测试、解决问题，哪怕我们要通宵加班，我会告诉他我一直在，不断建立团队成员解决问题的信心和能力。

陈玮： 在富士康工作的八年改变了您什么？或者说给您带来了什么，让您学到了什么？

张翀： 回顾我在富士康的职业生涯，我觉得最重要的是产品价值观的培养。在连续经历二三十款世界 500 强企业的爆款产品的打造后，我积淀了自己做出好产品的算法。我觉得我非常幸运，刚好处于中国制造业崛起的起点，有机会参与从粗放到精细、从起步到世界第一的过程，在不断的错误和实践反馈中积累了行业领先的经验。这些经验使我知道如何更系统地驾驭一款产品的成功落地，包括产品设计、验证的方法、流程体系的搭建、生产可行性的分析评估，以及在生产、仓储、物流等运营方面节奏的把控。

此外，我还在职业素养方面有了很大的成长。从一个工程师变成一个能够在职场上独当一面的人，我认为正确的价值观和职业素养至关重要，这让我真正成长为职场中的强者。具体来说，我认为这种价值观包括专业、严谨，追求将事情做到极致。这在很大程度上得益于我在富士康接触到的优秀客户，比如高通、任天堂和索尼。他们为我们提供的产品测试和设计要求，以及对于如何检验这些功能的严谨要求，成就了我。通过与这些世界级品牌的合作，我深刻理解到一个品牌能够在市场上成功立足多年的原因。

陈玮：您刚才提到的经历很有意思，您在富士康这个平台上与很多世界级的高手对抗，从中获得了对于好的产品的敏锐嗅觉。那是什么契机和过程让您获得了这样的能力？

张翀：我觉得这跟富士康的商业模式有关系，大家对富士康的了解停留在它是一个代工厂，但事实上对它赋能客户的层面是有一些误解的，富士康只是没有做品牌而已，它做的事情不仅仅是代工。比如我们最开始跟芯片方案商都已经讨论好一些新的技术方向、一些新的功能，然后我们拿这些功能引导客户。在这个引导的过程中，你能不能把它形成好的产品力，或者你作为产品经理能不能想到很好的方案？有的时候客户根本不知道他要什么，是透过你的启发产生的需求。

我印象最深的是任天堂的产品 Wii，我参与了它从最初一个想法到产品落地的全过程，感到非常自豪。产量最高的时候，我们做到了一个月 200 万的出货量。这个产品最初是我们拿着功能模块跟任天堂提，告诉他们在产品应用、设计，包括游戏玩法上，可以做到哪些突破。最后任天堂一方负责游戏和外观的设计，而硬件功能交由我们来实现，顺势生产的部分也交由我们来负责。所以我觉得跟客户的过招和交流，以及你引导的过程，就是在检验你自己的产品能力和嗅觉。

陈玮：因为富士康不只是做照单全收，不是你让我做什么我就做什么，而是往前走了好几步，在产品端、产品设计阶段可以引导客户。您是怎么有启发性地引导客户的？

张翀：我们推的不是最终的产品，我们推的是一个把功能实现成一个产品的过程，这倒逼你从产品角度思考更多。因为我们是在一个大的平台上，你见过了很多产品，也会给你很多灵感和想法。你聚焦一个产品的时候，还要了解这个公司的行业、用户，跟客户不断地探讨。当然，我们也经常会遇到一些天马行空的想法被毙掉的情况，但这就是"收放"的过程。一开始也遇到过很多尴尬的情况，但是总结起来有两个方向。第一个，在这个大的平台上，你跟不同客户过招，你的见识更广；第二个，在垂直的这条线上，今天的方案商包括行业引领者，它在纵向给你做了很好的牵引，你对行业有一定了解之后，就会觉得有一定掌控力驾驭这个事情的广度和深度。

"渴望做一些不同寻常的事情"

陈玮：那您后来怎么会离开这样一个很不错的平台？为什么您会想到要"下海"，要去开始创业？

张翀：最开始的感觉是整天给别人做产品、给别人做品牌、成就别人的东西，自己也想试一试，并且也想知道脱离平台之后自己到底可以做成什么样。这个当然是我自己做了很多年之后冒出来的想法，本质上确实也是遇到了一些瓶颈。

在工作的过程当中，我觉得很多东西，其实是平台赋予了很多能力，所以你在做很多工作的时候，并不依赖于多少你个人的能力。对此，今天创业的我深有体会，当时认为自己能力很强，想突破平台，想在年轻的时候看看外面的世界。

陈玮：对于广阔世界的热情，在一定程度上体现了我们所说的创业精神、创业家精神。每个人内心都或多或少地燃烧着一团火焰，渴望做出与众不同的事情。事实上，在大公司工作几年后选择创业的人并不少见，这是一个非常好的转折。因为通过创业，你可以将之前积累的经验转化为实现自己梦想的机会，我认为这一点非常重要。您是怎样开始的？大致在什么时间？

张翀：当时决定出来创业时，我渴望做一些不同寻常的事情。我在为互联网、移动互联网做很多基础设施建设的时候，内心对真实的互联网世界充满了好奇。我也期待作为一个自有品牌创立者与用户接触。那时会是怎样的情形？我对此怀有非常大的好奇心。

2013 年至 2014 年之间，正值 Nest 在美国被收购，当时智能家居的概念风靡一时，许多人轻而易举地获得了数百万，甚至数千万的融资。当时有很多融资渠道，让你有很大的可能创业起步。我参加过两次创业比赛，结识了许多初创团队。在与这些团队的成员交流的过程中，我了解到了创业中各种各样的问题，他们也在帮助我筛选：你到底想创业的是什么？你能做什么？不能做什么？你真正热爱的是什么？在那一年中，我逐渐明确了自己的想法。

陈玮：您主要是通过参加创业比赛结识了很多创业团队，包括投资人吗？

张翀：是的，我离开富士康时就有一个想法，作为"80 后"的一员，我们有机会站在行业顶端，定义行业标准。我们的上一代或上上一代，很多人只能靠出卖劳力谋生，但我们可以利用本地资源，为行业定义标准，引领时代、行业。在我看来，这样的公司在这个时代、在这个行业中是里程碑式的存在，这已经足够了。至于创业能走多远，取得什么样的成就，我一开始并没有想得太远。

陈玮：这很有意思，您为什么会有这种豪情，想要做一个定义行业标准、具有里程碑意义的科技公司，这种想法是从哪里来的？

张翀：在为世界 500 强公司服务的过程中，我会想，我们不一定比它们差，为什么是它们在定义很多标准？为什么我们做别人的产品，但很多想法都是我们提供的？为什么没有可能我们自己站出来用这些想法重新定义标准、打造品牌？

陈玮：您是在跟这些世界级的高手过招的时候，想到我们也可以跟它们比一下，想到要质疑为什么我们就在价值链的中低端，为什么不能往上跑。我觉得这是内心的一种豪气，也可能是一个创业家精神的组成部分，有冲动、有火焰、有好奇心，也有豪气，您又有自己产品方面、技术方面的专业，所以将这些东西组合了起来。但是您怎么选择最后做的这个工作、做的这个行业，或者做的这个产品？

张翀：走过了职业生涯的一个阶段，在思考自己下一个阶段的选择时，总会带着"灵魂拷问"，希望找到生命投放的意义，希望突破和改变，希望在未来看到自己的存在，所以我锚定了人工智能这个方向，希望找到技术可以发挥巨大作用的地方，从而改变世界、改变行业。开始创立鳍源的时候，我并不像大家想得那么"豪气"。那个时候对我来说，创业成功意味着即使今天鳍源不复存在，但只要用过鳍源产品的人，他们就会想起在水下领域，曾经有一家这样的公司，创造出来的产品在这个时代、在这个行业中是里程碑式的存在，我觉得已经足够了。至于能走多远，取得什么样的成就，我一开始并没有想得太远。但到了今天，我越是遇到困难越会思考我们可以走多远，也就是公司永续经营的意义。

陈玮：我相信我们的观众中有许多人是创业者，或者是想创业的人。我想创业，我有冲动、我有火焰、我有好奇心，但我要做什么？我怎么选？您有没有什么经验可以跟大家分享一下？

张翀：这是一个很难的问题，当你走过的时候也许你有一些答案，但在当时说实话是没有答案的，因为那是直觉，是机运，是时代赋予的一些东西，我们控制不了外在的变化，你不确定自己的选择是否正确，甚至很多事情是你不知道自己不知道的。回过来看，我们在看一个人是否能成功，真的觉得是看自己的学习速度，从"坑"里爬出来的速度，迭代的速度，认知能力突破的速度，还有勇气、韧性、决心，当你拥有这些能力的时候，基本都不会太差，因为只要你在路上，方向不对就可以随时调整，但是放弃就什么都没有了。大方向的问题很多是逻辑的问题，是比较好选择的，站在当时的时间点，我非常清楚互联网和移动互联网时代已经过去了，或是说这个红利、这个机会已经不再存在。但人工智能这件事情，我觉得才刚刚开始，而且从技术主线来看，我觉得它绝对能引领我们的行业在有生之年发生翻天覆地的变化。所以围绕这个大的主线，我再评估自己的能力，我能做什么。因为相信，所以看见。我比较喜欢潜水、喜欢摄影，早期确实是因为这两个爱好让我对于水下技术这件事比别人有了更多的关注。再有就是价值判断，也会帮你做筛选。我自己做技术出身，我就是想做一件用技术改变行业的事，至于技术改变行业的落点具体在什么方向上，在你不断跟很多人探讨和摸索的过程中，就会出现很多具体落地的东西，当你实现之后，大家自然会相信。

"坚持下去，这就是使命"

陈玮：鳍源是做什么的？

张翀：我们给自己的定位是水下人工智能解决方案服务商。当年华为成立的时候，中国有电信运营商，但没有自己的通信设备商，对于今天的鳍源，我们也有这样的宏愿，做中国的可以立足世界的水下智能装备服务商，全球有很多水下装备公司，但是可以预见并适应未来的趋势和需求的，做传感器和机器人深度融合的，我们是第一家，我们要基于场景从未来建构起一个新的水下智能装备世界。改变行业，改变水下的生产及生活方式。

陈玮：假如我是一个潜水爱好者，我能使用你们的产品做些什么？

张翀：我们可以在水下跟拍您，跟您一起做水下的直播，帮您提前在水下探路，做您最好的潜伴。对于不会潜水的人，我们也提供了一个门槛非常低的下水方式，戴上我们的 VR 眼镜，用体感头追操控的方式带您做水下探索，记录水下的旅程。

陈玮：您创业的经历中，有几个重要的转折点，能否和我们分享一下？

张翀：三个吧，第一个阶段是找到正确的方向活下来；第二个阶段是完善产品线，布局产品矩阵；第三个阶段是行业落地深耕。每一个阶段都是跌跌撞撞，但至今仍刻骨铭心的依然是开始活下来的阶段，2018 年，我们付了供应商的货款后，接下来的一个月我们就已经无法支付员工的工资了。当时非常艰难，产品虽然生产出来了，但资金回笼的速度远远跟不上支出的速度，并且我心里确实一点都没谱，根本不确定产品什么时候能卖出去。对我来说，真的在心理层面成为一个创业者也是从那个时候开始的。一方面，经济形势不佳，投资环境也非常不好，很多优秀的项目都难以融资；另一方面，时间紧迫，我也不好意思向亲友借贷，因为不知道什么时候能还给人家。两天的时间像过了两年，真的放弃好像也没什么，你知道那更容易，因为结束很快。但就是有个声音召唤你，不应该放弃。你突然能找到很多坚持下去的理由，比如在产品推出后，我们得到了很多市场反馈。尤其是一开始，虽然产品没有达到我们最理想的状态，但我们吸引了很多非常有价值的用户，包括微软创新研究院的院长、奥巴马的科学顾问、亚马逊欧洲区的总经理，以及 BBC（英国广播公司）的很多专业摄影师和制片人。他们的支持让我们觉得，如果放弃了，对他们是一种辜负，毕竟大家在不完美的时候给了你那么多的信任和包容。

从团队的角度，有这么多志同道合、一起奋斗的伙伴，经历了无数次技术突破，这样放弃实在太可惜了。每个人身后都有家庭，如果我们放弃了，他们可能就要重新找工作，错失很多机会。面对这一切，原以为会犹豫不决的我，最终花了两天的时间，抵押房子，筹得了 750 万元现金，继续上路了。

陈玮：这段经历对您有何影响？家人又是如何反应的？

张翀：挺沉重的，再来一次不知道还有没有勇气，对我自己来说，真的是人生的一次重新构建，自我认知的构建，再一次认识了自己。那个时候我在自我否定和自我怀疑中游荡，但也在蓄积更大的力量。

家人一开始并不太支持我创业，尤其我妈是完全反对的。但那个时候，他们所有人都没有提过任何反对的意见，只是默默地给我支持。我特别感激他们，是这段经历让我觉得自己非常幸运，非常幸福。我也意识到创业是一家人的事情，家人同样跟你一起背负了很多。

陈玮：团队是如何应对这种情况的呢？

张翀：在我们刚陷入财务困境时，我一开始并没有告诉团队。但后来情况变得越来越糟糕，我召集核心团队成员开了个会。我选择先与最初的五六个创业伙伴分享公司的现状，以及我们可能面临的问题。团队陷入了一段沉默，毕竟每一个人都投入了太多，需要一段时间来消化接受现实。但尽管如此，大家仍然保持平静，继续工作。

后来我个人资金入账，团队也变得更加珍惜。到了2019年，大家充满了一种无所畏惧的状态，谁也不能阻止我们，必须实现目标。有时候我们常常被自己感动到热泪盈眶。

同事有次在美国参加记者招待会，到了机场，发现行李，也就是宣传物料，因为航空公司的问题没有到，于是在机场柜台跟对方大声地说："你知道这些物料对我们来说意味着什么吗？你知道我们花了多久时间、承担了多大代价，才有了这次机会吗？就因为你们的失误，这些都没有意义了！"对方也被触动到了，承诺一定尽全力，不管多晚都会送达行李。

2019年国际消费类电子产品展览会（International Consumer Electronics Show，CES）前，我外婆过世了。我从小是外婆带大的，我有很多理由可以不去参加展会，但那时候新品刚面世，我们需要在这次展会获得更多可能的市场机会，这对我们很重要。当时我先回老家守了一夜，然后飞到美国。在拉斯维加斯我们三个人住在一张1.5米的床上，白天参加展会，晚上写新闻稿。最累的时候，我们靠在柱子上就睡着了。这种情绪一直积攒到我们离开展会前的最后一天，我们开车从拉斯维加斯到洛杉矶赶飞机，看着一路夕阳，我真的绷不住了，我跟同事说我想一个人哭一会儿，不用管我，他们默默地在那，但我知道，其实我们什么都不用说。

陈玮：这些经历真的很打动人，这种精神力量非常令人感动，大家似乎都在为同一个目标而拼搏。这种能量和气势是非常厉害的。

张翀：在这个转折点上，我第一次感受到了使命感。我一直认为使命是一个模糊的概念，但对我来说，那个时刻的使命就是，坚持下去。在越来越多人愿意相信我们，并且一起朝着同一个目标前进的过程中，这就是使命吧。

"享受成长的过程"

陈玮：通过抵押房子解决了资金问题之后，公司的转折点在哪里？

张翀：在 2019 年，新产品有缆水下无人机 FIFISH V6 得到了市场的认可，我们因为这款产品实现了正向现金流。我们打破了传统技术路径，第一次实现了我们心目中大家买得起、用得起以及好用的产品。之前行业里的水下机器人动辄几十万元、上百万元、上千万元，并且运营水下机器人需要投入拖船和专业的操作手，这并不是一个普通个人消费者可以承担的。FIFISH V6 的出现，打开了这种可能，让我们个人也可以花很低的成本，拥有一款水下的生产力工具。

对于一个水下机器人来说，关键的组成部分包括水下摄影、控制系统、流体力学、自主电源和定位等，每个都不可或缺。我们在这些方面取得了突破，通过自己的算法和设计实现了精准控制，不仅使产品价格更加亲民，还拥有非常好的可靠性。这些都是我们努力的结果。

陈玮：听您讲述这个过程，看似轻松简单，但我相信其中肯定有不少挑战，因为并非所有事情都能轻易实现。那么，您认为是什么让你们能够做到这些？是什么因素让你们脱颖而出，与众不同呢？

张翀：真正地面对问题，想办法去解决这些问题，并且因为我们不是水下这个行业出来的，无知者无畏吧。没有包袱，意味着我们不会被现有的存在束缚起来，反倒更容易从事情的本质问题来思考它、颠覆它，并且把我们在跨界中获得的经验重新赋能在这个领域。

陈玮：但是不放弃这件事情好像也太简单了一点，很多人都不放弃，但最后还是做不出来。这个地方有没有什么诀窍？我很想探索一下，有什么方法能够让产品做到您刚才所描述的那样？

张翀：很多人可能太聪明了，会想办法绕过去。当然我觉得解决问题的思路也可以放宽一点，我们有几个比较成功的案例，比如我们的一个水下接插件。以前行业中使用的价格都是几千元起，但我们现在的成本只有十几元。在解决电子和结构问题的同时，我们还思考了化学带来改变的可能，优化了硫化配方。如果你一直努力但问题还是没有解决，不妨引入一个新的视角看看。

陈玮：问题是这个新的视角怎么来？您怎么会想到用化学来解决这个问题？这个事情也不容易。

张翀：不断地找答案，在不同的维度找答案。我们寻找硫化时会与很多供应商沟通，了解他们的方法。或者，我今天带着这个问题在各个行业观察。我可能看到一个地毯，然后会思考这个地毯所用的胶是什么工艺，是否可以应用到水下机器人。带着对这个问题的思考，你会用一双观察的眼睛看待所有存在，思考它们是否可能有这样的应用。我认为这种方法对我们非常有效。

陈玮：非常有意思，你们是通过极致的努力，以不同的视角观察一切，找到解决问题的方法。但我相信在这个过程中，遇到的问题应该非常多。你们找过多少人？你们也不确定该找谁？为什么巧合之下，这些问题都被你们解决了？

张翀：现在回想，我认为是界定要解决的问题的方向。当我们知道要把这个问题解决到一个什么答案上来，那剩下的就是如何实现，而似乎试得多了，答案自然就清晰了。也许当下并不是一个最优解，但权衡整个系统，如果这个结果已经足够，那我们也会先前进，再不断地迭代。有时候我们发现，有些挑战在你的专业是个问题，在其他领域也许就不是。

陈玮：非常有趣，你们有没有量化过类似的创新点？其他同行可能没有发现这个问题，也没有用新颖的、跨界的方式去解决，比如你提到的用化学方法解决问题，从而大幅降低成本，并且实现了高质量。这种技术的难点，你们是如何突破的？这个过程是怎么进行的？

张翀：我们迄今已在全球拥有150多项专利。比如，在水下摄影领域，我们实现了视觉锁定，这在全球是首创的。我们还使用 AR 技术进行水下测量，这也是我们独有的。我们是第一个实现 360 度视角的，也是第一个使用包解决液体流体加上闭环控制的问题的。在技术路径上，我们清楚地知道自己的最终目标是什么，这对我们的创新至关重要。我们不是先实现 360 度视角，而是从最初就清楚了这一点。

所以，为什么很多竞争对手无法实现类似的创新？首先，这些团队可能无法找到最短的技术路径来实现目标。例如，如果想要实现 AI 视觉锁定，我们不单单是要解决视觉的问题，视觉和机器控制是基础条件，这两步做到了，才有后续的融合。所以，清晰地知道技术路径上的最终目标是至关重要的，要有这种前瞻的设想和预判。

陈玮：非常有趣。您从一个工程师、技术和产品方面的专家，转变为一名企业领导者，这个过程中您有什么体会和经验可以分享吗？因为现在有很多技术和产品方面的人才也希望创业，您有什么建议吗？

张翀：拥有技术的系统思维是一个非常好的基础，但是从管理的角度来看，还有很多需要补充的部分，例如对人性的理解、组织的搭建、系统的搭建、战略方向的梳理和确定，这些都不是技术可以解决的。我们想要技术落地、实现商业价值，还要解决商业化的问题，还有开放的心态、谦虚的态度，以及勇敢无畏的乐观，这些都会让我们有更快的成长。你的能力模型和经历已经决定了你在通往成功之路上会遇到的问题和困难，这个是躲不掉的，既然躲不掉，就认真勇敢地去面对，去解决，坚持到最后吧。

陈玮：还有什么困难的经历可以分享吗？

张翀：2022 年上半年，第一次有了很多外部的冲击，更清醒地认识到了外部环境的变化之于企业意味着什么。我在深圳 18 年，从未想过有一天会因为封锁不能去工作了，想要去发货的时候发现船运价格涨了三倍，运输周期延长到三个月，日元暴跌，日本的价格体系要被重新定义，芯片价格涨了 20 倍，同事生病，无法同一时间高效地工作等。似乎在很短的时间里，你知道了生产关系各个要素的变化会对你带来什么影响。我们这几年的成长都是野蛮的，但这些经历让我学到了很多，帮助我成长为一个更成熟的管理者。

陈玮：经验有时是我们的老师，但并不是每一次实践都能带来真知。您在这方面有什么独特的感悟吗？

张翀：个人认为开放的心态很重要，思辨的思维也很重要，简单地说，不要开始就对一个东西下定义，所有的东西其实都值得重新思考、重新发现，因为我发现有时候一本书在不同的年纪去看，体会到的东西是不一样的，认识的人，在不一样的时间或场景，对他的了解可能也不一样，所以不去轻易地定义，享受发现的乐趣。

陈玮：您的创业经历中，体现了非常明显、强烈的企业家、创业者、创业家的精神。另外，您的经历中有很多是怎么做极致的准备，机会都是给有准备的人的。您在某些重要节点上能够脱颖而出，还是因为非常关注价值感，希望做出与众不同的、用技术改变世界的企业。

您在技术和产品方面的精益求精，加上不甘心、不放弃的精神，在遇到关键问题的时候，您和您的团队极致努力、触类旁通，持续跨界尝试，去解决关键问题，有所突破。这些都是我今天学到的东西。我也祝福和祝愿您把水下机器人这件事情真正打造成一个非常大的行业，可以为我们探索海洋做出更多贡献。

本文根据作者 2022 年 6 月 20 日在北大汇丰商学院创讲堂的演讲整理而成，经作者审阅并授权发布。

洞见未来

当下是投资中国的最好时机

吴世春

梅花创投创始合伙人

回顾多年投资经验，吴世春深入探讨创业世界的复杂性，揭示那些可能导致初创企业失败的潜在风险，同时也照亮那些能够引领企业走向成功的光明之路。吴世春慷慨分享梅花创投心得的同时，我们也将从中窥视到这个时代的红利藏身之处，领悟"Long China"背后的含义。

创业公司的十种"死法"

查理·芒格说过："如果知道我会死在哪里，那我将永远不去那个地方。"研究企业为什么生、为什么死，怎么才能发展起来，可能死在什么地方，对我们每一个创业者、每一家投资机构都很有意义。所以，我们首先要研究创业公司的死法，也就是创业者为什么会死的十个原因。

创业者心力不足

我认为创业公司应该"事为先，人为重，心力为基，认知为本"。心力不足的话，很多事情就无法坚持，遇到困难容易崩盘，所以成功的创业者的心力应该像唐僧、刘邦一样，意志坚强、情绪稳定，在遇到挫折时，能打持久战。唐僧一没有火眼金睛，二没有特殊能力，但是他有足够坚强的意志。他去西天取经的目标非常坚定，所以他才是最后成功领导整个队伍到西天去的人。刘邦也是这样，他可能打仗不如韩信，谋略不如张良，后勤不如萧何，但是他有明确的目标，遇到任何困难都能够坚持下来。

福佑卡车的创始人也是如此，福佑做的业务是一门非常苦的生意——物流。物流水平的提高让今天的我们能享受到这么快的电商收货速度，可以算得上我国20年来最伟大的进步之一，其中当然也有福佑卡车的一份功劳。福佑卡车是中国最大的城际物流服务提供商，其创始人是一位叫单丹丹的女性，她的创业过程十分艰辛，公司几次濒临倒闭。但是，单丹丹却能在如何让业务更加智能化、系统化和标准化上深入思考，并且在策略上实现提升，公司业务至少进行了五六次以上的迭代，继而有了今天的成就。实际上，投资者非常希望看到这样的创业者，他们能够在艰苦的创业环境中不断迭代、改进和优化业务，潜心扎根到生意之中，紧跟时代步伐，以数字化实现业务创新。

创始人不专注

创始人一定要聚焦在一个业务中，如果你控制不住多元发展的欲望，可以问自己三个问题：第一，现在的业务是否安全？第二，现在的业务是不是行业第一？第三，这个行业是否还有上升空间？因为专注是一家创业公司最核心的竞争力。创始人的精力是一家创业公司最宝贵的资源，精力一旦分散，公司将会失去市场竞争力。而如果 CEO 的精力分散，投资人的利益将无法得到保障，很多公司死在"创始人不专注"上。著名的华为公司在发展过程中有很多赚快钱的机会，但是它没有"分心"，所以才有了今天的成就和地位。

有书公司最初从教育行业中挖到了第一桶金，随后却"分心"做了一段时间团购，但是最后它又重新聚焦，回到"终身教育"这条赛道上。作为创业者，如果看到一个很大的诱惑或者机会就分散注意力的话，就会容易失焦，团队也无法匹配、无法坚持到最后。正如林彪打仗讲究"一点两面"，"一点"就意味着一定要聚焦，把所有的资源聚焦在一个点上突破、打透。

创始人认知不足

我们认为有三种认知不足的问题。第一，高估自己。很多人普遍高估自己，但是高估自己的程度有区别。第二，低估竞争对手。很多创业者在回答怎么看待竞争对手这个问题上会说，他们就是靠运气，会说对方生意做得很差。作为投资人，我会思考这是他的普遍认识，还是他想在我面前显示他的优势。如果他的潜意识里认为他的竞争对手不行，那这就会带来很大的问题。所谓"知己知彼，百战不殆"，如果不能向竞争对手学习，就不能正视竞争对手的优势，不能认真分析竞争对手，就会打败仗。第三，不能与时俱进。时代变化太快，整个市场环境每三个月就会发生大的变化，可能上一个季度还适用的策略和战术，到这个季度已经不适用了。所以，创始人最重要的还要能够与时俱进。

"找靓机"公司做的也是"苦"生意——卖二手手机。但它就非常善于从竞争对手身上学习，从其他行业学习，并找到了一条极为有效的路，通过做短视频获得了流量，让生意如虎添翼。当华强北一个很普通的卖家拥有了完全免费的短视频流量之后，它的价值升高到了 20 亿。它的创始人老温经常说从哪个人身上学到什么经验，从竞争对手身上看到哪些问题，又从新媒体运营那里学到一些方法。他也是在"梅花帮"里组织"一招鲜"的提议者和参与者，每次主持"一招鲜"总能带来新的分享。

没有创新力

创业成功的共同特质，首先是创新能力。与其更好，不如不同。和同行业有差异化，具体表现在技术、商业模式、设计、管理等方面。我们看到的很多生意，有起点也有拐点，如果你能先看到行业的拐点，你的产品将变得有新意、有差异化。所以，具有创新能力是一家企业保持活力的重要方式，而且不仅只在产品上创新，销售模式上也要创新，组织模式上还要创新。"找靓机"的创始人老温，在公司里面把 HR 部门做得很大，每条业务线都会配一个 HR，帮助业务线处理招聘、做员工思想工作等事宜。还有小牛电动，它最主要就是在设计上进行创新。再比如科比特航空，它的主要业务是工业无人机，原来在行业排 100 多名，融资金额排到行业 100 多名开外，但是现在成为这个行业在中国仅次于大疆最赚钱的公司。它从原来的卖硬件，变成现在的卖服务、卖数据，又把上游生产整合进来，把各个同行的生产需求整合到它的生产平台里，把更多产业链的要素都整合了过来。一家原来深圳很多小厂都能做的无人机企业，就是因为在产品模式、销售模式、生产模式、管理模式、合伙人上做了很多创新，才会变成一家与众不同的公司。

节奏把握不当

创业是一场马拉松，节奏一定是要有轻重缓急的。很多人希望拔苗助长，通过一次决战就把创业完成，这实际上是很难的。所以动不动喊着"All in""决战"的公司，最后都不会成功。一定要把创业当作一场持久战，这场战争没有速胜的机会，也不要遇到问题轻易就妥协。就像毛泽东写的《论持久战》一样，我们创业也是一场持久战，不能被市场和友商干扰，要有自己的节奏和定力，要让企业不断地打一个一个小胜仗，小胜仗才是公司团建最好的一种方式，最后积小胜为大胜。所以，公司一定要有自己的节奏，让公司的团队、组织，随着小胜仗不断成长，去迎接里程碑式的胜利，再去进行第二曲线的跨越。正如阿里巴巴就有一个节奏，两年出一次大产品，第二年做一次盘整，每年会做一次大方向的扩张。

小牛电动的节奏就把握得很好，它非常有节制地控制自己的出品速度，没有被友商干扰，按照自己合适的速度，根据自己的资源、资金、人才情况，保证推出的每款产品都是市场经典，每款产品都在市场上有竞争力，它的第一款产品N1现在还是经典款。如果为了跟上市场节奏而粗制滥造，很容易让消费者对产品给出差评。理想汽车也是一样，先专注于只推一款产品，卖了一年多，但是它的销量仍然做到了行业头部，成为新能源造车的最头部企业。

盲目学大公司

学习不能盲目，向谁学、怎么学、怎么用，要因地制宜、因时制宜。每一家大公司都有自己的历史渊源、发展脉络、资源以及人才储备，很多东西是不可复制的。比如，阿里巴巴和腾讯起家时候的市场环境与现在就完全不同。所以，一定要根据自己的实际情况来决策。市场有一个笑话，大意是，之前有很多传统企业的老板，学完了商学院的 MBA 课程以后，回去把公司做死了，也就是邯郸学步。"拿着旧地图是找不到新大陆的"，BAT 可能告诉你它们的打法多好，但是你要根据自己的实际情况找到机会，并不是说它们走过了这条路，你就能用同样的方法蹚过这条河。

盲目挑战 BAT

这里的 BAT 我只是代指，当一个领域出现"721 格局"的时候，用户心智已经产生了，你用这些企业原有的路径去挑战它们，是不可能的。比如当搜索引擎已经形成百度占市场 70% 的格局的时候，不管是马云做搜索、腾讯做搜索、网易做搜索还是周鸿祎做搜索，都不太可能改变什么，更不要说还有一堆创业者也想挑战这个生意。但是，打败百度的不是你去做搜索，而是像张一鸣的字节跳动一样做算法推荐。如果你用原有的方法挑战百度，那百度是特别欢迎的，因为你会成为"磨刀石"，每一个小创新都会被它学过去，但是却打不过它。所以，创新总是来源于巨头们看不到的、不熟悉的领域和方式，如果你用熟悉的方式是打不过巨头的。"不要梦想成为下一个谁，先做自己，从赚小钱开始做起"，张一鸣也是先从做内涵段子开始做算法推荐，然后再做新闻，接下来再做内容生态，最后做的抖音、TikTok。

为情怀所困

"创业是一个很俗的事儿，少谈情怀，多谈数字，谈报表，谈进度"，我认为创业是一个纯理性的事情，大部分时候只要讲逻辑就行。部分时候你要用情怀把逻辑包装起来，但是内核还是逻辑。不要被马斯克的情怀欺骗，你要看到他也通过狗狗币赚钱。罗永浩当时要去做锤子手机，也是为情怀所困，最后负债累累。但是当他选择自己熟悉的赛道，做一个网红，回到自己很讨厌的身份的时候，他就能真正赚到钱。其实他第一次直播的时候是很勉强的，感觉很厌恶自己的这种状态，但是最后发现还是这个最实在。

不懂资本运作

　　一个成功的创业者，要相信社会分工，不要什么事情都自己做，融资的事情要找到好的 FA（financial advisor，财务顾问），上市要找券商，专业的事情要交给专业的机构做，社会分工协作能解决很多问题，自己只要负责把业务做好、把团队建设好、把业绩做好。所以，资本运作其实就是你要相信专业的人，你要把这些东西交给专业的人去做。

盲目转型

　　很多创业者或在高压之下，或出于跟风，盲目转型到一个自己不熟悉的赛道。我们最希望看到的是一些行业"老手"，嫁接上数字化、新媒体的翅膀，把本行业重做一遍，这种我们觉得是更有机会的。如果你盲目转型到自己不熟悉的赛道，公司是很容易倒闭的，老是在这山望着那山高，就很容易在自己不熟悉的领域浪费弹药。我见过一个创业者，2015 年的时候他告诉我他在做 OTO（online to offline，线上线下互动的商业模式），2016 年他告诉我他在做互联网金融，2017 年他告诉我他在做在线教育，2018 年他说他在做数字货币，2019 年他说他在做穿戴设备，2020 年 1 月他已经在卖口罩了，2 月的时候在卖呼吸机。他的转型速度这么快，但是最后没有一个能够做成。历史都是不断循环的，创业公司未来应抓住那些已经出现的时机和机会。

创业公司的"活法"

　　人心红利、教育红利、数字化红利、国运红利，这些红利可能会诞生很多新的机会，中国现在正在发生一场"科技＋国货"品牌的崛起新浪潮。梅花现在以"三新、四替"为策略，三新是"新科技、新品牌、新出海"，四替是"机器替代人、软件替代人、国产替代进口、数智化替代信息化"，"三新、四替"是我们现在看到的最大机会。当前增长的发动机已经换成"新科技、新品牌、新出海"，所以我们的投资目标也是"新科技、新品牌、新出海"。如果不能投资"新科技、新品牌、新出海"，将错过这个时代——最可怕的不是投错的风险，而是错过这个时代的风险。

新科技红利

因为中美科技博弈，国家会大力扶持科技创新，这成了一种举国意志。而且现在退出机制也变得越来越灵活，"科创板＋注册制"使科创企业的退出变得很方便，科创板已经取代纳斯达克，成为国内科技公司上市的第一目的地。现在科技投资环境也越来越好，原有资产的流动性得到了很大的缓解，进入良性循环。还有市场的基础设施，如货架技术，变得触手可及。

科技树升级在我国是巨大的确定性因素，这里有三个巨大。一是巨大的市场，中国是世界上最大的单一市场，每个科技树的分支都需要国产替代品。二是巨大的投入。国家资本、风险资本还有二级市场中涌入的散户资金，正在合作制造一场巨大的科技投资盛宴。三是巨大的支持。现在国家对于"卡脖子"技术肯定会大力支持，例如，对集成电路线宽小于28纳米（含），且经营期在15年以上的集成电路生产企业或项目，给予十年免税，就是史无前例的政策支持。

新品牌红利

国货新品牌的崛起会成为趋势。20世纪六七十年代时，日本人是特别讨厌本国的产品的，到了 20 世纪 80 年代的时候，他们认为自己做的产品还是不错的，到了 20 世纪 90 年代，他们就认为日本自己的产品是最上等货。中国现在也在经历这种情况，这种趋势会很明显，任何一个品牌如果能够为 14 亿人口服务，它的研发就会变得更有钱，设计也会变得更有灵感。所以不是消费不行，是品牌不行，没有夕阳的消费，只有夕阳的品牌。

国货新品牌有四大红利，一是国运红利。中国的消费品会像美国的可口可乐、星巴克、麦当劳一样走向全球，也会成为国力输出的一部分。二是人心红利。年轻一代对于新国货品牌的接受度、信任度会大大提高。现在人们已经没有原来的"洋货崇拜"。三是审美红利。Z 世代对于颜值的追求催生了审美红利。小牛电动车的大灯从诞生第一天就拿了七项全球设计大奖，足以见得企业对此的重视程度。四是自媒体红利。算法推荐的崛起，使运用得好的新媒体，对于传统媒体会有 10 倍的杀伤力。

新品牌如何实现消费升级

新品牌升级的公式

Z 世代的需求正在推动新品牌升级，每一个品类都会诞生中国高品质品牌，也就是一个公式：新品牌＝新供应链＋新设计＋新营销。品牌渠道也发生了很大变化，新媒体、新电商、直播改变了品牌渠道。原来做一个品牌，必须去央视黄金档竞争标王，只有在那个时间段出现的品牌才会是知名品牌。再后来要去赞助综艺节目，比如《中国好声音》《非你莫属》，但是现在可以去直播间、在抖音上投放，算法的崛起改变了品牌的诞生路径。抖音、快手、B 站、小红书都成了这些品牌的流量来源。中国的新潮流文化也开始崛起，像汉服、潮鞋、潮玩、盲盒等。

国货新品牌的成功因素

国货新品牌的成功因素有五点：一是高端，也就是高级感。从品牌诞生第一天起，就要把自己当作一个高端品牌运作，而且是高端品牌卖中档价格，最后上下覆盖。二是聚焦。在中国没有小众品牌，每一个小众领域都会有 1 000 万数量级的消费者，所以要聚焦在一个领域。例如鲨鱼菲特聚焦在需要减肥的人群，品牌需要有特定消费人群。三是情感。要通过 KOL（key opinion leader，意见领袖）/KOC（key opinion consumer，关键意见消费者）把标题打出来。四是进化。从网红品牌进化成"国民品牌"，从天猫品牌进化成全网独立品牌。五是认知。一定要对全网各种用法、打法了如指掌。解决和思考以下问题，比如什么时候在天猫突破，怎么把天猫数据做成背景板，怎么在二类电商上打透，怎么在小红书上种草，怎么在抖音、快手上进行内容营销，怎么进入线下渠道等。

我们投什么？

（1）"Long China"。看好中国，我们所有决策都是基于对中国发生的事情充满信心，利用好中国的供应链、利用好中国的人力资源、利用好中国的国运红利。

（2）重视年轻人。我们充分相信年轻人，投资更多优秀的年轻人。

（3）投资"小镇青年"。"小镇青年"是被我们用三个筛子筛出来的最适合创业的人群，他们通过高考从小城、小镇、小村被筛选出来，来到大城市求学，还能够从大厂出来创业，摆脱房贷和家庭的压力毅然决然地投身到创业者的道路上，而且很多"小镇青年"是多次创业者，这更是非常难得的精神。

精彩对谈

陈玮：您能不能具体讲一讲这些"小镇青年"到底是怎样的人?

吴世春：我身边有很多这样的人。比如张一鸣，他没有什么背景，是我招的第一个员工。还有理想汽车的李想，也没有什么家庭背景。还有罗敏，也是一个农村子弟。还有小牛电动的李彦。他们都算是"小镇青年"。

我创业的时候，大概是 2000 年的时候，当时中国资本市场不完善，要找融资很难。但是现在真正好的创业机会，一个很有价值的创业团队，不愁找不到投资。所以，对创业者来讲，现在是无比美好的时代，可能很多投资人会追着你给钱。我们还是要凭智慧去成功，靠努力赢得尊重。

科比特的创始人卢致辉，1984 年生人，出生在江西省赣州市大余县池江镇卢屋村。我去过他家两次，每次去他的家人都杀猪招待我。他上学的时候，老师每天说他们村里跟他同名的人有多厉害，而他以后将一事无成。他听了便发愤图强，成功考进哈工大。卢致辉从哈工大毕业后到深圳打工，在大疆工作了几年。接着他从大疆出来，又经历了两次创业，虽然失败了，但是没有放弃创业的梦想，最后做了科比特，现在获得了非常好的成功。

陈玮：那么您能不能归纳总结下"小镇青年"的特征有哪些?

吴世春：首先是背负着全镇的梦想来到大城市，可以说是"全村最靓的仔"，因为他来到大城市多少带了家乡人的期待。他刚毕业进公司，鲜少有机会、有时间去娱乐。他前面几年可能要比别人过得更苦，然后把这种苦变成一种习惯，把这种习惯变成一种本能。一旦迈过了 30 岁，这种习惯就是非常好的事情，他会把每天努力、勤奋当作一种习惯。有时候家境太好可能会让人放松警惕。所以，我觉得正因为无所依靠，他们才会更加努力。

想要成功还需要学会合作、学会忍耐、学会处理很多矛盾。我们可能会跟各种各样的人有矛盾，但如何把矛盾转化成对你有利的点很重要，要学会去处理跟合作伙伴、家庭、兄弟各种各样的矛盾。"小镇青年"可能会因为没有那么多资源，所以会选择一种更加平和的方式去处理。长此以往他们就会积累各种各样的人脉关系，再从跟别人有利益的合作关系中把这种人脉建立得更加牢靠，最牢靠的是大家一起赚过钱。

还有就是从别人的失败和错误中去练就"躲刀"、"避坑"的本领。人不能"掉大坑"，一"掉大坑"几年就爬不起来了，所以一定要"躲刀"、"避坑"、"搭便车"，这种能力我觉得也是幸存者应该有的能力。

陈玮：您觉得他们身上有哪些有与众不同的洞察力，能够让我们学习和借鉴？

吴世春：骄傲和自负会非常容易让人"掉坑"的，因为你会觉得自己能掌握住一切，认为能掌握住这件事情，就能掌握住另外一件事情。所以人需要在轻度喜悦和轻度沮丧当中保持平衡，不能狂喜或狂悲。狂喜会非常容易让人在喜悦中迎来祸从天降；狂悲则会让人悲观，错过很多机会，你看到的所有事情都是灰色的，都是不够有信心的。很多时候情绪稳定才是一个人成熟的很重要的标志。

陈玮：张一鸣毕业后第一份工作是您给的，他有没有什么过人之处特别吸引您？

吴世春：2006年初，有一款产品叫"酷炫火车票"，当时很火，融了80万美元，投资机构分两次给，每次40万美元，当时我们对外宣传说拿了300万美元。后来我们在水木清华BBS上招人，张一鸣就看到了。他当时在南开大学读大四，要找工作，就来我们公司面试。当时他在南开大学也算是小有名气，是技术小天才，很快就通过面试，成了我们的第一个程序员。我们把他任命为"技术总监"，也把代码都交给他管理。

他是一个很内秀的人，平时不爱说话。但是他很愿意写出东西来，总结东西。而且他总结的东西非常深刻，非常一针见血，并且有那种冷幽默，所以我觉得他是一个很有趣的人。概括来说，他深刻、有趣、内秀，甚至"闷骚"，但极度理性，做事不会有任何冲动。

陈玮：您认为为什么很多品牌能够异军突起，从 0 到 1，高速、快速地实现成功？

吴世春：其实这些人都是前面经历了好多困难，但团队凝聚力很强，一直没散。他们前面的仗没打赢，但是又遇到了一个新的机会的时候，那种该有的打法、建制、部队正好都齐全，趁着比他们能力差的人因为不如他们，还没反应过来，他们就能乘势而上。很多时候异军突起都是这样的，一般情况下需要在市场上耐心磨砺，等待属于你的机遇，然后抓住机遇，迎难而上，可能前面所有的积累就都用上了。所以，当你还没有成功，不是因为你不行，而是因为你的"大机会"还没来。

陈玮：能具体介绍一个异军突起的案例吗？

吴世春：比如玩蟹科技的叶凯。我们投资的时候，我都没听说过他的业务，但跟他聊了半天就投了他。虽然我不玩游戏，也没听明白他在讲什么，但是我觉得这个人挺聪明的，就投给他了。一年之后，他说没钱了，我就借了他 40 万元。又过了一年，他又说没钱了，但是准备转型到页游，说这个东西很神奇。再过了一年，他又说没钱了，但是找到了更好的赛道——手游。这是我最后一次借钱给他。手游他做成了——《大掌门》一炮而红，我们在这个项目上赚了 1 500 倍。所以，他前面对游戏的开发、玩法、设计，都已经积累了很久。当他遇到手游这个机会的时候，2011 年底开始做，2012 年那时候真的只需要花 30 万元开发一个手游出来，就有可能成为爆款。但放到现在，花 2 亿元来开发都迈不过那个门槛。所以，那个时候因为巨头还没发展起来，他们这种小团队才有机会。

陈玮：您跟这个人跟了多长时间？为什么会对他持续保持信心？

吴世春：我 2009 年底投他，2013 年卖掉公司。我们去开他的股东会，都是去他租的小屋子里。看到他们，拿着 2 000 元的工资，在那种简陋的环境下工作，我觉得挺厉害的。我是做过程序员的，我一看就能看出来哪个人是程序员。他们描述起一件事情的时候，眼里有光，说话非常平和有力量，叶凯也不会用准备好的包装很精致的辞藻去欺骗我，所以我选择相信他们。

陈玮：您有没有过失败的投资经历？

吴世春：我被很多包装精致的、抓风口的创业者打动过。但经过不断总结，我写了《心力》，大家可以从书中看出来我是如何花了 10 亿元的。那本书是我觉得创业者最应该读的一本书，读完后，你对创业者的理解会更深刻一些。

陈玮：最近梅花参与投资的美国户外家居品牌 Outer 备受关注，请您分享一下 Outer 在国外市场上取得成功的经验。

吴世春：Outer 的创始人刘佳科是我认为会作为华人创业者在美国成为创业偶像的一个人。原来我们看到的一些人，创业成功了但是没有表达能力，不像印度人那么能说。但是刘佳科是又能干、又能说的人，现在在硅谷是非常活跃的屡被邀请的"明星"，他的公司市盈率非常好，业务一年增长 30 多倍。他做的是家居，一边利用中国的供应链、中国的设计能力，一边在美国讲美国人能懂的品牌故事。他们做户外沙发、家居，还有可拼接的家具。2020 年 5 月我跟他聊的时候，提到中国正进入直播卖货的时代，而美国那时候还没有直播卖货，我说你一定要成为美国第一个直播卖货的。他就很快开始去直播卖货，这也是一种中国模式向美国的输出。

中国市场是竞争最激烈的一个市场，所以中国的很多打法不仅被学习，也会被美国很多创业者学习。中国打出来的经验，可以复制到海外。

陈玮：可否介绍一下您投资赤子城的心路和经历？您如何看待我们国家的互联网模式"出海"？您又如何看待陌生人社交这个赛道？

吴世春：我将分开回答这几个问题。第一个，投资赤子城是因为其创始人是一个年轻创业者，也是"小镇青年"。第二个，关于中国互联网模式"出海"，我觉得，因为中国互联网经历了最残酷的厮杀，这里面的很多运营方式、运营策略其实在全球是领先的。比如中国游戏的"氪金"能力，横扫全球。中国很多产品在亚非拉市场有着压倒性的优势，你在很多国家可能连 1 000 个工程师都很难找到，但是在中国有那么多工程师一起群体进化，所以中国的互联网模式"出海"，一定是大势所趋。第三个，关于陌生人社交，我觉得社交永远是一个有创新的领域，我们最近投了一个 Frog，在美国市场非常火，我觉得它是中国这几年看到的最刺激的项目之一。我们一直在关注社交，但是社交很难出精品，很多人都在做社交，但是一年也很难有一两个精品出现。

　　陈玮： 您在做天使投资之前，还有一家叫做酷讯的公司。你们当时招人的标准是什么？酷讯走出了 30 多位创业者，百花齐放，是公司种下了创业基因，还是有这么多创业者？是您支持他们创业吗？还有张一鸣作为您在水木清华 BBS 招聘的程序员，后来他做字节跳动的时候您为什么没有投资他？这会不会成为您的遗憾？能不能分享一下当时的情况？

　　吴世春： 酷讯是一个很有创业基因的群体，我们当时招人不是从招聘网站招的，而是从各个学校的 BBS 里招，寻找与众不同的人，然后去创立一家很酷的公司，所以我们的名字叫酷讯，也许正是这个基因使后面出来的创业者会普遍多一些。

　　我投了很多创业者，但是大部分是我成立机构以后去投的。我成立机构大概是在 2014 年，而字节跳动是在 2011 年成立的，如果我早点成立公司的话，可能就不会错过张一鸣，所以人生总有遗憾嘛。

　　陈玮： 您是怎么选择新科技公司来投的？又是怎么选择科技型公司的方向和创始人的？

　　吴世春： 梅花专门去赚看不懂的钱。因为我们是一个全频道的投资机构，所以我们每个领域都有投资。但我们首先会去理解，这家科技公司是解决什么问题的，它的竞品是什么，这个市场有没有拐点，是不是一个完整的团队组合，比如"技术领军＋超级销售"的组合。如果这个公司已经有产品上市，我们会去看客户反馈等信息，我们也会引入一些外部的专家来帮我们分析。

总而言之，虽然我们自己不懂那个行业，但是我们能够去充分理解这个领域里的机会和创新的点在什么地方。对于创始人的评价，我们有一个"创业四品"——心力、认知、格局、心态，我们根据这个"创业四品"来确定这个人是不是我们要找的人。

精彩问答

Q：我就是个"小镇青年"。我干的也是一个很苦的生意，做的是护肤品，这个领域的竞争非常惨烈，如果我一直在这个领域做的话，您有没有什么招数可以指点我？谢谢。

A：我觉得，第一，你的产品要让人耳目一新，要有创新。更能让客户有可感的方式获得信息，就是你比别人好。第二，你的设计要让年轻人更喜欢。第三，你的营销能力要充分地利用新媒体这些新的渠道，去触达这些还没有用过产品包括竞品的人。

Q：以梅花本身为例，这几年有多少投资人，因为科创板影响资金的比重？

A：我知道各地已经出现"造新热""造车热"，但是这部分钱很多已经打水漂了。我们投硬科技不会为情怀买单，不会盲目追寻。我们觉得要算一本账，包括行业的大账、企业的中账、财务的小账。这笔账算得过来，你的生意才有得做。很多"独角兽"估值被吹到很高的地步，但是最后还是不行，硬科技有些局部过热了。

Q：有一类创业公司，它们本身有一些亮点，有专利，模式也创新，同时获得了政府奖项，在您眼里，这三点算不算优势？很多投资人只看数据，一般只在创业公司上线有了流量才愿意接触，您有没有投过还没有上线、没有数据的项目，还是只投有数据的项目是行业的潜规则？

A：政府评奖暂且不谈，专利分两方面，一方面专利确实没什么太大用，因为互联网基本上还是模式创新，那你就要比别人跑得更快。另一方面，你闷头做，要有一个过渡期，要让别人看不到你，但是你已经有了一个专利，那别人就看到你了。我觉得专利都没什么门槛，只要别人听懂了，就都可以绕过专利。所以我们在小公司的时候，都不会鼓励企业申请专利。

至于我们投不投完全初创没有数据的项目，我们投了很多，像小牛电动，它当初只有一张图纸；像福佑卡车，只有三个创始团队，东西还没出来。真正的天使投资机构是能看懂你想做什么，你有什么样的能力，你对这件事情想得多深刻的。

Q：美国的 SaaS 发展一直领先中国，而且跑出来很多"独角兽"。但是在中国，SaaS 企业似乎过得不是很好，因为大家的付费意愿不是很强，而且有巨头垄断的现象，那么您是如何看待未来 SaaS 这个领域中美发展的核心区别的？

A：我觉得相比美国，SaaS 在 B2C 这个领域，还是落后了十年以上的差距，美国已经有百亿以上的 SaaS 公司了，中国可能未来十年甚至二十年将有巨大的发展潜力，正如我刚才提到的数字化红利就是 SaaS 的机会。

但是当企业从粗放式增长回归到降本增效、提升内控的时候，才是大家使用 SaaS 的时候。我们现在也在积极地看 SaaS，看到越来越多中小企业在上数据中台、资本营销、智能运维、智能仓库等这些，我们知道 SaaS 的黄金时代、SaaS

的春天来了。

Q：您刚才提到创业者要专注，怎么判断自己是不是专业？什么时候可以拓展？

A：刚才问了三个问题：你的业务是不是足够安全？有没有做到第一名？你在这个领域里面有没有可能将份额做得更大？

如果你没有做到第一名，你就急于横向扩展到其他领域，对你原有业务又没有帮助，那可能就不够专注。这里面我觉得很多时候也要具体问题具体分析，虽然可能 80% 的情况可以用刚才的标准来衡量，但是还会有很多特例。

Q：请问怎么样判断一个 FA 靠不靠谱？

A：他不会先收你钱。他带你见的那些人，都是能在公司做关键抉择的人，而不是总是从非常小的角色开始见起。他能够帮你梳理你的商业计划书，让你的商业计划书看起来更加像一个大公司的，他知道哪些机构有钱，他也有精力放在你身上。

Q：如果有一个您非常看好的项目，您觉得它有可能跑成"独角兽"，跑成行业冠军，您或者梅花会怎么样支持它在早期的发展？

A：如果很确定它能做成"独角兽"，我就不用别人投，我就全部自己投，从 A 轮投到 Pre-IPO。我们现在投的很多项目，可以一直从早期支持到 Pre-IPO。我们很多项目投好多轮，而且恨不得把人也投给它，恨不得把时间也放在它身上。

本文根据作者 2021 年 5 月 12 日在北大汇丰商学院创讲堂的演讲整理而成，经作者审阅并授权发布。

敏捷前瞻规划，跑步进入新时代

张海濛

麦肯锡全球资深董事合伙人

从事咨询工作多年，张海濛敏锐地感受到了这个时代的变化及其对企业战略调整提出的新要求。数字化转型、贸易摩擦、竞争愈发激烈……面对种种新趋势、新挑战，企业做好准备了吗？张海濛在此次分享中，展示了企业如何进行战略规划和调整，以及如何通过敏捷和迭代的方式应对快速变化的市场环境。

在危机中拥抱变化、寻找生机

我先分享一个故事。有两个朋友在森林里吃晚餐，突然看到了一只熊。其中一个人开始换上跑步鞋，旁边的朋友问他："换了鞋又有什么用呢？毕竟你跑不过熊啊。"换鞋的人回答说："也许我跑不过熊，但只要我跑得比你快就行了。"

这个故事的寓意在于，当面对挑战、不确定性和危机时，10%的健康差距很快就会变成100%的差距。100%的健康差距就是我只比你快了10%，但是你却被熊吃掉了，而我幸存了下来。经历了新冠疫情，我们许多人在线下见面时都有一种劫后重生的感觉，这次危机确实对我们产生了全方位的影响。

上市公司各个行业总市值的变化情况如下：2020 年，在最低点的 3 月，各行业市值都出现了大幅下降。到了 8 月，仍然有一些行业的市值还未恢复到新冠疫情前的峰值。因此，无论是在中国内地和香港还是美国的资本市场，人们都会发现，尽管股市似乎已经恢复了，甚至标普指数还超过了新冠疫情前的水平，但实际上这一上行只是由几个科技类的权重股拉动的。大量传统行业如银行、石油天然气、保险、一般制造业、农业、化工、商业服务、零售、旅游和航空等，仍然处于市值大幅下降的状态。

尽管各行各业都受到了巨大冲击，但优秀企业和不太好的企业之间的差异实际上仍非常大。以零售业为例，排除了市值最高和最低的 10%，剩下的 80% 的企业的市值变化在 −40% 到 +40% 之间。也就是说，确实有些零售企业市值增长了40%，但也有一部分跌幅达到了 40%。这种市值的巨大变化，仅仅几个月的时间，就可以看出在熊面前跑得快和跑得慢之间的巨大差距。

在跨行业的比较中，新冠疫情进一步拉大了原本已经存在的行业分化。如果我们观察美国 2012 年至 2016 年的平均经济利润，最优秀的行业如半导体、医药和软件，与最差的行业如公共事业和金融，它们之间的差距已经很大。尽管这些数据是美国市场的，而非中国市场，但现在的情况是，这些差距更为明显，趋势并未改变——好的行业更加强劲，而差的行业则更加疲弱。某种程度上，先前的趋势得到了加速，或许之前已经存在这样的情况，但这次危机加速了这些趋势。

在不同的行业中，具有弹性和面向未来的商业模式受益良多。然而，传统的、无法及时转型的商业模式则处于劣势。比如，像网飞这样的企业相比于传统的有线电视业已经拉开了很大的差距。在餐饮业，比如拿达美乐和星巴克作比较，它们一个以外送为主，一个以店内销售为主，前者也胜于后者。当然，星巴克也是一家优秀的企业，但星巴克一直很担心外卖服务，对其品牌形象和客户体验的影响。这并不是因为企业不懂得转型或不够优秀，而是因为它担心在新商业模式面前，传统品牌价值或客户受到冲击。因此，它迟迟未能采取行动。

许多企业都在担心类似的问题，但是在面对新冠疫情时，大家别无选择，必须迎接这些变化。当然，我们也要承认，不同行业需要根据自己的规律做出选择。我们在这里对商业模式的颠覆以及对新冠疫情或人们行为变化导致的需求变化进行了分类和分析。那些受冲击较大的行业，它们会更快地做出调整。

企业在面对危机时应如何调整与转型？

这里提供一个简单的框架。该框架包含一些趋势，特别是对于中国企业而言，可能需要根据这些趋势进行一些分析。我们的总体想法是能否更快速地启动前瞻性规划，这种前瞻性规划不一定需要制定很长期的战略，而是对这些趋势进行一次体检，看看企业在这些趋势面前需要做出何种转型和调整：

（1）数字化：所有行业中表现优秀或表现较差的企业之间的差距主要是由数字化的接受程度和拥抱程度不同造成的。

（2）全球连接降低：这对中国企业来说是一个不同寻常的挑战，因为它意味着逆全球化的趋势。之前对全球出口或全球供应链依赖较大的企业会受到冲击，因此需要更多地探索在"双循环"新发展格局下，如何重新布局目标市场和供应链。

（3）竞争程度加大：竞争的激烈程度正在增加，因此各个行业都看到差距在不断拉大，头部企业的市场份额正在集中。对于尚未成为头部企业的公司来说，如何在竞争中生存下去并争取到发展资源，至关重要。

（4）消费者趋于成熟：消费者行为正在发生变化，现在更加关注产品和服务的实质。企业需要回归到产品和服务的本源，满足消费者对安全性、物流和供应链的需求，以及解决实际问题。

（5）社会能力进一步增强：这涵盖了政府与企业、企业与社区、员工之间的关系，以及一些社会组织。这些都对企业的生存环境产生了新的影响。

企业战略调整难点和要点

企业战略调整面临的问题

麦肯锡在帮助企业方面具有许多经验，在新冠疫情期间和之后，我们非常忙碌，因为很多企业都面临着巨大的变化和不确定性，它们希望重新审视战略、重新规划。许多课题都不同于以往。以前更多是针对确定性的、严谨的规划。而现在，我们许多的课题更多的是边打边调整，可能每几周就需要迭代一次，重新审视规划的基本想法。随着形势的变化，我们不断调整，因此采取了更加敏捷的规划和做法。

比如某上市公司表示，首先要明确今年业绩的展望，这个还是可以预测的。但是，复苏的路径是怎样的呢？不同事业部的复苏路径是怎样的？何时能够恢复到之前的水平？另外，对新冠疫情的控制如何？市场需求何时能够恢复？做了哪些关键的假设？因此，这是很多企业找我们做的第一步，即进行"情景推演"，看看不同情景对它们业务的短期影响如何，不同业务受到的影响程度又如何。

我们对这家上市公司的收入和利润进行了快速的模拟情景推演。有些业务的利润相对来说还是能够保持的，但是有些事业部的利润下降得非常严重。那么，有哪些提高利润的计划需要提到议事日程上呢？这家企业原本有一个战略规划，称为"增长战略"，主要关注还有哪些市场上的空白是可以争夺的。然而，经过这次新冠疫情冲击后，它发现在利润提高计划中，实际上最高优先级的不再是那些增长措施，而是变成了两个方面。第一，成本管理；第二，对于已有客户的保留和激活。这两点是这家公司最初没有考虑到的，也是讨论最激烈的。比如说，我们将主要管理层资源和销售费用投入到哪些地方？后来发现，想要争夺的所谓的空白市场都没那么可靠，真正能够带来短期业绩的，还是回到原来的客户群体去了解、激活这些客户群体的需求，并更好地满足这些需求。此外，对于各个事业部来说，重点在哪里？哪些受到利润冲击最大？哪些客户群体、产品种类需要立即投入精力去拓展？这就形成了与以前完全不同的景象，不同事业部对利润和ROST 的影响有很大的差异。

情景分析完，就可能需要对业务的投资组合进行资源的重新分配，总体而言是各个业务或者各个投资举措产生的 ROI（投资回报率），在新冠疫情前后发生了很大的变化，所以有必要根据刚才的分析，根据举措优先级的差异去重新调整资源分配的差异。

企业战略规划方法

首先，未来是高度不确定的，有多重冲击，对于很多行业来讲可能是总体低增长，而且波动性会非常大，那这时候我们建立什么样的、新的企业运营模式？只能够随机应变。其次，时钟被调快了很多。形势的变化和事态的进展非常快，所以我们说"三个月可能有一年"。以前的公司可能安安心心地做个三年计划，年度做个经营计划，每个季度再做经营分析就可以。但我们现在发现可能过了一个季度形势就不一样了，你原来年初做的经营计划要全部推翻，公司的所有管理日历要重新调查。

此外，我们要有跨职能的、前瞻的规划团队，能够持续地对于规划的设想、对于趋势的判断，以及对于资源分配的原则，来做一个动态调整、动态跟踪。以往一些企业说我不能年年做战略，我五年做一次规划，但是现在完全不行了，这样做跟不上形势了。我们现在需要每个月都看一下我们资源分配的原则是不是在新的形势面前又要做出一些调整。

我们肯定会面对很多新的挑战、新的机会，但是最终会走向新的结果。所以，我们跟很多客户交流的时候，大家也都越来越坦率地认识到自己对于局势、对于自己公司和对于最终经营结果的掌控度不像自己想得那么高，所以我们一定要接受这个事实。掌控不了这个结果，就只能在变化面前做出最快和最好的应对。这与通常的战略视角相同，但现在需要加快速度，才能保持原有的视角。

第一点是市场视角，即去看你的客户是谁，你所处的市场的最新变化和形势是怎样的，客户需求发生了什么变化，竞争对手为你留下了什么样的空间，在这个行业中，市场最大的颠覆性因素是什么。

第二点是竞争优势的视角，即与竞争对手相比，你的优势是什么，这些优势是否还有效，如果原先的优势不再有效，你需要做出什么样的变化。

第三点是我们的金融视角，也就是"投资者视角"，即股东如何看待你的公司。我们很多管理层可能会感到困惑，发现自己好像没有犯错，但市盈率却在不断下降。不同行业之间，以及行业内部的好公司和不好的公司之间，市盈率的差异非常大。因此，许多管理层实际上并没有真正理解为什么市盈率会如此之低。因此，从股东的角度审视你过去的做法是否仍然正确是很有必要的。

第四点是运营模式，包括以下四个方面。首先，我们现在与客户尝试的方式不能再像过去那样，花费四个月的时间制定战略，然后五年才回顾一次。我们需要更快速。最近我们做了一个最快的项目，不到三个星期就提出了战略性的总体结论，然后再过三个星期，基本上资源分配的原则就已经确定了。因此，在这个阶段需要更快速。其次，不要追求完美，基本正确就足够了，不要犯大的方向性误判。然后，要保持灵活性，基于假设和情景做出决策，并明确背后的假设。当假设发生变化时，要能够做出调整。最后，要进行迭代。每两周要重新审视战略规划的结果。

企业战略规划调整实例

这个例子中的客户是从事建筑施工行业的。建筑施工行业的特点是高度分散，在新冠疫情期间，客户的业务同其他同行一样遇到了困难，他们感到有些迷茫，不知道该如何应对。

在他们的战略规划中，经过前几周的分析，他们认为找到了两个方向。第一个，由于他们的客户主要是开发商，开发企业的采购行为原本是相当分散的，每家公司都在自己的区域市场上活动。但他们观察到了一个趋势，即开发行业未来将更多地向头部企业集中。这意味着头部企业需要提升工程和建筑环节的效率和质量，因此需要进一步优化采购能力，实现"总对总"的采购方式，要考虑的不仅是价格，还包括施工质量和对施工的承诺。经过分析，他们认为机会已经来临，他们可以像链家、贝壳一样，将一个零散的区域性行业统一起来，并在其中占有很大的份额。他们开始思考是否可以实现跨越式的发展。然而，现实与客户的判断存在很大的差异，因此其当年的业务仍然非常困难，关键在于是否相信自己的判断。

第二个重要的判断是现场管理的数字化，使用数据和算法进行分析。在这个行业中，过去存在大量的浪费和管理漏洞，例如存在施工质量问题、工期延误问题、物料判断和算量问题。如果他们能够开发一个优秀的管理软件，将现场的大量数据数字化，形成服务，提供给其他工程施工同行使用，那么在某种程度上，这就变成了一个产业 SaaS 平台，一个垂直领域 SaaS 平台。他们在推广过程中确实有几家愿意使用他们的系统，因此他们认为这是一个有前途的方向。不过，这个业务目前还非常小。首先，它是一个内部管理系统，就像链家最初做的楼盘自检一样，是一个内部管理系统。什么时候能够推出去，成为行业解决方案，改变整个行业的生态并提升水平？这也是一个战略性问题。在这个节点上，我们面临着高度的不确定性，他们的判断是开发商会整合采购，会倾向于与具有全国供应能力的大型企业合作。因此，他们需要做大客户管理，并且要采用数字化和数据分析驱动的管理，以将其打造成一个服务，成为行业解决方案。

然而，关键在于确定这个计划的时机。需要采取哪些管理举措来稳定当前正在进行的项目和外部投标项目？哪些举措将资源导向高科技产品，并与开发商进行全国范围的"总对总"采购谈判？这是一个战略方向的决策。

当然，这个过程仍在进行中，我们对这家企业进行了一种暂停式的跟踪，不断关注着大客户谈判的进展以及管理软件推广的进展。许多企业在完成战略规划后，基本上就开始布置各个事业部和组织单元，并分配任务，然后在年底进行绩效评估时回顾这些措施的推进情况。但在这里，我们不断从市场中获取正面反馈。如果反馈是积极的，我们的资源和人员就可以跟进，这样就能够保持与市场同步，虽然组织架构可能需要进行一些调整。我们基本上是以两周为单位进行迭代，并根据情况进行调整。我们会考虑是否需要增加资源在他们所判断的方向上，或者是更加稳健地完成现有项目。所以我觉得这个案例很有意思，因为客户有着很大的愿景，但在面对现实时，需要不断进行平衡和取舍，这主要涉及时机的把握，就是什么时候有足够的条件来执行这个计划。也许最初的方向判断并没有错，但在不确定的情况下，时机非常关键，比如启动得太早，而资源跟不上，最终可能会陷入困境，因此需要不断进行动态调整。

最后，我想重申，我并不是要大家把所有时间都花在制定战略上，我相信在座的各位也不都是在制定战略。但无论你在做什么事情，无论是经营企业还是规划个人生活，事实上我们会发现计划往往并不可靠，尤其是在这个充满不确定性的时代，计划变得越来越不可靠，但规划是不可或缺的。这两者之间的区别是什么？在规划过程中，你会分析形势，理清思路，思考为什么要进行这样的资源分配。然而，在具体执行过程中，你需要不断回头调整，所以你不需要一个永远不变的计划，但需要一个深思熟虑的规划。

精彩问答

Q：您提到好的企业和不好的企业之间 70%—80% 的差异是由数字化造成的，您能详细解释一下吗？为什么数字化会对企业的绩效产生如此巨大的影响？这种差距是全行业普遍存在的规律性数据，还是在某些行业中影响更大？

A：首先，数字化对各个行业的影响程度是不一样的。在金融、零售等行业，数字化对企业的颠覆和影响更为严重，而且发生得更快。但它对有些行业的影响相对较小。我们之前也进行了一些关于行业数字化渗透的调查，发现地产行业，尤其是开发领域，数字化渗透程度相对较低。然而，在零售、电信和娱乐等行业，数字化程度非常高。如果企业没有相应的数字化应对策略，就很可能失去行业领导地位。

健身行业就是一个数字化的典型案例。有些健身公司提供线下健身房和线上课程。但如果仅仅依靠传统的门店模式，即使有企业信息化管理系统和会员制度，但可能还没有实现深度的数字化。真正的数字化要求企业利用技术和数据，改变商业模式和与客户互动的方式。因此，我刚才提到的 70%—80% 的差距是由数字化造成的，主要取决于企业对数字化的理解程度以及应用数字化技术提升商业模式和客户价值的能力。

有些企业可能会采取一些数字化举措，但数字化改造的比重并不高。因此，可以从业务层面进行比例分析。例如，对于生鲜超市来说，线上销售和线下销售占比分别是多少？传统生鲜超市的线下销售占比较大，而像盒马这样的数字化改造企业，线上销售占比可能很高。因此，盒马等数字化深度改造的企业与传统超市相比有明显优势，传统超市仍需要进一步改造。

Q：能否从更宏观的角度总结一下您在中国所观察到的数字化转型趋势？另

外，对于企业要成功实施数字化转型，有哪些方面需要特别注意？

A：第一个方面是对待颠覆者的态度。很多传统行业企业对于颠覆者持有一种轻视的态度，认为颠覆者的份额很小，或者认为他们目前的业务只是长尾市场，对自己没有实质影响。然而，我们需要认真对待颠覆者的挑战。即使是像麦肯锡这样的企业，也会思考有一天是否会有一家小公司用数据和算法迅速颠覆自己的市场地位。在新冠疫情期间，客户接触的信息和数字化工具更多，一些颠覆者可能会以更快的速度提供更优质的服务，这会加速市场竞争。

第二个方面是资源分配。很多企业口头上说要数字化，但实际投入的预算很少。资源分配反映了企业对数字化转型的重视程度，因此必须有足够的投入。有些企业可能投入了大量的资金在 IT 系统上，却没有看到明显的成效，这可能是因为在数字化转型的其他方面投入不足。因此，对于企业要实现怎样的商业模式，需要做好资源投入的准备。

第三个方面是人才结构。有些企业口头上认为数字化转型很重要，但高管团队中缺乏数字化领域的专业人才。如果企业的高管团队缺乏对数字化业务的理解和相关经验，那么很难在数字化转型中取得成功。因此，公司需要在高管层和核心团队中拥有数字化领域的专业人才，这对于实现数字化转型至关重要。

综上所述，数字化转型是一项复杂的任务，需要企业全面的投入和领导团队的正确引导，才能取得成功。

Q：现在我们一直在谈论数据和数字化转型，这也是帮助我们收集大量数据的原因。但是，如何应用数据呢？不同公司在这方面的水平和能力可能有所不同。有人说，你需要有创意、想法或者特定的角度，才能更好地帮助一家公司利用数据。您对此有何见解？有什么重要的原则或者思考方式能够帮助我们更好地运用数据吗？特别是在一些行业或者企业已经收集了大量数据的情况下。

A：首先，关键是要看你的数据量有多大。很多公司声称拥有大量的数据，但实际上这些数据量可能并不算大。举个例子，有些客户可能有数十万个客户的资料和交易记录，甚至还有许多照片。但是这些数据是否足够庞大呢？只有当数据量足够大时，我们才能进行可靠的分析并产生有价值的结果。

其次，数据在商业场景中的应用涉及两类不同的人群：一类是数学和计算机领域的专业人士，另一类是业务从业者。这两类人之间的沟通通常非常困难，我们自己在与他人交流时也经常遇到这种情况。有时候，尽管我们能够清晰定义问题，但编写的算法却无法得到期望的结果，模型也缺乏预测能力。这导致业务从业者可能会放弃使用数据分析的解决方案，而继续按照他们原有的方法进行工作。因此，我们需要一些"业务翻译师"，他们既了解业务，又懂得数据分析，能够帮助理解业务需求并指导算法的改进。

要让整个系统发挥数据资产的作用，可能需要一些我们之前未曾想到的工种或者决策者。比如，现在数字化领域的人才需求中出现了一个新的角色——"敏捷教练"。这种人不是程序员，也不是传统意义上的 IT 从业者，他们的工作是确保数字化产品开发项目进展顺利，同时客户体验更好、速度更快、成本更低，并且项目完成后整体效果良好。在这些新的领域中，产生了许多对人才的新需求，这也给个人带来了许多机会。

最后，我们也要思考如何重新培训那些在数字化和数据运用方面具备了新技能的人，使他们能够适应新的职业岗位。因为一些传统行业可能会减少人力需求，这也意味着需要将多余的员工重新安置到新的岗位上。数字化和数据运用方向的发展，为人才提供了更广阔的发展空间，这是我们之前没有预料到的，也是学校教育缺乏的。

Q：您刚刚提到的"业务翻译师"角色，其实我发现在很多情况下，需要的是一种稍微跨界的理解，比如您提到的数据科学家和数据工程师与业务之间的联系。有时在互联网企业中，比如产品设计人员和编码人员，如果能够更多地跨界，或者如果编码人员了解一些产品方面的知识，可能会显著提升人员的绩效，反之亦然。但是，实现这一点并不容易。那么，在帮助人们重新获得技能方面，您能再详细介绍一些吗？我知道麦肯锡做了大量研究，帮助人们更好地适应不断变化的世界，能否多介绍一些相关内容呢？

A：我们之前做了一个相对宏观的研究，涉及大约 40 个行业，并对其中的工种进行了进一步的细分。我们观察到不同的岗位受自动化影响的程度不同，并给出了相应的百分比。比如说到 2030 年、到 2050 年，有多少岗位会被自动化替代。举例来说，护士这个职业被自动化替代的比例较低，而流水线工人则较高，类似的还有呼叫中心（call center）等。随后我们看到了一个加速的趋势，即有大量的工作岗位变得过时，但同时也会创造出一些新的岗位。然而，新岗位对人才的要求和年龄、知识结构等方面与之前的岗位有较大的差异。但我们也不能放弃，我们已经在一些客户机构中进行了一些项目，尤其是成熟市场企业，我们虽然不能够保护工作岗位（protect jobs），但我们能够保护就业者（protect employees）。

关于转岗方面，我也负责麦肯锡商学院，我们提供一些培训，直接为人们服务，比如我们的数据分析培训以及一些关于执行力、团队管理和有效沟通的基本管理培训。这些培训可以使原本对技术不太了解，同时缺乏管理经验的人，通过学习逐步适应新的岗位。经过培训后，他们可以作为备用人才进入新的岗位，然后在岗位学习一段时间，一边补充知识和技能，一边在工作中不断提升自己。这样的转岗并不容易实现，尤其是当涉及大规模的员工转岗时，因为每个人的需求都是不同的。

总之，结合在线学习和实际工作，至少有一部分人是可以成功转岗的。虽然在中国这方面可能并不是那么突出，但我们也注意到，一些地方的就业压力正在增加，特别是一些传统行业，一旦进入低增长环境，就业压力就会变得非常大。这种趋势并不仅仅是自动化造成的，还包括行业效率的提升。因此，解决这个问题不仅涉及大学生就业和已有员工的转岗，还有很多其他方面需要考虑。

Q：在过去的三四十年里，我们很多人都享受了中国高速发展带来的红利。但是我们当下面临着来自地缘政治、经济周期，以及其他不确定性事件的挑战。对于很多年轻人来说，在未来的工作生涯中，他们应该做一些什么准备或者及时做一些什么调整以便能够找到自己的位置,并应对突如其来的多重压力和挑战?

A:首先,要仔细阅读陈玮老师的书,提升领导力。其次,从总体形势来看,我其实不是很悲观。尽管过去可能是一个大家都没有意识到的红利时代,我们可能已经习惯了好日子,但我认为未来的十年甚至二十年,有好有坏,不是一帆风顺的,也可能会回归到比较普遍的状态。我认为年轻人应保持乐观,我们没有必要那么担心,每一代人都有自己的机会。

总体而言,我觉得我们要更有前瞻性,对自己的人生有一些规划和布局。当你真正投入战斗时,你会发现你的计划都没有用了。但是如果你在战斗之前没有做好规划,那肯定不行。因此,还是要有一些规划。这个规划涉及我们对趋势性的事物进行的一些判断。例如,数字化肯定是一个趋势,但如果你完全不接受、不了解、不懂这些东西,那么你将来的选择可能会比较有限。因此,当你看到这个趋势时,对于自己的人生规划还是要采取一些行动。

此外,还要看到社会机会点在哪里。选择站在哪个地方非常重要,如果站错了地方,个人努力可能起不到太大作用。因此,你还是要站在发展的热点上。

许多行业正在经历变革。最近有一些同事离开公司,我问他们去了哪里,有些去了私募股权公司,有些去了互联网公司,还有些去了BAT。我发现现在人们的选择变得更多样化。有一个人说他去开餐馆,我问他麦肯锡的人怎么会去开餐馆。他说因为中餐行业正面临变革的机会,像海底捞这样的企业会越来越多,会涌现出越来越多类似于星巴克这样的行业巨头,这是一场伟大的革命。我认为每个行业都在出现自己的热点,你需要找到那个热点。就像我刚才举的做工程承包的例子。工程承包也在被重塑,这里也会出现好的EPC企业。

因此,你需要仔细观察,因为虽然中国的发展速度很快,但许多领域与国际同行相比,还存在很多差距,仍然充满活力。例如零售行业的效率、工程施工行业的效率,以及其他许多行业的效率,都还有待提高。随着数据化应用的推广,将会出现行业重塑的机会,新的"独角兽"和充满活力的企业将会涌现。

各个行业都存在着重塑的机会。对于有准备、有事业追求的人来说,这些机会确实很多。当然，我们并不是说上市敲钟、财富自由是唯一的评价标准，但我相信这样的机会还是很多的。就算在所谓的"失落的十年"里，日本也还有像软银这样的企业存在。因此，我相信中国的活力会远超过日本，各个行业都会有很多值得投入的地方。而且选择范围也比以前扩大了，不再局限于互联网、高科技、投行、咨询等传统上被认为是好行业的范围。

因此，我的总体建议，包括我对自己孩子的建议是——他正在读高中——我告诉他不用担心，你这一代人会有你们的机会，虽然我无法告诉你是什么，但到你们的时候你们会看到的。

Q：从我所在的行业来看，国内的科技创新似乎已经接近了"天花板"，许多互联网公司都在尝试细分领域。以我自己从事的社交领域为例，社交已经逐渐进入了语音社交、多人社交，以及模拟 AI 社交等细分领域。然而，这些细分领域的企业在未来的五到十年里都可能是昙花一现。您认为科技创新在中国市场上的未来发展还有没有更多的希望？或者希望在哪里？

A：首先，目前所谓的科技行业、互联网行业都是移动互联网时代的红利。iPhone 和安卓等移动互联网产品问世以来的这十年，都是移动互联网的红利期。所谓的碰到"天花板"，实际上是移动互联网红利的结束。下一个发展阶段将是 5G 时代，而 5G 将改变整个社会，而不仅仅是个人。尽管目前 5G 尚未普及，但汽车行业、生产制造业和建筑行业已经开始积极准备。因此，我认为，随着下一个主要技术的出现，又将迎来一二十年的红利期。只是目前我们还不能清楚地看到未来，但在那个红利期内，像腾讯和阿里巴巴这样的企业是否还会是主导者，这还有待观察。

Q：听起来您认为过去是移动互联网的红利期，接下来是移动互联网与传统行业结合的新的发展机会？

A：是的，而且这个互联网跟我们原来理解的互联网可能不是一个东西。因为互联网的很多东西是另外一个通信的方式，总体来讲世界趋于更多连接，有了更多的连接就有更多数据，更多的数据就带来了更多业务上的再创新的可能，所以这是一个方向。另外一个方向是中国的进口替代，这个事对于科技工作者来讲，仍然是一个颠扑不破的主题。比如我们现在要攻关，把半导体这个瓶颈拿下。又比如药品研发、中国原研药政策也在变化，大量仿制药企业也在往原研药方向走。不只是移动互联网这个行业，整个科技领域都有巨大的发展机会。

Q：哈雷戴维森这样非常耐销、高端的产品做数字化实践，公司都没有要求短期内达到一定回报。鉴于这种情况，很多同行，无论是 B2C 还是 B2B 行业，都有类似的焦虑。像您提出的问题是，我在进行这项投资时是否应该有一个模型，基于对行业和竞争对手的了解，来给出一个何时能收回我的回报的大致预期？尽管这不是具体的，但在这个过程中，我是否有一些可以参考的决策变量，比如市场环境、竞争对手，以及宏观到微观层面的变量？

A：这个不能一概而论。有些数字化项目是比较清晰的。例如，如果原来是线下销售，现在要增加线上销售比例，不论是自己做还是通过电商平台，这些都相对清晰。同样，也可以清晰地评估一些组织效率的提升。例如，如果我这里原本需要 150 个人来管理资产，但通过数字化的方式，现在只需要 50 个人，这样的投入产出关系也是相对清晰的。然而，一些更大的设想就不那么清晰了。比如，有些公司计划创建一个平台，他们原先自己进行物资采购，通过数字化降低了一些采购成本。但如果他们要做一个 B2B 交易平台，涉及大宗商品或 MRO，那么评估投入产出关系就不那么容易了。这有点像在创业，可能完全失败，也可能做得不错。对于这种创业型的数字化项目，评估起来是相当困难的。这就像风险投资一样，需要选择团队。

Q：您对我国地产公司未来的发展机遇有何看法？您认为我国地产公司未来发展的趋势和机遇大概会在哪里？

A：中国地产行业原先主要以住宅开发为主导，新房销售约在 15 万亿—18

万亿元，其中绝大部分是住宅。但在未来的十年里，直至 2030 年，我们大胆地预测，这个数字可能会下降，幅度可能在 20% 和 30% 之间。接下来是三个趋势：

第一，从开发向资产管理转变。过去主要是拿地、建房子、销售，但现在趋势是将这些资产转变成能够产生稳定收益的资产。这意味着不论是工业地产、办公楼还是商业综合体等经营性资产，都需要被有效地管理。资产管理者如基金和保险公司需要有稳定的回报，这将成为行业的价值来源，而不再仅仅是新房的开发和销售。

第二，数字化和科技运用。整个行业无论是在建筑、运营还是服务等方面，都在不同程度上采用了数字化和科技进行改造和颠覆。

第三，从资产经营向服务转变。过去这些公司主要被视为不动产公司，但如今更多的公司开始朝着资产服务方向发展。这些公司产生了更多的数据资产和客户触点，因此更具价值。

综上所述，这三个趋势是我认为地产行业未来发展的重要方向。对于地产开发企业来说，面对这些趋势，关键在于如何选择业务组合和利用新科技改变现有业务。

Q：在这个不确定的时代背景下，许多行业面临着巨大的挑战。请问如何看待科技赋能下的传统行业中的企业的发展潜力，以及其他行业应用科技面临的挑战是什么？

A：最传统的行业都在被科技赋能或颠覆之中。举例来说，我们之前做矿业，发现这是一个对自动化程度要求极高的行业，这种自动化不仅体现在人员管理方面，还包括生产流程中的许多方面。传统行业中的一些看似低科技的领域，如农业、养殖业和矿业，其生产力在适当应用科技的情况下还有很大的提升空间。我们不能仅仅局限在消费品和零售领域，必须将视野拓展至各个行业。数据也证实了这一点。比如说，中国企业中企业级应用软件的收入比例远低于美国，不是一两个百分点的差别，而是 3% 和 0.3% 的差别。这意味着在信息化方面，中国企业的潜力还有待挖掘。所以，我认为目前大多数行业都刚刚开始迎接科技赋能的挑战。

Q：几年前，顺丰是物流行业的领头羊，其定位是高端市场，它没有涉足淘宝等中低端服务领域，其市场份额被一些二线公司迅速夺取，这些公司也在不断向上渗透，侵蚀着顺丰的高端市场份额。比如，美团深入到中低端酒店服务领域，而拼多多则从下沉市场向高端电商市场发展。这三个案例都呈现了一个攻守的局面，攻方对高端品牌定位者进行冲击，先夺取市场份额再向上渗透，而守方则坚持做行业的高端龙头。您如何理解双方在这种博弈中的角色？在市场份额和品牌高端定位之间的博弈中，您认为哪一方更具优势？

A：我认为你的分析很到位。包括我们自己，作为高端品牌，经常感到如履薄冰。我们也在思考，是否应该涉足一些低端产品的服务领域。这需要我们保持危机感。对于进攻者的进攻方式，我们需要动态地识别他们是如何进攻的，他们是否颠覆了我们的逻辑。这其中存在一定的合理性。

另外，对于大部分品牌而言，从上往下打击很容易，但从下往上打击却很困难。这也是为什么即使给予瑞幸咖啡三年时间，它也无法使一些人成为其忠实用户。进攻者需要改变自己原来的做事方式，并且并非每个人都能做到。最终，他们可能会利用自身的规模优势或资源优势，收购一个更高端的企业。因此，在中国这样一个庞大的市场中，做主流、做金字塔中的中下层，更容易获得市场份额，特别是对于新的业务模式而言，成功的机会更大。关键在于攻守双方，守方需要保持危机感，并能够准确识别真正的威胁，而攻方则需要更加现实地考虑问题，品牌升级是一个很重要的方面。

本文根据作者 2020 年 9 月 23 日在北大汇丰商学院创讲堂的演讲整理而成，经作者审阅并授权发布。

在中国做营销，就看中国案例

小马宋

知名营销专家、小马宋战略营销咨询公司创始人

在这个信息爆炸的时代，品牌营销对于企业获取竞争优势的重要性不言而喻。小马宋结合自己的实战经验，带来了自己关于营销方法论的思考，如何让营销帮助品牌提高价值、降低成本。不过小马宋也指出，企业经营是比营销更高层次的问题，企业经营的核心在于"建立优势""保持优势"和"发挥优势"，而非单纯依赖营销策略。

企业经营是比营销更高一个层级的问题

成功背后：多元要素共同托举

成功是由众多要素共同构成的。以投资大师沃伦·巴菲特为例，其非凡成就的背后有几个关键要素：首先，他出生在美国发展最为迅猛的时期，这为他的成

长和事业发展提供了肥沃的土壤；其次，他出生在发达国家，因此拥有了更多机会；再次，巴菲特的长寿也是一个不可忽视的因素，他曾提到自己99%的财富是在50岁之后创造的；最后，巴菲特的成功还得益于他的机遇，包括与查理·芒格的相遇，以及他相对优渥的家庭背景——他的父亲曾是国会议员。成功是由很多种要素组成的，缺了任何一种要素，都可能与其失之交臂。

咨询公司更倾向于服务那些即使没有外界帮助也能取得成功的客户。当咨询公司的服务对象本身就具备成功的可能性时，咨询公司的贡献更容易被外界认可，从而增强咨询公司的声誉。

企业经营是比营销更高层次的问题。营销虽然能够带来短期的关注和销量，但如果产品本身不具备持续的吸引力和优质的用户体验，那么营销的效果只能是昙花一现，甚至是饮鸩止渴。以一家奶茶店为例，即使通过营销策略吸引了大量顾客尝试，但如果奶茶本身不能让顾客产生复购的欲望，那么这家奶茶店的长期发展仍然岌岌可危。

凡事彻底：从能做到的事情开始

尽管商业经营的实践中早就证明了诸如利他精神、长期主义、诚实守信等优秀理念的正确性，但在实际行动中往往难以践行。企业经营的原理其实非常简单，但真正的挑战在于将这些简单的道理付诸实践，正如减肥的原理"少吃多动"一样，关键在于能否坚持执行。

首先要学那些能做到的事情，不要学那些做不到的理论。正如王阳明的"知行合一"，所有知识，你能做到才算是你知道的，如果做不到你就不要喊口号。我们公司墙上不挂那些无法实现的理念，而是只挂上能够做到的承诺，如"不欺骗客户""不欺负员工""不行贿"。如果一家公司声称员工很重要，但实际上却延迟发放工资，那么这种声称就是空话。大部分企业的长期成功，都来自坚信那些绝对正确却很难做到的道理和方法，并将其彻底地执行。

还有一个理念，是"凡事彻底"。凡事彻底的理念来自丰田生产管理法，指把那些平凡的事情做彻底。在我运营 121 个读书群的过程中，每天我都要在群里分享 500—1 000 字读书感想。私域的成功不在于群的数量，而在于能否不断地给予群成员有用的内容。这件事并不难，听起来也没有那么伟大，但是，我每天一定会做并彻底完成这件事，这个叫做凡事彻底。许多重要且有效的事务，如每天开早会，往往因为执行力不足而难以实现长期的效果。如果能够坚持每天 5 分钟开一个早会，每天 5 分钟做一个总结，在一两年之后，一定会收获更好的成就，这个叫做凡事彻底。

企业的经营：找到本质问题

一个问题的解决往往依赖于更高层次问题的解决。因此，营销的问题不应仅从营销层面寻找答案，而应扩展到企业经营的层面。例如，如果产品缺乏竞争力，即使营销策略再出色，也难以实现长期成功。所以在讨论营销的时候，首先需要讨论企业的经营，营销只不过是企业经营的一部分，企业经营的逻辑大于所有营销的逻辑。以"三胖蛋"瓜子为例，它致力于打造中国最好吃也最贵的瓜子，价格高达 150 元 / 斤，一年营收可达 5 亿元。该品牌凭借关联公司发明培育的独特的 SH363 品种瓜子，来进行该瓜子品种种子的研发与种植，实现了产品的独特性与壁垒，因此在营销并不强大的情况下依然在市场上取得了显著的成功。

企业经营的核心逻辑，是"建立优势""保持优势""发挥优势"，而非单纯依赖营销策略。尽管营销是企业经营的一部分，但诸多品牌营销理论如"定位"并非万能，不能适用于所有企业。现实世界有无数个违反定位理论但依然成功的企业。这个矛盾产生的原因是营销的理论都是不完备的，没有任何一个营销理论可以指导所有的企业。所以当矛盾出现的时候，可以从企业经营的逻辑层次上来解释。企业经营就是为达成企业目标而开展的一系列活动。

　　即使过去品牌形象并不出色，通过强大的企业经营能力，比亚迪依然能够成为全球新能源汽车销量最高的企业。比亚迪的成功并非依靠营销或定位，而是源于其扎实的企业经营策略和长期的前瞻性规划。企业经营的深层次逻辑和长期的战略规划比短期的营销策略、品牌定位更为关键，这是企业成功的根本。

经营的原则：建立优势，保持优势，发挥优势

　　企业经营的开展，要始终遵循如下原则：建立优势，保持优势，发挥优势。企业在考虑是否拓展新业务时，不应过分拘泥于是否会破坏现有的市场定位，而应关注是否能够利用自身的优势并获得经营的优势。

　　以"胖舅舅"品牌为例，该企业虽然起初专注于大闸蟹和小龙虾的销售，但通过充分利用其在电商运营方面的优势，成功地将业务拓展到了粽子和月饼的销售，并在天猫取得了第五名的佳绩。其优势主要来自以下三点：一是该企业经营者在电商领域拥有显著的优势，其曾担任七匹狼品牌的最大网上代理商；二是地理位置位于浙江省长兴县，该县是中国最大的大闸蟹养殖基地，这使得人工成本和发货成本大幅降低，仓储成本几乎可以忽略不计；三是企业原本主营的小龙虾业务具有明显的季节性特征，企业需要开发与现有业务相辅相成的反季节产品，以平衡销售波动，实现全年稳定的营收。因此，该企业通过发挥自身的电商运营优势，以及利用低人工成本和仓储成本的地域优势，实现了业务的多元化和盈利。

　　本田以发动机技术为核心优势，而丰田则以生产制造为核心优势。两家公司虽然都涉足汽车行业，但因为各自的优势不同，所以走出了不同的发展路径。丰田汽车公司的核心业务围绕汽车制造展开，涵盖了雷克萨斯、霸道、陆地巡洋舰、花冠等多个知名汽车系列。丰田之所以在汽车行业中独树一帜，主要得益于

其精益生产管理方法，该方法极大地降低了制造成本，提高了生产效率。2017 年的数据显示，尽管丰田与大众汽车的营业额相近，但丰田的利润却是大众的三倍，这一显著差异正是源于丰田在成本控制和效率提升方面的卓越表现。与丰田不同，本田公司的本职业务在于发动机制造，是一家以发动机技术为核心，拓展至摩托车、游艇、汽艇、割草机乃至火箭发动机等多元化产品线的企业。企业需要根据自身优势制定战略，并通过这一优势实现持续发展。

类似地，戴森公司在进入吸尘器市场之初，便以其卓越的技术和创新设计，成功打造了全球最佳的吸尘器产品，实现了品牌与产品类别的高度统一，也就是品牌即品类的定位。然而，当从企业经营的角度深入分析时，单纯的市场定位理论并不能完全解释企业的成功。戴森的技术核心在于其高速数码马达，这种马达体积小巧而动力强劲，使得戴森无论是在吸尘还是吹风等不同功能的产品上都展现出了显著的优势。因此，戴森的成功本质上是因为充分发挥并确立了自己的技术优势。在企业经营中，经营逻辑的重要性往往超越了市场定位理论。

卓越经营：战略是什么

实现经营业绩：两种基本方法

迈克尔·波特（Michael E. Porter）教授在其经典论文《战略是什么》中，深入探讨了战略定位（非品牌定位）的概念，并提出了实现卓越经营业绩的两种基本方法：提升经营效率和建立战略壁垒。所有成功的企业都可以归结为运用这两种方法，或是两者的结合。

第一种方法，提升经营效率。这也是丰田汽车公司所采用的策略。丰田通过精益管理，实现了高效率的生产，库存几乎为零，其汽车几乎无需维修，成本极低。这种效率的提升是通过在相同类型的经营活动中做得比其他企业更好来实现的。

第二种方法，建立战略壁垒，这在美国企业中表现得尤为明显。尽管美国企业在服务细节上可能不如日本企业精细，但在战略和技术层面的创新上表现出色。提升经营效率虽然重要，但有其局限性，因为这种方法有上限，且可能被竞争对手学习和模仿。因此，波特教授更加推崇建立战略壁垒的方法，这种方法能够为企业创造更为持久的竞争优势。

提升经营效率：做得更好，持续改善

提升经营的效率，就是在一组相同的经营活动中做得更好。例如在抖音营销领域，如果一家企业的投放策略能够超越同行，那么它就能在同等投入下取得更佳的市场表现。以"暴肌独角兽"这一低热量零食品牌为例，该公司通过精准定位长尾搜索词，开发出一系列销量虽不高但利润率可观的产品，实现了约 10 亿元的年销售额，而这一成就并未依赖高额的广告费用。公司的供应链优势使其能够在长尾市场中以低成本、高效率运营，通过大量 SKU 的累积实现了显著的销售业绩。

"做得更好"意味着在相同条件下，通过降低成本、加快速度和提升效率来超越竞争对手。丰田生产管理法中的"凡事彻底""持续改善"和"动作整顿"等原则是提升效率的关键。"动作整顿"通过减少生产动作，实现效率的提升。例如，通过简化早晨穿衣的动作顺序，可以减少时间消耗，体现了动作更少、更快、更轻松的理念。在生产、会议、汇报和头脑风暴等活动中，减少不必要的动作同样可以显著提升工作效率。例如，奶茶店通过优化后厨动线，减少了员工制作奶茶的动作数量，从而提高了整体的工作效率。

"持续改善"是在每一个环节里提升效率。经营效率的提升体现在，在相同的经营活动中，如设计海报、制作门头、开发小程序、进行叫卖、菜单设计以及顾客招揽等，都能通过优化细节来超越竞争对手。日本学者小山雅明在《最勾引顾客的招牌》一书中展示了一个实验，商场指引海报中加入箭头能够显著提升顾客的转化率，从 20% 提升至 38%。在营销理论的 4P（产品、定价、渠道、促销）框架中，渠道应被理解为涵盖所有帮助销售和交易发生的组织系统的广义概念，而非单纯的销售地点。促销则应被翻译为"推广"，指的是所有促进销售的方法，而不仅仅是打折或让利活动。渠道包括代理商、零售商、运输系统等参与销售和交易的组织，而推广则是企业在这些渠道中开展的一系列活动，如在家乐福进行的促销活动，或是在东方甄选请董宇辉进行的销售推广。麦当劳在广州东站的海报设计就是一个实际应用箭头指引提升效率的例子，说明了细节优化在经营成功中的重要性。

正如稻盛和夫所言，"现场有神明"，只有到现场才能发现并解决问题。在"遇见小面"品牌的服务案例中，我们通过现场观察揭示了顾客对不辣菜品的需求。为此，品牌进行了两项关键改进：一是重新设计了门口的菜单，将辣与不辣的选项清晰标注，以便顾客快速识别；二是在菜单上明确标出价格，消除了顾客对价格的顾虑。此外，将迎宾口号由"不在重庆，遇见小面"更改为"辣不辣都有，辣不辣都好吃，欢迎光临遇见小面"，更直接地回应了顾客的需求，有效提升了顾客的就餐体验和经营效率。在"甜啦啦"奶茶店的服务案例中，我们通过改变服务员的话术，成功提升了利润约 30%。原先服务员会询问顾客"要不要加一份小料"，但这一模糊的提问并未有效促进销售。策略调整后，服务员在顾客点单后会具体询问"加不加椰果"，这种直接而明确的提问方式显著提高了顾客添加小料的意愿。这一细节上的优化不仅提升了顾客的满意度，也显著增加了每笔交易的客单价，从而在竞争激烈的餐饮市场中为品牌带来了额外的利润增长。

我在另外一本书《朋友圈的尖子生》中写道："在任何领域、任何环节、任何事情上，总有人能比你做得更好、更高效。"即使在被认为已无创新空间的行业中，仍有可能涌现出新的创意和产品。例如，北方冬季常用的加湿器，尽管多年来设计一成不变，但小米推出的加湿器通过改进加水方式，实现了设计的突破。类似地，小米在插线板设计上的创新，使得产品变得更薄、更小，并引入了等距离的 USB 插口，这一改变推动了供应链和生产工艺的改进，从而影响了整个行业标准。

建立战略壁垒：创造独特的经营模式

在建立战略壁垒的过程中，企业首先需要明确自身的经营方向，随后通过一系列独特的经营活动来实现这一方向，并形成难以被模仿的竞争壁垒。这种壁垒的强大之处在于，即便企业公开其经营策略，竞争对手也因无法复制其独特的经营活动组合而难以追赶。

南城香快餐连锁的战略定位是"基于北京城区的全时段社区餐饮"。南城香通过专注于北京城区市场，深入理解并满足当地消费者的口味偏好，推出奶香大油条等爆款产品。同时，南城香的中央厨房模式确保了食品的新鲜度和质量，通过限制配送范围在 80 公里内，实现了菜品的现做现送，保持了食品的口感和品质。南城香的全时段经营策略使其能够在社区内提供从早餐到夜宵的全天候餐饮服务，这一策略在商超和写字楼等其他商业环境中难以实现。此外，南城香通过提供高于常规的房产中介佣金来确保优越的门店位置，并通过计件工资制度激励员工掌握多项技能，提高了工作效率和员工满意度。这些独特的经营活动和策略共同构成了南城香的战略壁垒，使其即使在公开经营方法的情况下，也能够保持市场领先地位。

古茗独特的经营活动组合也为其带来了战略优势。古茗在其发展初期便深植利他精神，将加盟商的利益放在首位，这一策略使得古茗在早期获得了加盟优势，并吸引了更多的加盟申请。古茗选择在特定区域集中开店，以便于统一采购鲜果并通过冷链物流进行配送，确保了产品的新鲜度和一致性。古茗的经营策略还包括对加盟商的严格筛选，确保每位加盟商都能够成功经营店铺。此外，古茗推行的异地开店政策，要求加盟商在非本地区域开设店铺，这一策略迫使加盟商更加专注于店铺经营。古茗的这些独特做法，包括不将加盟费作为公司收入而是全部投入到加盟商身上，都体现了其在加盟商中的高认可度和良好的经营状况。尽管古茗的品牌知名度可能不及某些竞争对手，但在经营效率和利润方面，古茗无疑是行业中的佼佼者，在 2023 年，古茗的利润处于行业前三的位置。

营销方法论

冰山下的企业经营

企业经营是一个更为复杂且层次更高的问题，它构成了企业成功的基础。在进行营销咨询时，必须首先理解并掌握企业经营的各个方面。我们往往对营销抱有不切实际的期待，错误地认为营销是企业成功的万能钥匙。这种误解源于我们只看到了企业成功的表面现象——营销活动，而忽视了企业内部的人力资源、财务、培训和产品开发等核心经营活动。我们看到的营销只是冰山的一角，而真正的企业经营活动则隐藏在水面之下。

根据美国营销协会的定义，营销的本质涉及三个核心环节：创造价值、传播价值和传递价值。创造价值指的是企业为顾客提供的独特价值，如"三胖蛋"瓜子因其高品质而受到顾客的青睐；传播价值则是通过各种推广活动，如网红带货或电商平台、广告投放等向顾客介绍并推销产品；传递价值涉及通过物流、经销商和仓储等渠道将产品送达顾客手中，完成交易过程。这些环节共同构成了营销的全过程，也是 4P 营销理论的实践基础。

提高价值，降低成本

营销与品牌的本质，是为顾客创造越来越高的商品总价值，并不断降低顾客的购买总成本。商家向顾客交付的商品总价值越高，顾客的购买总成本越低，竞争优势则越强，需要及时不断提高价值、降低成本。

企业向顾客交付三种价值：功能性价值、体验性价值和象征性价值。功能性价值是产品的基本功能，例如水的解渴作用。体验性价值包括物理和精神体验，如农夫山泉的购买便利程度和硬质瓶子带来的良好手感。象征性价值则是品牌超越功能性的价值，成为某种身份、地位或生活方式的象征，例如穿着 lululemon 瑜伽裤或驾驶劳斯莱斯汽车所代表的个人品位和社会地位。

顾客的购买成本，包括财务成本、心理成本和行动成本。财务成本包括购买的价格以及日后使用时的费用，比如汽车的保养、油费或者电费；心理成本是顾客购买一个品牌的心理层面的思考，比如有些女生认为使用大宝这种平价护肤品会影响自己的个人形象；行动成本就是顾客为购买产品需要付出的行动，比如坐飞机去吃一顿米其林餐厅。

推广三要素

推广三要素包括场景、内容和形式，这三个要素是实现有效推广的关键。场景指的是识别并定位目标顾客群体出现的场所，以便进行有针对性的推广。例如，在 2002 年，《经济观察报》的推广人员会在报刊亭向购买《中国经营报》的顾客直接提供《经济观察报》，这是一种精准的场景营销。同样，美团在乌鲁木齐与饿了么竞争时，通过在饿了么的入驻外卖店内直接向商家推广美团外卖卡，实现精准的场景营销。内容的制定需要考虑目标顾客在特定场景下的心理和行为。比如在大街上发放优惠券，顾客很少会接，因为他们可能正着急去办事或者上班。形式的选择应考虑当前的技术环境和顾客的使用习惯。在流量成本较高的时期，推广活动应避免要求顾客下载应用，而是采用更易于接受的形式，如关注公众号，这样可以降低顾客的参与门槛。在推广过程中，需要强调遵守价值观的重要性，避免使用如"憋单"等欺骗性策略和不诚实手段。这些可能短期吸引顾客的手段，长期来看会损害品牌的信誉和顾客的信任。

精彩问答

Q：您提及了稻盛和夫以及精益管理等理念，那么如果在今天的讨论中，您希望我们能够铭记三个与经营思维方法相关的重要人物或者概念，那么分别是谁或什么？

A：第一个是丰田生产管理法，即精益生产方法。无论在生产制造、科研开发、咨询管理还是其他工作领域，丰田生产管理法都具有广泛的适用性和有效性。推荐有兴趣的人士深入了解丰田生产管理法，并可以参考胡老师在得到平台上开设的精益管理课程。

第二个是稻盛和夫，他的理念要求极高的自我牺牲，如不持有股份、不领取工资等，这在现实中难以普及。然而，稻盛和夫的管理思想仍然被视为一个优秀的典范。我在与客户的交流中，发现有企业家受到稻盛和夫的影响。例如，长春一家名为1949豆腐脑的企业，其创始人虽然缺乏高等教育背景，但通过阅读并实践稻盛和夫的《干法》，采取了以利他原则为指导的严格管理方法，迅速发展壮大，所开设的分店即将达400家。这一案例说明，坚持正直的经营策略虽然可能面临短期挑战，但最终能够带来稳定和可持续的成功。

最后是迈克尔·波特，他在竞争战略领域的贡献被广泛认可。他的五力模型和竞争战略理论，以及他所撰写的"竞争战略三部曲"，都被视为管理学的经典著作，对于理解市场竞争和制定企业战略具有重要的指导意义。

此外，对于营销领域的学习，同时也可以参考小马宋的相关内容，希望能帮助大家更深入地理解营销的本质和方法。

Q：作为营销行业的资深专家，您认为除了掌握推广媒介等基础知识之外，还需要构建哪些知识体系，以便成为一名真正合格的市场部成员和专业的营销人员？

A：在市场部门工作，首要任务是专注于提升自己所负责的具体工作的质量。例如，如果你负责广告投放，那么就应当致力于提高广告的回报率；若你管理店铺，你应该专注于提升转化率；若你的工作是推广，那么你需要着力提高推广效率；如果你从事媒体工作，那么找到核心媒体资源是关键；若你的职责是设计，那么就把设计工作做到最好。你应当在一个细分领域内努力成为超越 90% 的人的专家，然后再逐步扩展知识和技能。在我自己的职业生涯初期，虽然我不敢自诩为奥美广告公司最优秀的文案，但我确实是其中的佼佼者之一。这是通过专注于自己的工作，踏实做好每一件事而实现的。

本文根据作者 2023 年 11 月 2 日在北大汇丰商学院创讲堂的演讲整理而成，经作者审阅并授权发布。

从"无人区"一路走来，百果园 20 年经营思考

余惠勇

百果园集团创始人、董事长

日本著名企业家稻盛和夫曾说"能够经营好水果就能够经营一切"，这句话深深启迪了余惠勇，他抛下国企的工作，投身商海，一头扎入"野蛮生长"的水果市场，大胆推行"三无退货"政策，并取得了令人刮目相看的成绩。这其中的孤勇、他所信奉的信任文化和"家文化"成了百果园今日之成功背后的支柱。

与水果行业的尊严并肩

我于 1995 年底至 1996 年初进入水果行业，当时我曾聆听老行业前辈的教导，其中有一句"水果金，水果土"深深地印在了我的心里。这句话的内涵是，只有将水果生意经营得好，才会获得成功；否则，就会一事无成。第二句"能够

搞水果就能够搞军火"，表明水果生意的成功需要经营者有胆略。第三句则是来自日本著名企业家稻盛和夫的观察，他在一家家门口的水果店中得出结论，"能够经营好水果就能够经营一切"，这深深地启迪了我。

经过 20 多年的发展，百果园在经营层面取得了一定的成就，如今销售额已达 100 多亿元。虽然规模不算巨大，但有两点值得特别提及。首先，百果园创立了水果专营连锁业态的先河。此前，没有人尝试过这种模式，然而，我们成功地打造了连锁经营，在全球水果行业中赢得了尊重。其次，我们的另一个成就在于改变了人们对水果行业从业者的看法。过去，做水果生意的人往往不受欢迎，这一态度导致我们在创业初期招募员工异常艰难，面临人才短缺的困境，更别提吸引高端人才了。听说你在百果园工作，人们会带有异样眼光，认为卖水果还跑到深圳来，家乡没有生意吗？因此，人才招聘一直是我们的一大挑战。然而，我要强调的是，如今从事水果生意的人们已经开始获得了更多的尊严。

百果园向来注重战略规划，自公司于 2001 年创立起，我们的总体构想或者说大的方向至今保持一致，尽管当初我们或许并未将其称为战略。2010 年，我们制定了一项为期 20 年的规划，预计延续至 2030 年。今天的发展和方向基本上都是根据 2010 年的战略规划框架而进行的。随着互联网的兴起，公司形态发生了迅速变化。2015 年底至 2016 年，我们更新了一次战略规划。可以说，这份规划至少可以指导我们走 20 年的路。

我们的发展受到两大驱动因素的影响：一个是战略驱动，另一个是文化驱动。百果园很幸运，在创立之初就具备了非常清晰的价值观。随着时间的推移，我们逐步完善并建立了一套文化体系。事实上，百果园的发展历程就是文化逐步完善、迭代升级的过程。

战略驱动："两驾马车、三根支柱"

如果说战略驱动因素，我更愿意将百果园的战略驱动因素称为"两驾马车、三根支柱"，其背后的逻辑源自我对水果行业机遇的认知。

把握行业三大机遇

零售品牌缺失的机会

从市场角度来看，若市场尚未有相应的零售品牌存在，那就意味着有巨大的机遇。百果园目前主要抓住的就是零售机会。零售市场形形色色、多种多样，但如今百果园所采取的水果专卖连锁模式，是最有可能抓住这一巨大机遇的。

批发龙头缺位的机会

批发属于 B 端市场。在中国，还没有形成"哪家公司在 B 端市场最强"的说法。因此，批发市场是有机会的。在欧洲有一家历经 30 多年的公司，基本上欧洲国家的超市要想经营水果生意，都必须找它作为供应商。这家公司已经取得了巨大的成功，年销售额约 400 亿元到 500 亿元人民币，这是一个很好的参考。在中国，也有一些公司陆续涌现，并且会有越来越多企业加入上市的队伍。

品类品牌升级的机会

个人预测，在接下来的 20 年里，中国食品品类品牌方面将有巨大发展。目前已经涌现出来了一些典型案例，比如茅台酒、农夫山泉、海天酱油等。在农产品领域，水果是最为特殊的，因为水果在创立品牌方面相对独特：与其他农产品不同，水果直接被消费者食用，所以水果的好坏直接影响着顾客的体验。因此，水果可以成为商品，而其他农产品更多地被视为生鲜食材。生鲜食材还有一道最后的工序是烹饪，顾客最后的关键体验环节不被企业掌控，塑造品牌也就相对较难，所以说水果在品类品牌领域有着巨大的机会。举个例子，有个橙子品牌叫褚橙，是云南褚时健先生创立的。在中国，褚橙品牌拥有国内领先地位；在全世界，褚橙尽管还未成为国际品牌，但却有着相当高的知名度。褚橙的特点是难以创立，但一旦创立起来就经久不衰。成为水果品类的第一梯队品牌是非常幸运的，利润可观。然而在中国，公司化运作的农场种植，保守估计有95%的企业是失败的，实际情况可能高达98%。而海外的情况就相对较好，有许多知名品牌。因此，这其中有很多值得探索的地方。

打造最佳业务模式

把握三大机遇后，我们进行了整体布局，扭住重点领域——零售的机会。我们将这个领域称为以百果园为核心的渠道品牌建设。这个渠道品牌的内涵可以用几个关键词来描述，包括"贴近社区""线上线下一体化""店仓一体化"和"水果专卖"。我们可以看到，生鲜领域狼烟四起，竞争异常激烈。在这种情况下，百果园坚定地发展，持续盈利，这并非易事。因此可以说，到目前为止，百果园已经找到了最佳的水果零售模式。这可以体现为三点，一是零售模式。从水果零售的角度来看，门店贴近社区，百果园的顾客体验是最佳的。二是送货服务。水果不仅可以到店购买，还可以送货上门；不仅能够实现当日送达，还可以提前预定次日送达。三是履约成本。履约成本相对最低。

很多人对这个观点不以为然，质疑说凭什么这个店铺模式是最佳的呢？开一家店铺有两种选择：开店和开仓。开店是需要成本的，那么开店的价值在哪里呢？第一，陈列。如果你不需要陈列，那么开店的价值就不大。换句话说，陈列的价值在水果行业中是附加价值最高的。今天你进入百果园的门店和进入生鲜店的体验是不一样的，百果园是不能做所谓打折出清的，因为打折出清货架上马上稀稀拉拉，可感价值会锐减，所以说水果的陈列对于销售决策有着非常重要的影响力。第二，面销。面销又称为深度的社交营销，不需要面销，也就不需要开店。在所有的行业中，水果面销的附加价值最高，因为水果是不断变化的，不同产地以及不同品种都会导致不同口感，都能找到与顾客深度联系的理由。其他产品很少具备这种特点。

因此，在2015年新零售提出要横扫线下店的时候，我曾说过，就算所有的店都会倒闭，最后一个才会是百果园，因为水果店的价值是最高的。

"两驾马车"

我们最初想做好水果，然后逐步锁定在做好吃的水果上，而好吃的水果从种植开始。所以我们很早就介入了生产端。经过了近20年的积累，我们才开始推进品类品牌战略，有机会提出这两大战略。

以百果园为核心的渠道品牌建设

我们的第一项战略，即"第一驾马车"，是建立以百果园为核心的渠道品牌建设。在中国，我们已经开设了5 000多家门店，而我们的整体布局图已经初具雏形，我们的愿景是要将门店数量扩展至3万家，并实现全球化。汉堡可以在全世界畅销，那为什么水果不能呢？世界上有人不吃肉，但少有人不吃水果。这就是我们的"第一驾马车"。

品类品牌建设

我们认识到水果作为品类品牌在优势上与其他农产品不同，也意识到全球存在一些非常强大的品牌，比如大家熟知的佳沛奇异果，虽然它的原产地在中国，但却在新西兰得到了充分的发展。既然世界上存在这样的知名品牌，也就意味着存在机会。因此，我看到了巨大的机遇。然而，建立品牌并不容易，它必须建立在系统之上。没有系统就没有品牌，而这个系统必须是全产业链的运营和掌控系统，在农产品领域没有系统就不能谈论品牌。

我们看到了这个巨大的机会，但品牌建设却充满了挑战。对于运作品牌的逻辑，我们应该是有所突破的，我们知道重点在于零售端。换句话说，今天零售品牌和品类品牌之间天然存在着博弈。然而在百果园，我们不仅开创了零售品牌，还同步开展了品类品牌，这并非易事，因为它对我们的能力要求非常高。

我们自2015年底开始提出了一个20年的计划，即用20年的时间打造100个品类品牌，培育一个又一个的西瓜大王、冬枣大王、苹果大王。这两项战略相辅相成、相互依托、相互支撑、相互推进。我们对水果进行了分级，其中最高的一个等级叫做"招牌果"。所有的招牌果都是按照品类品牌的方式打造的，到目前为止已经有20多个了，这就是品类品牌的成果。

"三根支柱"

信息科技：实现全产业链高效协同

我们坚信信息科技的重要性，因为我们预见到未来的竞争将主要发生在产业互联网领域。产业互联网的本质在于利用互联网技术打通整个产业链，实现全产业链的高效协同。对于一家企业来说，最初阶段的协同主要表现为采购和销售之间的协同。一家企业的成功与否不仅取决于其战略、市场价值和顾客价值，还在于采购和销售之间的协同。

终极的协同必须是全产业链的高效协同，这需要产业互联网来构建。我们早已认识到这一点，因此百果园在信息科技方面投入了巨大的资源，并将其定位为战略支撑的"一根支柱"。尽管百果园规模不算大，但我们在信息科技方面的投入已经相当庞大。目前，我们的信息科技团队拥有上百名员工，每年的支出超过一个亿。我们的目标是建立一套从顾客端到仓储配送、物流、前端以及包装，一直延伸至种植甚至生产资料的高效协同系统。农产品行业之所以效率低下，其中一个重要原因是价值链太长，很大一部分资源都在非协同性上被浪费。想要卖出货物却无法即时供应，或者有大量水果滞销，更不用说仓储配送、物流和生产资料之间的协同和匹配了。

在未来，适应性将成为产业利润的一个重要来源。我认为，在这个领域，如果你的协同能力很强，而别人的协同能力很差，那么中间就会出现 5%—10% 的差距。因此，信息科技是我们的第一根支柱。

金融资本：加强薄弱环节，扩大优势产能

金融的角色在于解决整个产业链中任何环节的资金短缺问题，因为资金短缺会直接影响到顾客的体验。金融的任务是填补资金链的空白。而资本的作用则在于加强产业链中的薄弱环节，从而扩大优势产能。

举个例子，我们在广西百色进行对口扶贫。百色是一个盛产芒果的地方，芒果种植也是当地的支柱产业。我去当地考察时，被那里的芒果的味道深深吸引，但我不明白为什么百果园不销售这样的产品。我立即联系了采购总监，询问为何忽视了这么好的产品。他告诉我，这种芒果的确美味，但无法运输到深圳，因为大部分芒果在运输途中会腐烂，这是由一种真菌导致的，是产业的一个巨大薄弱环节。于是，我在深夜 12 点马上联系并组建攻坚小组，研究如何突破芒果的储存和保鲜问题。后续，百色政府邀请我们提供帮助，我们很有信心，因为我们已经做了研究。我们提出要加强这个重要的薄弱环节，需要资本介入，投资采后的包装厂。如果一个环节薄弱，其他环节做得再好也无法体现整条价值链的价值。甚至，一些招牌果品规模的扩大，也需要金融资本发挥作用。

更进一步，在打造品类品牌方面，我们不再简单地扩大种植规模，在这个领域我们已经总结出了一种方法，称之为"赋能"，也可以称之为"孵化"。我们不仅仅是孵化产品，更是孵化品类品牌。在失败率高达 95% 的情况下，我会从剩下的 5% 中找到与我们理念相通的项目，然后进行赋能，其中包括营销赋能、渠道赋能、技术赋能和资本赋能。我们已经开发的20多个品类都是通过赋能和孵化的方式发展起来的，比如西瓜大王、草莓大王等，其中亦需要资本。

技术研发：高科技、多学科、跨学科的系统技术集成

百果园的研发重点落在种植技术。种植技术绝非我们想象中那样简单，它是真正的高科技、多学科、跨学科的系统技术集成。在庞大的中国农业体系中，我们真正的薄弱之处在于技术领域。中国并不缺少单一技术，毕竟我们有许多农业院校、科学院，我们缺少的是技术的系统集成。所有人都只关心自己的产品，却没有人为最终的产品负责，这是中国农业面临的一个重大问题。

技术的好坏必须考虑到技术体系的完整性，脱离了技术体系谈好坏是无从评判的。得益于我的教育背景和实践经验，我早就开始关注系统性技术体系的构建。目前，中国的技术体系主要围绕产量展开，却缺乏提升品质的技术体系。这是因为整个社会都是围绕着产量展开社会分工，自然而然地形成了一个集成的体系。然而，这种体系已经跟不上当前的需求，我们需要能够提升品质的技术体系。

农业技术的研发重点是消除化肥、农药和激素的使用，运用高科技真正走向环保。消除农药的核心是什么呢？那就是保持树的健康，只要树保持健康，自然就不需要使用农药。我们科学地应用技术，而不是认为施肥越多越好。评判农业技术是否属于高科技的唯一标准是，能否用最低的成本生产出最安全、营养的农产品，从而让农民赚到钱，让消费者买得起，同时也让生产者、农产者获利。这才是衡量高科技的标准，而不是看有多少设施，有多少高空设备或地面机械。

百果园的技术体系分为采后处理与零售研发。与类似的公司相比，百果园在技术领域和技术研发方面一直走在全国前列，我们现在拥有三家独立的公司，每家公司都有一套技术体系来支持我们的生产。首要的研发领域是采后处理。每种水果的采后处理都不尽相同，这直接影响了销售的淡季和持续时间。销售能够延

伸到多远呢？能够到达美国吗？我们目前大量的进口都依赖于技术，这意味着我们的水果可以畅销半年还是只能维持三天？其中的差异是巨大的，因此采后处理的研发至关重要。其次是零售的研发，我们必须与时俱进，在保持不变的基础上不断应对变化。当前主流的是第五代店铺，我们的第六代店铺已经开始迭代，第七代店铺的研发也已经启动。

综上所述，百果园的战略非常简单，我们以"两驾马车"——渠道品牌和品类品牌为主体。"三根支柱"是金融资本、信息科技和研发，这些"支柱"支撑着我们"两驾马车"的发展。这就是我们百果园的整体战略，且是能够支撑百果园走很长一段路的战略。

文化驱动：做一家长期主义、可信任的温暖企业

文化背后的故事：安静的长期主义公司

百果园是一家充满故事的企业。有一次，媒体来采访，我们的一名干部介绍了百果园的特点——"静"。我听后感到非常震撼。我们有一个长期的战略，因此百果园看起来很安静，这正是长期主义的体现，也是百果园的战略。

熟悉百果园的人都会认为，百果园的文化与其他公司截然不同。我认为文化在任何公司中都是必然形成的，无论是否明确提及。这种文化的形成并非来自外部的学习或抄袭，而是逐渐在实践中形成的。以创始人的基本价值观为起点，然后在实践中结合行业特征、时代背景，演变为一种被全体员工认同和遵循的价值观，从而形成文化。如果文化被提炼出来，将成为一种合力，成为整个公司的指引，产生强大的力量。

信任文化

百果园文化的核心点之一就是信任文化。可以肯定地说，如果百果园没有信任文化，公司早就垮台了。信任文化在我们的方方面面都起着关键作用，并已渗透到我们的经营之中。

信任文化的核心内涵

首先，商业的本质在于建立信任。无论是对内还是对外，事实上，商业的本质都植根于信任的基础之上，这包括对员工、股东、合作伙伴以及顾客的信任。商业的经济性、包容性、规模和速度都是在信任的土壤上茁壮成长的。

其次，经营的本质在于经营信任。通过经营，我们建立、维护、巩固和提升对外部的信任，这是经营的真正本质所在。只有紧扣这个核心，我们才能真正把握经营的要义。

最后，经营的根本方法是信任经营。这一点与西方的管理观念有所不同。西方可能更加注重精细管理，而在中国文化的深远影响下，我们强调的是"无为而治"。因此，我们所倡导的大法则便是信任经营。

信任文化在经营中的具象化

加盟形式是我们的信任文化的最具象体现。作为一个从打工到创业的初出茅庐的新手，起初我对于如何经营企业一窍不通。然而，后来我通过不断的尝试和经历逐渐意识到，创业实际上是一种修炼和修行，因为在这个过程中会遇到无数困难和挑战。

我是从江西农科院"下海"到深圳。我创立百果园是在 2001 年，但早在 1996 年初，我就进入了一家农业部的国营企业。在打工的过程中，我形成了整个连锁经营的思维模式。这段经历对我来说刻骨铭心，是我萌生水果连锁店想法的起点。2001 年，我带着几杆"枪"从国营企业出来，创办了百果园，并在 2002

年开设了第一家店。那时候，我们已经在行业里小有名气。作为深圳水果行业里的"外来户"，我的出现引起了轰动，当时，整个行业都在关注我们的第一家店开张。

我一直怀揣梦想，却没有足够的资金去进行广告宣传，面临非常大的压力。在这个行业里，竞争对手众多，我们第一家店是在 2002 年 7 月开业的，到了当年 11 月，深圳已经涌现了 30 多个品牌。我们清楚地知道，如果因为行动不够迅速而错过媒体关注，那么品牌的崛起就会受到影响。在开设第六家店时，我决定开始招募加盟商。按照正常的做法，没有足够的基础建设是无法吸引加盟商的。当时我们资金不足，开业后发现尽管生意火爆到门店前排长队，我们却亏损严重。因此我意识到，不能再继续直营店模式，必须让其他人来经营。于是我逼迫我的首席执行官帮我招募加盟商，并规定他们必须提高速度。那时我了解到广东人喜欢数字"8"，于是我规定每月 8 日、18 日、28 日必须开店。

同时，我们用信任降低成本，作为解决难题的手段之一。在我招募加盟商时，我们面临着一个艰难的挑战。在之前的直营店模式下，经营相对简单，所有货物都是我们自己的，送到门店后无需验收。一辆车大概可以给 5—6 家店配送，大约一小时就能很快送完。但是一旦改为加盟模式，情况就完全不同了。由于加盟商需要对货物进行过秤检查，原来一辆车可以送 5 家店，但改为加盟模式后，到了下午 4 点一个店都还没有搞定。

当时我们面临几个解决方案。第一个，放弃招募加盟商，继续直营店模式，但这样百果园可能会面临倒闭的风险。第二个，每辆车只给一家店送货，但这会导致运费成本激增。如果成本增加了五倍，那么我们就无法发展到今天。

情急之下，我想到了一个降低成本的方法：信任。我提出不再进行验收，货送到后直接卸货，然后将收货单交给加盟商继续往下一个店走。他们签收多少我就认多少，称重时他们说多少我就认多少。我们需要 100% 相信他们的店铺，就这样，我们跨过了第一个难关。从那时起，百果园就一直沿用这种模式，这种信任文化的萌芽就此开始。可以说，如果没有这种信任文化，百果园不可能走到今天的地步。

家文化

由家庭组成的非家族企业

百果园是一个由成千上万个家庭组成的非家族企业。在我们的公司里，夫妻双方或兄弟姐妹都在一起工作是非常常见的。我们最大的"家族"大约有110多人。

百果园内部的这种情况并非个例。这是如何形成的呢？事实上，并不是我有意塑造的。最初，连我自己的妻子都进入了百果园，而我对此持反对态度，甚至我的儿子也是如此。但是情况是逐步发展而来的，我们找不到合适的员工。怎么办？唯有找亲朋好友了，于是他们一个个地加入了公司。

引入高管背后的家文化

在2014年前，我面临了招募高管的挑战。自那年起，我开始积极引入外部高管，至今已经成功引入五六十位部门总监及以上级别的干部，且非常稳定。百果园已形成了独特的家文化，其中家庭成员间的领导关系被视为平常。

我们有一位副总裁，也是首位引入的高管，现已退休。他曾是日本留学生，也是国内首批零售专家之一，百果园在其无法与妻子供职于同一家公司时向他敞开了大门。作为对栽培树木颇有心得的农民，我想树可以成功种植，高管的栽培也是一个道理。通过反复思考，我将栽培树木的经验与引入高管相结合，撰写了《引进高管犹如移栽大树》一文。为了吸引他加入，我前后做了很长时间的沟通，他最终加入了我们，并一直工作至退休，现在依然担任我的助理。这表明了百果园文化的包容性和对人才的重视。

如何将企业文化转为实际行动

文化在每家企业中都有所不同，而百果园则已经形成了独特的文化，即家文化。在我们的公司，家文化的核心是信任。如果没有建立这种文化，公司将会面临重重困境。在我们这里，妻子领导丈夫、丈夫领导妻子很常见，儿子领导父亲同样被允许，这些都不会引发任何问题。

家有家规，司有司法

家文化的核心是破小家立大家，其中的关键是信任。前不久，我对深圳大区的区总职位进行了调整。该管理人员是我的家庭成员，她自公司成立之初便加入，从基层员工逐步晋升至区总。由于她在文化建设上的管理疏忽，导致加盟店出现了违规行为。鉴于此，我作出了调整其职位的决定。这次调整对公司的运营影响甚微，体现了公司文化的凝聚力和指导作用。

解决采购行业贪腐问题

在我们行业中，采购一直是一个令人头痛的问题。产品的特性决定了，贪腐是我们行业的一大隐患。要解决这个通病，文化建设至关重要。然而，该如何解决呢？对于我们来说，唯一的办法就是轮岗，在这个岗位上，员工的任职时间通常不会超过三年。

然而，轮岗也带来了一系列问题。首先是专业度。要成为一名水果采购员，第一年做水果只是初步了解，真正掌握这个领域至少需要三年时间。因此，要培养一位真正的采购、商品经理或者买手，需要至少七八年的锻炼。其次，由于轮岗的存在，当你被调往采购部门时，同事们会以一种"恭喜你啊"的眼光看待你。时间久了，你不走上这条路，别人也会这么看待你，认为你贪腐也是正常的。这是一个严重的问题，不容忽视。

相比于其他设置专门机构监督公司内部贪腐情况的企业，我们百果园采用的是终身采购制度，建立在信任文化之上。首先，能够在百果园做采购他们引以为荣，因为我们只招募品德优良的人才。其次，我们的采购团队还有一个特点，就是稳定性。即使在竞争激烈的生鲜行业，副总监级以上的采购人员也很少被挖走。这是因为他们具备了极高的专业素养，而且在百果园拥有良好的荣誉感和信任感。但只要有举报，我们就会彻底调查。我们的文化建设使得调查工作变得简单明了，因为真正有问题的人根本待不住。这么多年来，虽然我们也遇到了一些问题，但数量之少可以说是微不足道。

总的来说，我想说的是文化的重要性。我们百果园的采购团队以及他们所代表的信任文化，是非常丰富和可贵的。任何人只需简单提到我们的采购团队，就能感受到他们的专业度和信任度。这正是我们信任文化的力量所在。

解锁夜间配送新策略

我们目前正在实行的夜间配送政策也和信任息息相关。过去，我们的配送工作都是在白天进行的，但现在我们转向了晚间配送。为此，我们创造了一种无需人员在场的接收方式：我们将钥匙交给司机，司机将货物搬运进门店。这样就无需支付额外的工资。一年下来，每家门店节约了上百万元的费用。这是一种投入产出比最高的方式，也是独属于东方的无为而治的大智慧。

不设门槛，大胆推行"三无退货"

最后，我想讲的是关于我们的"三无退货"政策。这意味着，任何在百果园购买的水果，无论是个人感觉不够新鲜、不够好吃还是不太喜欢，都可以无需小票、无需实物、无需理由地退货。这背后体现了我们对顾客的100%信任。

这个政策是如何形成的呢？2007年，百果园确定了一个目标，那就是提供更美味的水果，并将其作为我们的核心卖点和战略方向。然而，这也带来了一个问题：无论是因为水果本身品质不佳，还是顾客味蕾感知差异，同一种水果同一等级，总会有人觉得好吃，有人觉得不好吃。这使得我们面临一个巨大的挑战：如果我们不能真正解决这个问题，那么我们的战略就只是空中楼阁。品牌的价值在于兑现对顾客的承诺。要建立信任，就必须兑现承诺。

2007 年，我们最初采用了一种简单的方法，即凭实物退货。然而，很快我们发现了一个问题：买水果与购买其他商品不同，当你发现水果不好吃时，可能已经切开甚至品尝。此时要求退货，但手里拿着水果走到店里的情况是极少的。顾客往往会随手抛弃不好的水果，然后抱怨这家店的水果质量不好。随后一年的实践也确实证明"凭实物退货"这种方法行不通。

因此，我们又想到了只需出示购买小票即可退货的方法，以证明购买发生在我们店铺。但随后我们发现，这也是行不通的。因为购买水果不像购买电器或化妆品，顾客不会保留小票。他们往往会随手丢掉小票，等到需要时声称："我哪里还有小票，早就扔掉了。"于是，我们又尝试了另一种方法，即仅需询问顾客退货的原因，店长确认后即可办理退货。虽然询问了退货原因，但实际上很难找到明确的理由，问了几句顾客就可能生气。因此，我们虽然询问了原因，但实际上并没有得到什么有用的信息。

在这种背景下，2009 年的一次会议上，我做出了一个决定：既然之前的方法都无法解决问题，那就试试"三无退货"。也就是说，无需出示实物、无需提供小票、无需解释理由，都可以退货。当时公司内部的人都感到吃惊，觉得老板是不是疯了。他们表示，尽管百果园经营困难，但我们还要生存，不要把百果园搞垮了。不过，我坚信"三无退货"会奏效。

于是，我们付诸行动。我也不知道是否会导致破产，但我们决定试一试。从 2009 年开始实施"三无退货"政策至今，我们的退货率从 2009 年之前的大约 1.1% 下降到现在，退货量不仅没有增长，反而在缓慢下降。

"瞬间退款"开启线上销售新篇章

2016 年和 2017 年，我们开始线上销售，也实施了线下的"三无退货"政策，但线上又出现了不同的问题，那么该如何解决呢？我们在实现线上线下一体化后，推出了"线上瞬间退款"服务，退款金额由顾客自行决定。也就是说，你在线上购买商品后，无需到线下门店退货。举个例子，假如你购买了苹果、香蕉、梨等五种水果，然后发现其中的梨太酸了，你只需点击一下梨，系统就会弹出一个界面，询问你要退多少。从 0 到 9 折的退款比例由你自己选择。如果你想全额退款就选 0，如果觉得还可以接受就选择对应的折扣比例，确认后退款就会瞬间到账。这种瞬间退款，退多少由你自己决定。我们开发了这样一个系统，使得线上和线下的退货比例持续下降。

这里蕴含着一个深奥的道理，那就是我敢于相信顾客，这也一直是我们的信条。这种信任带来了顾客对我们的无限信任。到了 2019 年，我们实施"三无退货"政策已经有十年。当营销策划部门找到我提议要好好宣传时，我却不甚同意，认为只需继续做好就可以了。他们说这不是在宣传百果园，而是在宣传中国人，宣传中国人是值得信赖的。这个观点让我非常赞同。如果没有中国人值得信赖，又有几个百果园能够挺过这些年呢？

发扬信任文化："十年数据说，可信中国人"

2019 年，我们的营销部门策划了一个名为"十年数据说，可信中国人"的活动，我们在北京的时间博物馆召开了一个新闻发布会，向外界发布了过去十年的数据。我们意识到，由于一些不知名的原因，全世界甚至包括我们中国人自己对中国人都存在一种信任偏见。这对我们的商业产生了巨大的伤害，导致了交易成本的大幅上升，企业只能通过大力营销来推销商品，这导致好货难卖、好货难买，是一个很头痛的问题。但实际上，这种观念是一个误解。

今天美国人强调他们讲究诚信，认为自己是法治国家；英国人则自称绅士国家，以诚信自居；日本夸自己是有文化的国家，也注重诚信。但凭什么说中国人不讲究诚信呢？这些都是主观感性认知，缺乏客观理性认识。百果园运用长达十年的大数据，共有近 10 亿人次参与其中，覆盖了中国的主要地区，这一国民大数据的活动证明了一个事实，那就是中国人是值得信赖的。这具有极其重要的意义，因此我们进行了这样一场发布会。

后来我自己也进行了反思，中国的文化绝对不是其他人所想的那样，中国是一个非常讲究信用和诚信的国家。中国人有一种"吃亏是福"的文化观念，"聪明难，糊涂尤难，由聪明而转入糊涂更难，难得糊涂"。我们总是怕别人吃亏，也有着"受人点滴之恩，当以涌泉报""你敬我一尺，我敬你一丈"的美德。

中国人缺少的不是信任，而是首先给予信任的勇气。百果园就是建立在这种信任之上的，我们首先给予了信任，因此顾客对我们也加倍信任，这让我深感动容。当我们认识到商业的核心在于建立信任时，经营就转变为了经营信任。若我们有所顾忌，那么我们所从事的只是单纯的交易。在交易中，中国人往往会精挑细选。因此，对合作伙伴和顾客无条件地信任，将会带来丰厚的回报。这便是信任的威力所在。

作为一名创业者，我身处一个伟大的时代。虽然我们不可能让每一家企业都跻身世界 500 强，但每家企业都应该有成为受人尊重、伟大的公司的追求。中国正在经历着翻天覆地的变革，我们这一代人一定能够亲眼见证中国的崛起。企业的强大将助推中国更加强大，我坚信我们这一代人将成为中华民族伟大复兴的见证者和参与者，让我们共同努力！

精彩问答

Q：随着互联网的发展，未来品牌趋势是否会以高质量轻奢为主？企业是否应通过创建新品牌来满足消费者对顶级产品的需求，并通过品牌盈利？

A：商业模式的成功与否取决于其能否创造顾客价值。刘强东曾提出"多快好省"的概念，但实际上，"多"和"快"并非所有顾客的本质需求。互联网时代，顾客更注重精准和及时的服务。核心价值在于商品的质量和价格，即"好"和"省"。百果园的战略是提供"好吃不贵"的水果，追求高品质的同时保持亲民价格，满足顾客对美味和物有所值的双重期待。

Q：您如何看百果园的上市？

A：百果园的上市作为一项专业活动，我将此任务交给了专业团队。我的态度是，如果条件成熟，上市自然是好事，但不应因此影响公司的核心战略。我们的重点是确保顾客满意度和加盟商利益，公司的利润是次要的。在推进上市工作时我并不感到过分焦虑。无论经济形势如何，我们都会保持稳健经营，确保公司的长期发展。

本文根据作者 2021 年 9 月 14 日在北大汇丰商学院创讲堂的演讲整理而成，经作者审阅并授权发布。

"真"企业文化，
塑造 LED 显示屏出海领军企业

丁彦辉

艾比森创始人、董事长

"真"，可以是一块至真 LED 显示屏，之于丁彦辉和艾比森来讲，更是真实，是说真话、做实事、展现真性情，可谓一个"真"字树立一个品牌。面对来自美国企业的知识产权起诉，艾比森同样选择坚守真相、坚持斗争，并最后取得了胜利。从丁彦辉和艾比森的故事中，我们将再次深刻感受到"真"的品质，是如此弥足珍贵。

立足 LED 行业，勇当领军者

艾比森集团始创于 2001 年，是全球领先的至真 LED 显示应用与服务提供商。艾比森拥有位于惠州的东江智能制造中心，占地达 108 000 平方米，总投资额高达 10 亿元人民币。该智能制造中心具备年产 100 万平方米大屏幕的雄厚生产能力，是艾比森集团在技术创新和生产规模上的重要支撑。公司总部设在深圳龙岗坂田，与华为公司相邻，且办公大楼内设有多家华为关联公司。这种地理位置的优势为企业带来了与行业巨头的紧密合作机会，同时也促进了技术和信息的交流。

艾比森的产品广泛应用于多个领域，包括广告、企业活动、体育赛事、演唱会以及虚拟拍摄等。位于深圳大中华国际交易广场的 3 000 平方米巨型屏幕，以及在马来西亚为华为 Mate 8 发布会定制的 4 500 平方米广告牌，都是艾比森在广告领域中的杰出代表。在商业显示领域，艾比森的 LED 显示屏正逐步取代传统的投影仪和 LCD 显示屏，特别是在教育和商务会议场合，其无需熄灯或拉窗帘即可清晰显示的优势，使其成为新一代显示技术的首选。艾比森还积极拓展数据可视化领域，通过软件整合智能制造和大数据技术，开发新的应用场景。公司推出的 iCon 产品，是一种标准尺寸为 105 寸的显示屏，旨在满足家庭和会议室等场合的需求。

创业历程："真"的驱动力

企业文化的不断迭代与更新，是企业适应时代变迁、满足市场多样化需求的关键。艾比森的企业文化经历了四个标志性的发展阶段：2001 年的初创期，2007 年的海外扩张与高速增长期，2017 年的品牌文化升级与文化理念梳理，以及 2020 年企业文化 4.0 的调整与发布。

企业文化 1.0：五句话 5 万元笼络三个人

艾比森公司的企业文化 1.0 版本起源于 2001 年公司创立之初的艰苦岁月。我

1996 年来到深圳，通过五年的辛勤工作积攒了 8 万元。我利用这笔资金购买了房产并将其抵押，换取了车辆，剩余的 2 万元，则成了公司起步的资金。企业初创期，我与两位合伙人仅凭 5 万元人民币和五句富有哲理的话，成功地奠定了艾比森的基础：

（1）哀兵必胜"Absen"：此词在牛津字典中并不存在，其构想源于中国古代成语"哀兵必胜"，体现了道德经中"两兵相战哀者胜"的哲学思想，意在表达公司将三位创始人的能量放大至无限大。此外，选择以字母"A"开头的单词，也有助于公司在搜索引擎中节省排名和广告费用。

（2）"资源是会枯竭的，唯有文化才能生生不息"：这句话借鉴了华为任正非先生的理念，强调企业文化的重要性和持久性。

（3）企业不是简单的商品生产组织，而是社会的服务组织：艾比森公司不仅仅是商品的生产者，更是通过商品这一载体满足社会需求的服务者，这是公司的目标和使命。

（4）天底下最容易挣的是钱，最难挣的是信誉：信誉的建立需要依靠内在的品质和自觉，而非技巧。信誉是一种宝贵的资本，能够帮助企业赢得员工和客户的信任。

（5）人的每一件事情都是信誉积累的过程和机会：我们强调信誉的重要性。"宝万之争"时，王石先生以"信用不够"拒绝了宝能老板成为万科大股东，说明了信誉在商业中的核心地位。

企业文化 2.0：一张图发动 300 人

2007 年至 2017 年间，艾比森成功实施了其企业文化 2.0 版本，核心元素之一便是艾比森的"价值金三角"。

"金三角"的右上方标明艾比森的管理理念："以人为本、以仁为纲、虚心学习、持续改善、权责分明、以身作则、胸怀坦荡、包容他人、目标明确、绩效导向、互信互助、团队制胜、系统管理、严谨高效、自由灵活、松紧有度。""金三角"的左上方标明艾比森的经营理念："成功是基于达成目标，创新是企业发展的灵魂，速度和效率是制胜的关键，品质永远是企业的生命线，团队是我们最宝贵的财富，学习力等于创造力、竞争力、生命力，竞争对手也是我们的合作伙伴，为客户创造最大价值。"金三角下方标明艾比森人应具有的精神，如谦卑、坚韧不拔、积极主动、强烈的事业心、忠诚和牺牲精神、步调一致的协作能力。

为进一步确保"价值金三角"中原则的具体实践与执行，艾比森进一步引入了"八句土话"，帮助员工理解并实践公司的核心价值观和管理理念。包括：

（1）"一杆秤"：不管碰到什么事，让一个员工学会不找借口，自己判断事情的轻重缓急，让他学会做选择。

（2）"5分钟"：提前5分钟，让员工学会积极主动。

（3）"受害者"：你做了什么，你没有做什么，才有这个结果，不是抱怨别人，更不是抱怨自己，而是在这一刻你应该采取什么样的行动。

（4）"跟谁是一伙的"：立场是一份非常伟大的力量，它能让你在生命的任何惊涛骇浪中永远立于不败之地。

（5）"对人不对事"：理念和习惯难以改变，我们需要找到这个事情最深层次的根源并加以改变。

（6）"结果不会出卖你"：基于结果看动机，然后推动工作。

（7）"公众承诺是一份力量"。

（8）"今天你说谎了吗"：希望我们说的每一句话都是真实的。

通过这些具体而生动的方法，艾比森公司成功地将企业文化内化为员工的行为习惯，从而提升了整个组织的执行力和效率。到了2014年公司上市时，艾比森以其95%的海外市场、无银行贷款、无偷税漏税、无担保、低存货和高效率等特点，展现了其企业文化的强大力量和实际成效。

企业文化 3.0：一个"真"字树立一个品牌

艾比森公司在 2017 年至 2020 年间进入了其企业文化的 3.0 阶段，这一阶段的主要特征是对"真实性"的高度重视，这一特征在公司历经 2014 年上市带来后的种种挑战后愈发显著。具体而言，在 2007 年的股改期间公司以极低的价格向关键员工提供了股份，这在后来公司净资产从 1 499 万元增长到上市后的 100亿元时，为许多员工带来了巨额财富。然而，这也使得一些员工开始更多地关注股票价值，而非本职工作，对公司的日常运营产生负面影响。

面对这些挑战，公司通过邀请战略专家、咨询专家等开展了一系列的内部梳理和外部咨询，重新聚焦公司核心竞争力。经过深入分析，"真"是公司独有的、未被充分认识的优势。这种"真"不仅体现在产品和服务的质量上，更重要的是体现在公司的运营和文化理念上：坚持诚实、透明和真诚的价值观。

"真"在艾比森的定义中，包括不说谎、不造假、坚持说真话、做实事、展现真性情，艾比森的人和服务都很真实。艾比森的所思所想，包括从不忽悠政府、从不欺骗客户、永远善待员工、绝不拖欠供应商的钱。这一系列行为不仅展现了艾比森对"真"价值观的坚持，也在实际操作中赢得了众多合作伙伴的信任和支持。例如，艾比森能够在没有银行贷款的情况下，通过良好的信用和现金流管理，保持稳定的运营和发展。供应商愿意优先供货给艾比森，因为他们信任艾比森会按时支付货款，而客户则因艾比森的诚信和质量保证愿意支付高达 30%—50% 的订金。

企业文化 4.0：养浩然之气，筑山上之城

在 4.0 阶段，艾比森决定回归基础，真正发挥自己的核心优势，动员全体

3 000名员工，充分利用上市公司的平台资源，进行企业文化和价值观的再次升级。艾比森企业文化4.0的核心思想可以概括为"养浩然正气，筑山上之城"，意在塑造一个守诚信、重品质、敢担当、谋共赢的商业文明标杆。

公司的使命是"让世界绽放至真光彩"，追求极致的真实性，无论是在产品的制造还是服务的提供上，都力求达到至真至纯的境界。艾比森在这一文化阶段，特别强调"至真"二字，追求极致的真，生产至真的产品，提供至真的服务，还原至真的世界。

艾比森的核心价值观由诚信、感恩和负责任三个维度构成。诚信被定义为内心的纯正和诚实守信，强调言行一致，以及结果的实现。感恩则被视为爱的动力源泉，公司提倡五种爱的能力：博爱、自爱、父母之爱、情爱以及对事业和激情的追求。这些爱的表现形式被视为生命动力的源泉，鼓励员工在生活中活出爱、成为爱、传递爱，以此营造一个积极向上、充满阳光的工作环境。艾比森强调个人对组织的服从、努力工作、享受成功的喜悦以及速度和效率的重要性。

在4.0阶段，艾比森经历了多个挑战，其一是中美之间的知识产权纠纷。2018年，随着中美贸易摩擦的加剧，知识产权问题再次成为焦点。一家美国公司对包括艾比森在内的11家公司提起诉讼，涉及多达11项专利。对方提出的条件是艾比森支付3 200万美元以换取三个专利的七年授权。艾比森在美国市场的销售额虽已接近1亿美元，但3 200万美元对于公司来说仍是一笔不小的开支。面对这一挑战，尽管胜诉的可能性非常低，艾比森却依然选择了坚持斗争，并坚持了五年，而非像其他同行那样选择和解。艾比森的坚持最终在2021年6月12日凌晨4点取得了胜利。对方提出和解，愿意放弃所有涉及艾比森的专利并提供赔偿，但艾比森拒绝了这一提议，坚持要求法庭确认对方的专利流氓行为。企业在经营时，面对知识产权问题应持有的态度：一方面要重视和尊重知识产权，另一方面在确实没有侵犯他人权利的情况下，不应害怕挑战，而应勇敢地维护自己的合法权益。艾比森的坚持不仅基于对自身没有侵犯专利权的信心，也源于公司文化中的浩然正气和坦荡态度。

其二，面对新冠疫情的挑战，艾比森化"危机"为"机遇"。2020 年 4 月，由于海外市场因新冠疫情停滞，艾比森转战中国市场，启动了 CD337 项目。该项目旨在中国 337 个地级市发展经销商网络，以占领国内市场。艾比森通过精心规划和快速执行，在短短三个月内成功发展了 600 家经销商，实现了销售额的快速增长。艾比森的组织能力，让公司能够在危机中迅速调整战略并取得成功。随着经济和市场的复苏，艾比森迅速重返海外市场，建立了两级合伙人制度，优化股权结构，并重新确定了管理层收购等措施，制定了"把战略定清晰、把价值观说透、把人用对、把钱分好"的公司四大目标，有效地将危机转化为公司发展的新机遇。

以"真"为原则的全球领先至真 LED 显示应用与服务

目前，艾比森享有客户的高度信赖，其客户群包括如 NBA 和华为等知名组织。艾比森的经营状况稳健，2023 年的订单总额达到 53 亿元，同比增长 51%；收入 40 亿元，增长 45%；净利润约 3.5 亿元，同比大幅增长 52% 至 72%。公司的经营周期显著缩短，从 2020 年的 139 天降至 2023 年的 27 天，2024 年更是缩短至 3 天。

在管理方面，艾比森的管理费用率持续下降，从 2020 年的 7% 降至 2023 年的 4.4%，同时数字化转型赋能企业高效运营。艾比森建立了 16 个关键流程，涵盖从发展战略执行到人力资源管理等多个方面，这些流程对于公司的高效运营至关重要。在艾比森从职能型组织向流程型组织成功转变的过程中，LTC（销售管理流程）、DSTE（战略管理流程）、IPD（产品管理流程）等管理流程发挥了关键作用。

首先，LTC 这一流程涵盖了从潜在客户管理到最终回款的全过程，包括线索管理、商机筛选与验证、合同签订、合同执行、生产管理、产品交付、收入确认、开票回款，以及合同变更、终止和风险争议处理等环节。这些流程能够将企业的日常运营活动规范化、系统化，从而减少对创始人或老板个人时间的依赖。由此艾比森显著提高运营效率，将运营周期缩短至 27 天。

其次，DSTE 是一个全年循环的规划与执行体系，该流程包括市场洞察、战略问题的形成、规划、对标研讨、战略宣讲和沟通，以及战略解码和工作规划的制定。这一规划过程在每年的 3 月、6 月、9 月进行，以确保公司的战略方向与市场变化保持同步。在执行层面，组织决定战略。战略的有效性不仅取决于规划，更在于执行。艾比森通过管理年度业务计划、预算、重点工作、KPI 和运营效率来确保战略得到有效执行。

而 IPD 这一流程强调从市场需求出发，实现端到端的产品开发，涵盖从概念设计、开发、验证到产品发布的整个生命周期管理。产品是公司的第一战略。产品管理不仅涉及产品的创造，还包括匹配相应的组织能力和人才储备，从而确立公司的市场定位。

艾比森集团坚持长期主义的经营哲学。为了激励员工，公司在 2020 年实施了 14% 的限制性股票激励计划，并在新冠疫情期间投入 2.6 亿元增持公司股票，完成了管理层收购。此外，公司还回购了 1.5 亿股票用于员工激励，并继续发行可转债。

艾比森坚守"真"的原则，即不说谎、不造假、不行贿，并强调公司快速周转带来的成本优势，这最终转化为价值竞争力。公司的长期战略可以概括为"内外双攻，掌控节奏"，以品牌、渠道、产品和组织为四大支柱，稳定实现三年百亿的阶段性目标。

肩负社会责任，书写创新创业哲学

企业管理与 ESG

企业家的社会责任主要包括以下五点：（1）无论企业的性质如何，税务局通过税收成为企业的"实际大股东"。（2）企业不仅是社会的一部分，随着规模的扩大，企业本身也成为社会的一个重要组成部分。（3）成功的企业管理需要在员工、客户、供应商、政府、社区和股东等多方利益关系中找到平衡。（4）将企业经营管理好，这是企业家最大的社会责任。（5）维持有限责任的原则，不应将有限责任公司经营为责任无限的公司。

艾比森已经在实践中做了许多符合 ESG 要求的工作。艾比森每年发布企业社会责任报告白皮书，这些报告不仅在海外得到认可，而且在中国推动行业标准的建立。艾比森还积极推动绿色倡议，体现对环境保护的承诺。此外，公司产品通过了碳足迹核查，确保从源头上符合碳排放标准，这对于希望进入欧洲等市场的企业来说至关重要。

"只身闯深圳"的创业哲学

我个人的创业故事可以写作一部"只身闯深圳"的故事，分为故乡庆阳、求学生涯、勇闯深圳、进军国际、创业上市、教育组织、管理心得、社会责任等篇章。

我的故乡位于庆阳，自幼深受母亲和外婆的影响。母亲虽未受过正规教育，但她在处理家庭纠纷时总能以智慧化解矛盾，让我领悟到智慧并不完全源自书本知识。在上小学之前，我曾有一段时间帮助舅舅放羊。在求学生涯中，我并非老师眼中的好学生。我不善表达，想法独特，且不总是听从老师的教导。高中时期，我因健康问题经历了三年几乎与世隔绝的生活，这段时间我几乎不说话，独自跑步、打水、打扫卫生。我发现，人与世界之间时刻在进行能量交换，有时候与世界脱节可能是在积聚能量，准备未来的突破。大学时期，我希望能够到北大学习法律和新闻。在一本英文小说《白衣女郎》中我留下了"深圳打工，北大求学"的书签，寄托了我的志向。同时，我也从王阳明的"格物致知"中领悟到，学习是终身的过程，不仅仅局限于学校教育，而是贯穿于整个生命之中。

1992年大学毕业时，我选择放弃国家分配的"铁饭碗"，转而投身于兰州考公务员的行列。未能如愿以偿并在兰州漂泊了100天后，我又带着对未来的憧憬踏上了前往深圳的旅程。在深圳的初期，我在一家电子厂担任电焊工，后来我加入了海天出版社，参与编辑了一本畅销书《罗兰小雨》。我渐渐发现自己对销售工作充满热情，并在接下来的五年里跑遍全中国的各个角落。来自盐田国际的一笔订单使我获得了3万块钱的提成，这是我在深圳赚得的第一桶金。在五年的打工生涯之后，我攒下了8万块钱并最终决定自己创业。

2001年至2005年间，我们的销售额仅有600万元，经营十分艰难。2005年的一个偶然机会，我将产品卖给了一位伊朗客户。这次交易让我意识到产品可以销售至国外，于是我开始在广交会等场合寻找国际买家，并成功地将产品销往海外。在国际市场上，我走遍了全球五六十个国家，积累了宝贵的经验。为了更好地进行全球化经营，我们还请德勤为我们制定了全球化战略。

公司上市的前五年充满了挑战，每天都在为生存而奋斗。在这期间，我有幸在沙特会见了一位中国名人马继援，他曾是我们这一代人耳熟能详的人物。尽管他当时已88岁高龄，但他对庆阳的赞誉和对自己行为的自省给我留下了深刻的印象。在公司发展的关键时期，我遇到了东方富海的董事长陈玮先生，他在我们公司销售额仅有 2 000 多万元时就预见到公司的上市潜力，并提出了投资和上市的建议。他 2 300 万元的投资为我们的发展注入了活力，并在公司上市后获得了巨大的回报。作为公司的法定代表人，我始终坚持持股，未曾减持。我怀揣着一个远大的梦想，即创办一所大学，希望在 300 年后能超越哈佛大学。我坚信，通过不懈努力和持续投入，这一梦想终将实现。

精彩问答

Q：在当前金融环境和互联网的冲击下，尤其是来自短视频平台的竞争压力，对于坚持真诚和品质的企业来说，您认为应该如何在内卷和国际化竞争中保持本色并取得成功？

A：面对这样的挑战，我的建议是坚守原则和价值观。在面对诱惑和压力时，我们需要坚定信念，保持定力。选择坚守真诚和品质，虽然可能会遇到困难，但最终会赢得市场的尊重和信任。正如我所做的，我选择了坚守，这也是我给所有企业家的建议。

Q：您能分享一下您的学术背景和形成您当前理念的经历吗？

A：我从 2004 年开始，在清华大学接受了两年的 EMBA 教育，随后又分别学习了金融投资和市场营销各两年，总计投入了约八年时间深耕学术与实践。

在大学期间，我曾怀揣两个理想职业：记者和律师。我深信这两个职业能够赋予我追求自由和实现个人价值的空间。然而，经济窘迫等因素促使我离开兰州，在一位转业军人老板的帮助下，我带着 40 元钱前往深圳寻求新的生活机会。

我之所以选择深圳，是因为听说这里机会多，即使是卖瓜子、擦皮鞋也能赚钱，这让我看到了偿还债务的希望。

我热爱祖国；我相信，人的胸怀和视野应当超越地域和血缘关系的局限。在大学和深圳，我逐渐认识到，不论是在城市间还是在国际舞台上，我们应有身为中国人的共同责任感。我认为，真正的连接不应仅仅基于地域，而应建立在共同的价值观和精神追求上。我希望通过我的倡议，能够感召更多的企业和个人，共同打造一个更加文明和谐的商业环境。

本文根据作者 2024 年 3 月 21 日在北大汇丰商学院创讲堂的演讲整理而成，经作者审阅并授权发布。

动态效率：企业永续增长的核心

陈科
安踏集团首席运营官

　　陈科博士，安踏集团首席运营官兼集团管委会成员，前罗兰贝格管理咨询公司全球高级合伙人，专注于消费零售行业二十年。他不仅精于品牌战略的持续优化调整，更在长期的实战工作中，积累了丰富的关于企业创新转型、长远规划的洞见。

以"动态效率"寻找成功

　　陈玮：您最近创作了一本书《动态效率》，您能否向我们解释一下"动态效率"的概念，并分享一些相关的案例？

　　陈科：动态效率强调创新和适应性，它并非新概念，其根源可追溯至古希腊色诺芬时期。在当前的经济环境下，随着人均 GDP 的增长，消费者的需求从单纯的成本节约和效率提升转向了对服务和体验的追求。企业要想持续成功，就需要理解并适应这种变化。

我的书《动态效率》分为五篇。第一篇讨论了"乌卡"时代——一个变动、复杂，充满不确定性和模糊性的时代，并从历史发展进程中寻找相对确定的规律。第二篇至第四篇则聚焦于成本、效率和体验这三个核心要素。在我看来，成本不仅仅是节约，而是关于如何做出精准的最优选择。效率则关乎在分散的注意力中如何迅速抓住消费者的认知。至于体验，则是关于如何从消费者的角度出发，提供真正的价值。在不确定的环境中，建立确定性是关键。在第五篇，我定义了"好企业"的概念，强调企业不仅要做大，更要创造社会价值，即持续地为消费者和用户创造价值。《动态效率》的核心在于通过动态平衡需求与约束，找到最佳点，并提供实践方法和理论指导。

陈玮：请您简要描述一下您观察到的周期和规律，并说明如何在这些周期中找到确定性或原则性指导。

陈科：我注意到一些明显的周期和规律，可以用"从小到大""从易到难""从基本到升级"来概括。以中国为例，零售行业的变迁尤为典型。国美和苏宁等企业曾经是连锁零售的典范，但随着时间的推移，消费需求的变化导致了市场格局的转变。最初，大型家电和家居建材行业因为满足了普遍的消费需求而繁荣。随后，随着消费者需求的升级，智能家电产品成为主流。再之后，更注重性能的服装渠道品牌开始受到青睐。这些变化反映了人们需求的演进，成功的企业能够捕捉并适应这些趋势，无论是有意还是无意，它们都能够顺势而为，实现发展。

谁能成为弄潮儿？

陈玮：企业家们都希望抓住时代的浪潮，但如何做到这一点？即使看到了浪潮，为什么有些人能够成为行业的领导者，而其他人则没有？

　　陈科：我在《动态效率》的第一篇中分析了全球主要经济体的周期，将其分为萌芽期、增长期、调整期和成熟期。每个阶段的特征不同，比如人口出生率、GDP 和业态发展等。在萌芽期，资源通常是垄断的，而增长期则见证了出生率高、劳动力充足和城镇化的快速发展，这一时期消费主义开始盛行。调整期通常伴随着 GDP 的低增长和人口老龄化的加剧，而成熟期则可能面临 GDP 的负增长和老龄化的持续加深。

　　了解所处的周期性特征有助于理解消费特征和需求，以及当前的约束因素。例如，中国之所以能够快速发展，是因为我们开放了国界并深度参与甚至引领了互联网变革，这两者的结合在短时间内释放了约束因素，而生产力的增长跟上了这一节奏。

　　至于为什么有些企业能够持续成功，而其他企业则衰落，原因在于企业是否能够适应当前的需求和趋势。在快速变化的市场中，那些能够快速满足需求的企业往往能够胜出。然而，随着市场的发展，对精致和体验的需求增加，那些只注重速度和价格的企业可能会发现它们的模式不再有效。例如，百思买在中国的失败，尽管它引入了先进的 B2C 和消费者体验概念，但在当时，快速满足中国消费者对产品和价格的基本需求才是核心。因此，那些采取快速扩张策略的企业在那个时期更为成功。但随着时间的推移，市场的需求和消费者的期望发生了变化，那些不能适应这些变化的企业又会面临新的挑战。

　　陈玮：对于企业家和领导者来说，审时度势的能力至关重要。您提到的周期、规律和约束因素都需要这种能力。

　　陈科：是的，在过去，有些企业可能只是模仿并沿用现有的模式，而在需求大于供给的时代，许多企业无意中就取得了成功，就像人们常说的"挤上了电梯"。但随着市场的发展，当原先的"电梯"不再存在，企业家需要真正的能力来应对挑战。

在书中，我也强调了成本、效率和体验的重要性，并对这些概念进行了重新解释，赋予了它们优先级。企业应始终以消费者体验为核心，因为最终目标是满足用户需求。有时，企业甚至需要解决消费者自己可能尚未意识到的痛点。为了实现这一点，企业需要在成本和效率上找到平衡。成本不仅仅是节约，而是要做出最优的选择；效率则是在分散的注意力中迅速抓住消费者认知的能力。这样，企业才能在竞争激烈的市场中持续成功。

陈玮：在当前复杂多变的环境下，企业家如何能够审时度势，分析和判断市场规律和周期，从而获得独特的洞见？

陈科：审时度势确实变得越来越具有挑战性。过去，企业家可能通过专注于渠道或品牌建设取得了成功。然而，随着市场的发展，这些方法可能不再足够。企业家需要具备战略视角，将品牌、产品、渠道等多个维度结合起来，以适应主流消费人群的变化。在高度集中的行业中，新进入者要想通过传统方法获得成功变得非常困难。相反，企业家可以在大品类中寻找小品类的机会，或者在已知市场之外寻找非竞争市场的机遇，通过创新来重新创造市场。

企业家的战略思维也十分关键。企业家应该考虑成本领先和规模化，寻找蓝海或差异化的机会，或者在新的需求领域中创造全新的解决方案。例如，一个大学生通过创新的"气味"闹钟设计解决了人们不想被吵醒的痛点，创造了新的商业模式。

企业家应该回归到需求的本质，而不是仅仅在产品层面进行优化。例如，相较于回答"什么样式的相框更好"，思考消费者希望通过相框传递什么价值诉求将会有更大的价值。我的书中提供了系统的方法论，帮助企业家改变认知，找到创新的路径。

利用框架思维搭建专属核心竞争力

陈玮：您提到的"气味"闹钟例子展示了一种根本性的重新定义问题的方法，它打破了传统的思维框架。您能否进一步解释您所说的战略视角和战略思维？

陈科：战略思维的核心是做出最优的选择。它要求我们识别和解决需求与约束之间的问题，并在决策过程中从简单到复杂、从宏观到微观地进行选择。选择是战略中的首要问题。

在考虑战略转型时，我认为有四个关键维度需要考虑：

（1）市场规模：选择一个大的市场空间而非局限于小众领域。虽然在某些国家，成为细分市场的领导者也是一种成功的策略，但在中国市场，我们更倾向于选择有较大发展潜力的领域。

（2）行业增长速度：选择一个增长迅速的行业。有些行业正处于高速发展阶段，这些行业提供了更多的机会。

（3）行业竞争程度：选择竞争相对不那么激烈的行业。如果行业竞争过于激烈，就像在拥挤的道路上行驶，难以加速前进。

（4）自身实力：我们需要确保自己的产品和品牌在市场中具有竞争力。这要求我们清晰地定位自己的产品和品牌，以便在竞争中占据优势。

通过这些维度的考量，企业家可以更好地制定战略，把握市场机会，并在变化的环境中保持竞争力。

陈玮：关于核心竞争力，有人认为它可能被取代，失去了原有的意义。您如何看待这个问题？如果核心竞争力仍然重要，中国企业家应如何构建？

陈科：核心竞争力与核心能力不同，核心能力可能更通用，但核心竞争力应该是企业的独特优势，难以被模仿且随企业发展而增强。例如，品牌建设和市场理解能力可以成为核心竞争力。成功的企业能够通过密集的市场布局来加强这些能力，而不是让它们被稀释。以便利店为例，组货能力和渠道布点能力是其核心竞争力。成功的便利店通过在小区域内密集布点来满足消费者需求，从而增强其市场地位。同样，美的集团的成本领先优势随着规模扩大而加强，不易被取代。

核心竞争力必须基于真实的市场需求，创造顾客价值，如个性化和体验。企业应将标准产品转化为非标准产品，以满足顾客需求。这种能力如果稀缺、难以获取且不可替代，就是真正的核心竞争力。因此，中国企业家在构建核心竞争力时，应关注独特性、价值创造、稀缺性、不可替代性、持久性和适应性。这些原则有助于企业在竞争激烈的市场中建立持久的竞争优势。

陈玮：您提出的四维度框架为企业家构建核心竞争力提供了重要指引。请您用这个框架，特别是成本、效率、体验方面，解释几个具体场景。

陈科：元气森林在饮料市场成为黑马的案例值得关注，它发现了一个特殊的市场需求——消费者对健康碳酸饮料的需求，并通过推出无糖气泡水满足了这一需求，迅速占据市场。这说明即使在竞争激烈的市场中，通过精准定位市场需求和矛盾点，新品牌也能有所突破。

此外，对于像完美日记这样的品牌如何避免一夜成名后迅速衰落，以及老牌企业如何重整旗鼓的问题，关键都在于持续创造价值和跟上需求的变化。企业需要不断创新，适应市场需求的变化，从而维持竞争力。

至于国际化成功的关键，如安踏收购斐乐（FILA）并成功重塑品牌，主要也在于是否能够适应并满足新市场的需求，并且重新定义企业角色，融入当地市场，而不仅仅是将海外市场视为国内市场的延伸。

通过这些分析，我们可以看到，无论是新兴品牌的崛起、老品牌的重生，还是企业的国际化战略，核心都在于如何识别和满足市场需求的变化，以及如何在不同市场环境中重新定位自己，从而构建和维持核心竞争力。

陈玮：您非常擅长总结框架，这对提高思考效率非常有帮助。这种框架不是随意构想的，而是通过大量实践和观察总结出来的，为我们提供了结构性思考的指导。请问您是如何培养这种总结思维能力的？

陈科：这主要涉及两个方面。首先，与我的成长经历有关。其次，更重要的是我近20年的工作经验，尤其是在战略咨询领域的经验。战略咨询的核心在于结构化思维能力，它要求你将问题结构化，找出核心，为客户提供有效的解决方案。缺乏结构化思维能力会导致混乱，难以找到解决问题的途径。在管理和战略领域，我们需要回归基本常识，认真思考问题，避免追求华而不实的策略。任何不符合常识的做法都应该引起我们的反思，并做出相应的决策。

案例洞悉

陈玮：关于元气森林，它主打健康、无糖，特别是使用了赤藓糖醇这种昂贵但口感接近蔗糖的代糖。它在宣传中强调这一点，并取得了成功。但现在市场上出现了很多类似的无蔗糖产品，面对这种情况，元气森林如何继续创造价值，避免昙花一现？如果您是CEO，您会怎么做？

陈科：企业建立核心竞争力后，首要的就是扩大战果。元气森林发现了市场需求，并迅速占领了市场份额。它不仅在线上建立了品牌认知，还迅速在线下铺货，几乎覆盖了所有主流渠道。它的快速市场布局建立了高门槛，使得新进入者难以竞争。尽管市场不可能完全被垄断，但元气森林作为破坏者，已经取得了显著的市场份额。到2021年上半年，它的无糖气泡水销量达到了1亿箱，表现非常出色。

陈玮：在教育行业中，人们对个人成长和发展的需求很明显。但同时，时间是一个重要的约束因素。面对如此多的信息和选择，我们如何在有限的时间内做出最好的选择？有没有可能产生新的模式或突破来解决这个矛盾？

　　陈科：虽然我对教育行业不是特别熟悉，但我认为这与思考角度有关。第一个，就像品牌建设一样，我们需要给听众一个理由来参加这场直播。可能是因为北大汇丰的名声，或者是因为对陈玮教授的信任，也可能是因为对我感兴趣，或者是对我们两个人的组合感到好奇。"创讲堂"有其核心受众和明确的定位，它不是轻松的鸡汤类节目，而是专业分享与专家闲聊的结合，这种形式有其独特之处。关键在于是否所有人都意识到了这一点。如果我们能通过某些方式让更多人了解"创讲堂"，包括进行爆炸性的大规模宣传，邀请重量级人物参与专家夜谈等，这都可以进一步提升品牌认知度。

　　第二个是利用时间。时间是现代人最大的约束之一，除了时间，还有空间、自愿性和注意力等因素。我们的注意力很难集中，能够完整地听完一场90分钟的直播也是一项挑战。那么我们如何吸引并保持他们的注意力呢？这可以从提高谈话的可听性入手。陈玮教授之前提到，应该多讲案例，这样可以增强听众的感知，而不仅仅是空谈理论。今天的对话，我认为是符合"创讲堂"风格的，我们不仅让听众听得愉快，还帮助他们建立起一套思维认知体系，这套体系可以在日常生活中解答问题，或者帮助他人解决困惑。这就是听众花费90分钟所能获得的收获。如果每次来"创讲堂"都能有这样的收获，就会逐渐形成口碑。

　　对于教育机构如何扩大规模、实现突破，我认为教育行业也是一种大众消费形式，可以从以下四个方面考虑：

　　（1）开拓市场：比如开设双语直播，扩大受众范围。如果今天的听众不懂中文，可能就会选择离开。

　　（2）丰富产品：在教育行业，这意味着拓展不同类型的教育产品或直播课程。例如，商学院可以开设 MBA、EMBA 等多样化课程，增加产品种类有助于扩大市场。

（3）拓展受众：今天的听众可能属于某一类消费者群体，但也可以针对其他受众群体开设课程，如吸引"00 后"学生，从而拓展新的受众群体。

（4）迭代价值链：我们今天的对话内容丰富，很大程度上是因为陈玮教授和我在各自领域的经验积累。如果我们将这些经验产品化，在价值链上进行模块化，那么就可以借助科技手段实现内容的复制和传播，释放约束因素。通过地域、消费受众、产品类别或组件，以及整个价值链条的产品化，我们可以拓展出更多的增长空间。

本文根据作者 2022 年 12 月 20 日在北大汇丰商学院创讲堂的演讲整理而成，经作者审阅并授权发布。

益企同行

朴素式创新："Do more with less"

纳维·拉德友（Navi Radjou）

全球 50 大管理思想家之一（Thinkers 50）、TED Speaker

　　纳维·拉德友在印度南部的庞迪切里长大，20 世纪 70 年代的资源匮乏和贫困的家庭背景让他学会了珍惜资源，节俭生活。即便在移居美国后，他依然保持着简朴的生活方式，并对如何在资源稀缺的环境中实现创新燃起了兴趣。经过 15 年的对新兴市场创新者的系统性研究，纳维对"朴素式创新"有了深刻的认识，并致力于推广这种理念，希望借此改变更多人的生活，推动社会进步。

　　研究发现，无论是发展中国家还是发达国家，朴素式创新都在兴起，在资源受限的发展中国家更为普遍。在低科技领域，印度陶土技工马苏克巴亥（Mansukhbhai Prajapati）成功创造了一种黏土冰箱，无需电力即可保鲜食物数天。同样，斯坦福大学的学生们，通过"极限经济性设计"项目，开发了 Embrace 产品，以传统婴儿保温箱 1% 的成本解决了发展中国家婴儿恒温用电过高的问题，挽救了 300 000 名早产婴儿的生命。在高科技领域，2015 年印度航天局在一周内成功发射飞船进入火星轨道，项目成本仅为 NASA 的十分之一。由于预算限制，印度航天局依靠其国内 IT 人才开发软件进行模拟和测试，这一策略成就了印度低成本宇宙探测的奇迹。

这些独创性的例子体现了朴素式创新（jugaad innovation）的核心精神，即"朴素创新"与"节俭创新"。朴素创新指的是利用本土的、本地开发的技术进行创新。节俭创新则强调节约资源、经济或节俭的创新。朴素式创新的思维不仅要求节约资源，还得灵活运用本地资源、技术转化创新。

朴素式创新的三个要素

朴素式创新精神强调接受资源稀缺的现实，并专注于充分利用有限资源来解决问题。在新冠疫情期间，全球面临呼吸器、呼吸机和面罩的严重短缺。戴森公司通过改装吸尘机部件，制造了 10 000 台临时呼吸器，供应给英国及其他国家的医院。同时，意大利一位医生将迪卡侬公司的潜水面罩改造成呼吸器，通过 3D 打印技术大量生产。这些创新为挽救生命提供了关键支持。

朴素式创新还要求敏捷性，即挑战现状，对商业模式、产品设计和工作流程提出问题。1999 年，法国雷诺汽车公司首席执行官路易·施韦泽（Louis Schweitzer）提出生产售价 5 000 欧元的汽车，推出了 Logan 品牌。随后，雷诺基于 Logan 的设计推出了 Kwid、Kwid Electric、Dacia Spring 等产品，这是西方历史上首次将发展中国家的车型引入西方市场，体现了逆向创新的概念。海尔公司也展现了类似的敏捷性。一次客户使用洗衣机冲洗土豆导致堵塞的事件，促使海尔优化了洗衣机的设计，以满足客户的潜在需求。

朴素式创新倡导包容性，关注社会边缘群体的需求。印度企业家哈里什·汉德（Harish Hande）通过创新改变了传统供电模式，采用每日小额支付的方式，为偏远乡村的贫困人口提供太阳能发电，这与硅谷在开发如 iPhone 这样的高端产品时所采取的创新路径截然不同。此外，法国金融科技公司 Compte Nickel 通过仅 20 欧元的固定费用，为传统银行体系外的贫困人口提供银行服务，费用仅为传统银行的十分之一。这表明，无论是亚洲发展中国家还是西方发达国家和地区都开始关注朴素式创新的潜力。事实上，欧洲 22% 的人口面临贫困危机，美国 65% 的居民无法凑齐 500 美元的垫付医疗费用，收入差距问题埋下了未来社会排斥和不安的种子。此外，西方各国面临气候变迁引起的灾害，夏天面临热浪来袭，环境遭受严重破坏；美国加利福尼亚州和南欧各区正迈向水源短缺的紧张局势；受俄乌冲突牵连，法国面临天然气断供的风险，社会开始重视能源供应安全的结构性问题。诸如此类的社会挑战、生态挑战和资源挑战历年加剧，迫使西方发达国家也开始考虑朴素式创新。

朴素式创新的两条原则

在与贾德普·普拉胡（Jaideep Prabhu）共同撰写的《朴素式创新》(*Frugal Innovation: How to do more with less*) 一书中，我们探讨了如何在资源受限的条件下实现创新。书中提出的核心理念"花少办多"，即指在创造更多经济、社会和生态价值的同时，巧妙地最小化或最优化资金、能源、水、时间等资源的使用。

朴素式创新的第一条原则主张灵活运用资源，通过提高资源的流动性以创造更多价值。借鉴新冠疫情的案例，全球各地在疫情期间为了应对缺乏医生的困境，开始采用远程医疗服务，让医生通过视频讨论诊断疾病。法国一家远程医疗服务平台 HelloCare，其流量在 2020 年增加了 10 000%。中国的东软集团也积极提供远程医疗服务，帮农村老年患者治疗糖尿病等慢性病，在中国国内得到积极推广。另外，东软集团的远程医疗服务方案被推广到非洲等新兴市场，在津巴布韦安装了第一台 128 片先进 CT 扫描仪，打破了传统西门子、飞利浦和通用电气医疗保健公司等在高端医疗机器市场上的垄断。

另外，各国开始出现针对特定市场需求提供朴素式创新方案的初创公司。针对水资源渐渐稀缺的困境，以色列的初创公司 WaterGen 借用了吸收空气中湿气的技术，从中生成饮用水。针对荒野偏僻地区无电池和电网连接的困境，法国的 Dracula Technologies 公司研发了用微小光伏太阳能电池提供充电的方案，以解决日后"物体互联网"各产品急需持续供电的需求。此外，一些西方国家因缺棉花而采用回收衣服并提取纤维的方式来制作新衣服，例如法国启动了欧洲最大的纺织品回收工厂，同时在工厂雇用社会弱势群体，为生态环境和社会带来正面贡献。人类也可以运用现有的数据创造更多价值，如印度的初创公司 AlgoSug 通过 X 射线设备获取二维数据，然后利用算法、人工智能将其转换为三维图像，免去了 CT 扫描仪或核磁共振成像仪的高昂资产开销。

朴素式创新的第二条原则主张再生解决方案的概念，即提出新的战略、新的商业模式，以促进人类、社区和生态的生命与活力。这种理念与可持续发展有所不同，后者更多关注减少伤害，如联合利华推出减少 25% 碳排放的除臭剂罐，或李维斯使用回收塑料瓶制作牛仔裤等举措。再生解决方案则旨在通过新的战略和商业模式，为人类、社区和生态带来正面的影响。例如，巴西的化妆品公司 Natura 与亚马孙热带雨林中的原住民合作，以可持续的方式采集树木的种子，生产全新的护发产品系列，这不仅为当地原住民社区带来了价值，还维护了亚马孙热带雨林的生态环境。英特飞（Interface）作为世界领先的地毯生产商，成功推出了负碳产品，其生产过程中吸收的碳量超过了排放量，同时，工厂还将产生的饮用水和清洁能源无偿提供给当地社区，实现了环境绿化和社区福祉的双重目标。在法国东部，一家生物提炼厂通过发酵制糖业和甜菜种植业中的农业废料，提取出七种有机酸，这些有机酸可应用于化妆品、制药、溶剂等多个行业。该厂的供应商和客户都在 200 英里范围内，因此形成了一个"本地生物经济"，即在当地采购天然原材料，创建生态系统，这与中国的第一个生物经济五年规划的理念相契合，具有很高的参考价值。这些案例展示了如何通过创新为社会和环境带来积极变化，而不仅仅是减少负面影响。

借鉴创新思维需汇集全球智慧

面对诸如疫情、气候变化、水资源短缺等无边界的全球性挑战，每个人都可能受到影响，无论是富人还是穷人。在这样的背景下，朴素式创新的思维需要跨越东西方的界限，汇集全球的智慧和创造力。

维巴德·查布拉（Vaibhad Chhabra）和他的妻子里沙（Richa）创办了一个为期两周的 STEAM（科学、技术、工程、艺术和数学）集训营，这是一个与全球顶尖商学院、工程学院和国际机构（如 UNNICE、GIZ 等）合作的项目。该项目旨在向年轻人介绍联合国的 17 项可持续发展目标，并鼓励他们通过动手实践来理解和解决贫民窟居民面临的问题。参与者不仅能够设计出创新的解决方案，还能获得证书，证明他们对环境、社会和治理（ESG）议题的浓厚兴趣和实践能力。

这种结合教育与实践的方法，不仅培养了年轻人的创新思维和问题解决能力，还为他们提供了一个平台，让他们能够对全球性问题做出实际贡献。通过这样的合作和教育项目，我们可以期待培养出更多具有全球视野和社会责任感的创新者，共同应对未来的挑战。

朴素式创新的实践

朴素式创新的理念可以从三个层次进行理解和实践：

（1）节俭的产品、服务和流程：专注于开发价格合理、设计简洁、功能灵活的解决方案，满足基本需求，同时响应社会和环境目标，如联合国可持续发展目标，以此获得市场竞争优势。

（2）节俭的商业模式：企业通过优化资源利用，不仅减少成本，还创造更多经济、社会和生态价值，实现战略层面的竞争优势。

（3）创新的精神模式：将节俭、敏捷性和包容性融入企业文化和思维框架，通过朴素式创新思维模式，与用户价值观相契合，创造新需求并推动持续创新。

精彩对谈

陈玮：您的童年经历和您提出的朴素式创新理论，两者之间有什么联系？

纳维·拉德友：童年时期的多元文化背景和在法国 20 世纪 70 年代种族歧视盛行的环境中成长的经历，让我对贫困有了深刻的认识。在贫困社区的生活教会了我，人们的价值不仅仅在于物质资源，还在于同情心、怜悯、善良和智慧等内在品质。物质的匮乏迫使我利用街上被遗弃的物品制作玩具，过上了节俭而简朴的生活。在这种环境中，我见证了人们如何在有限的资源中找到创造性的解决方案，体现了浓厚的人情味和慷慨精神。

1999 年移居美国后，我的物质条件渐渐充裕起来。尽管如此，我依旧保持相对简朴的生活方式，并对美国人对个人自由的重视和对社会创业概念的积极支持深表赞赏。但在硅谷担任技术工程师的经历中，我目睹了富裕社会中的资源浪费，以及精英们研发与社会需求脱节的技术，这与我在发展中国家的所见形成了鲜明对比。

这些经历激发了我对新兴市场中创业者的研究兴趣，渴望了解他们如何通过朴素式创新来满足贫穷社区的基本需求。在全球面临气候变化和资源稀缺的挑战下，我认为我们必须跨越国界，汇聚资源、想象力和智慧，共同思考和应对未来的灾难。这种认识成为我提出朴素式创新理论的基础，旨在推动创造性地利用有限资源，实现更广泛的社会和环境效益。

陈玮：从匮乏走向富足的生活，您是如何远离攀比心理，不羡慕别人的生活水平？

纳维·拉德友：我从小就为自己的生命赋予了一种使命感，那就是成为东西方文化的桥梁。英国诗人吉卜林曾写道："东方是东方，西方是西方，两者永远不会相遇。"然而，我认为我的使命正是打破这种界限，促进东西方之间的交流与理解。我将西方比作"阴阳中的阳"，它向外索取；而东方则是"阴阳中的阴"，它向内寻求价值，致力于培养和追求内在的丰富。

作为这样的桥梁，我不偏袒任何一方的思维模式，而是主张建立更多平等的交流平台，因为全球性的挑战和灾难需要双方的共同合作来解决。因此，我从不羡慕生活水平高的群体，因为我的人生使命并不是为自己谋取物质财富，而是致力于让世界在精神和情感上变得更加富有。

在近 25 年的研究生涯中，我始终围绕如何倡导世界从竞争走向合作提出方案。我的所有学术研究都聚焦于合作、共同创造和开放式创新的主题。我最为关注的是如何将社会和人类的多样性结合起来，共同追求更伟大的目标。

对于西方试图从外界物质世界中追求无限的行为，我表示理解，但我个人更偏向于东方的思维，试图从内心寻找无限。东西方的思维都暗示着人类追求无限的精神需求，希望与万物相连并得到接纳。我从东方哲学，如孔子的教育、佛教和印度教的教义中汲取精神滋养，因此我不会嫉妒或批判西方的物质主义，因为我的内心已经十分充实。这种内在的充实让我远离了攀比心理，专注于实现自己的人生使命和价值。

陈玮：在《朴素式创新》一书中，您谈及了"少而精"的战略，这正与绝大部分企业领导者追求增长的思维模式冲突，您如何在践行这一战略的同时维持生意的业务发展？

　　纳维·拉德友："少而精"的策略并不是以减少销量为目标，而是提倡以创新的方式进行销售。第一个例子是艾琳·费舍尔品牌。这家美国服装公司放弃了快时尚的商业模式，转而采用慢时尚的理念，推出数量有限、耐穿、设计精美的高质量服装，并且价格相对较高。与众不同的是，该品牌大部分的承包商来自中国，不仅支付高于行业平均水平的工资，而且为工人提供医疗保健和教育福利，强调社会责任感。艾琳·费舍尔通过提升承包商的生活水平，赢得了他们的忠诚和技术支持，从而提升了产品质量和品牌形象。这种注重社会价值的商业模式赢得了新一代顾客的支持，成功地吸引了一群忠实的粉丝顾客。

　　第二个例子是丰田汽车公司，它宣布到 2030 年将限制汽车销量，并逐步转向提供交通移动服务。丰田的目标是从一个传统的汽车制造商转变为一个交通移动解决方案的提供者，通过建立一个生态系统，与其他行业参与者合作，提供从 A 点到 B 点的多种交通方式。丰田将专注于提供端到端的用户体验，成为一个经验丰富的协调者，这与传统的汽车销售模式有很大的不同。

　　第三个例子是迪卡侬，它改变交付方式，从传统的一次性购买转向订阅模式。迪卡侬在比利时试验了一种新的服务，允许用户除了购买运动器材外，还可以选择按天付费租用，实现了从"按需购买"到"按需租用"的转变。这些例子都说明了通过创新的商业模式和交付方式，即使产品数量减少，企业也能够实现更好的销售效果和顾客满意度。

　　陈玮：在新的商业模式转型期间存在业绩下滑的风险时，如何说服社会和投资者采纳新的方案，接受短期旧商业模式的损失？

　　纳维·拉德友：商业模式的转型对于任何公司来说都是不可避免的，因为没有哪个行业能够永久持续。以丰田汽车公司为例，这家日本企业为了转型已经筹划了 15 年，通过在不同地区开展试点项目，收集反馈数据，不断优化和迭代，最终向股东展示了可靠的数据支持。尽管新的商业模式在规模上还不足以影响财务报告，但丰田通过试点实践快速掌握了转型的关键，并不断改进其商业模式。在未来 7 年里，丰田计划同时进行汽车销售和交通移动服务的销售，预期在某个时刻，交通移动服务的销售额将超过汽车销售额，完成这一过渡工程。这也是为什么丰田作为一个拥有百年历史的汽车销售公司，也需要时间接受业务转型的事实，让内部文化逐渐适应和接受。

另一个例子是日本一家领先的人寿保险公司，它已经销售了 180 年的人寿保险。实际上，人寿保险只在被保险人死亡时才有赔偿，因此更准确地说是"死亡保险"。这家保险公司意识到日本人口老龄化的速度非常快，老年人在晚年面临许多生理和心理问题。因此，在新冠疫情期间，该公司开始实施业务多元化，如提供老年人健康指导，并与日本非政府组织合作创建社区健康计划，通过运动帮助老年人保持健康。这从根本上改变了公司的核心业务模式，不仅销售保险，还通过提供这些服务来弥补人们因平均寿命延长而回避寿险的风险，同时为社区创造价值，实现了一种再生的商业模式。

总的来说，越来越多的公司正在从单一产品销售转向与当地社区共同创造服务解决方案，这一趋势对财务、社会和生态三方面都产生了积极影响。保险业的例子尤其引人关注，因为推广健康服务意味着人们的寿命更长，从而导致人寿保险的需求降低。然而，如果企业仍然停留在"不改变就会被颠覆"的传统思维中，我建议它们开始考虑自我颠覆，尝试放弃旧模式，拥抱新商业模式，为社会带来利益，避免未来被市场其他竞争者快速颠覆。

陈玮：您的时尚产业例子也提倡人们接受"少而精"，但改变生活模式是困难的，您有何见解？

纳维·拉德友：改变人们的心态和行为确实是一项挑战。以史蒂夫·乔布斯为例，他选择只穿黑色衣服是为了简化早晨的决策过程，从而节省时间和精力。然而，并非每个人的生活都如此复杂，需要这样简化。想象一下，我们在商场中挑选衣服，回家后放入衣橱，每天不仅要烦恼如何搭配，还要考虑衣物的维护和保养，这些都会消耗我们本可以用于更有建设性事务的精力。

借鉴中国和印度关于"气"的概念，我们认为个人的精力是有限的，需要集中使用，而不是将其分散到生活的各个方面，如选择衣服等琐事上。我们必须面对这样一个事实：拥有大量衣物往往是对空虚感的一种执着，误以为拥有更多物品会给我们带来满足感。

我认为，我们生活的意义在于与不同的生命体进行互动，建立丰富的社会联系，而不是寻求多样化的物质体验和物质享受。除了购买新衣服，我们还可以通过回收旧衣物来制作新衣服，或者通过与他人交换衣物来实现多样化穿着。在我居住的地方，一些公司正在尝试开展一种业务：将旧衣服送给公司，以换取其目录中的新衣服，而这些新衣服也是由旧衣物制成的。这种方式实现了循环经济的理念，不仅减少了浪费，还促进了可持续发展。

陈玮：对于现今企业为了达到增长目标，纷纷要求相应规模的资源投入，您有什么看法？

纳维·拉德友：依赖于资源投入以获得相应产出的线性思维模式并非长久之计。提倡回收的核心思想是减少对自然界新资源的开采，转向对现有资源的再利用。关键不在于摒弃线性思维，而在于转变观念，不再单纯寻求新的资源投入，而是探索如何通过创新方法利用现有资源，从而节省额外的资源。例如，IBM 在削减研发预算的压力下，促使印度和中国的工程师加强合作、共享资源，这一变化使专利申请数量意外增加了 20%。这表明研发人员往往过于专注于发明新技术，而忽视了如何结合现有技术创造出新的可申请专利的方案。

当前社会越来越重视"积极约束"的运用，即在保持业绩稳定的同时，鼓励合作以获取更多资源。欧盟委员会在为学术和工业项目提供资金支持时的选择，就是一个明显的例子。他们不再单一地支持某所大学或某个地区，而是要求不同大学之间进行合作，以此作为批准拨款的条件。这种方法通过提供更多的预算，但同时附加合作的条件，来激发更大的潜力，并制定更为激进的关键 KPI 目标。

我们需要的目标是扩大市场的整体规模，而不是在逐渐萎缩的现有市场中争夺有限的份额。回归丰田汽车公司的例子，他们不再仅仅关注汽车行业，而是将目光投向了更广阔的交通移动服务市场。目前普遍存在的问题是，许多公司设定的增长目标仍然局限于不断缩小的传统行业范畴内，这实际上难以实现。通过改变思维方式，探索新的合作方式和市场机会，企业可以实现更有意义和可持续的增长。

陈玮：针对跨部门、跨机构、跨领域合作关系中的挑战，您有什么建议？

纳维·拉德友：由不同组织构成的生态系统共同创造解决方案，这样的创新网络需要有效的运作机制。在这个机制中，存在一种特殊的中间人角色，他们作为文化之间的桥梁，具备必要的软技能和专业知识，能够在不同组织之间进行有效沟通和协调。

在大型公司中，通常有专门负责与政府机构沟通的人员，他们充当公司与政府公关部门之间的接口，有时被称为"对公部门"。例如，宝洁公司在 2000 年设立了"创新经纪人"的职位，这些人员专门负责与拥有特殊关键技能的组织进行对接和合作。

大学也在逐渐采用这种模式。大学校长的角色已经从传统的管理层转变为促进者和协调者，他们在跨行业、跨部门之间发挥着重要作用。例如，法国巴黎第六大学的年轻工程学院院长，就是通过与各方建立联系，来建立新兴的大学机制。

这些中间人角色对于创新网络的有效运作至关重要，他们不仅促进了不同组织之间的合作，还加速了创新解决方案的产生和实施。通过他们的努力，创新网络能够更加紧密地联结在一起，共同推动社会和行业的进步。

陈玮：您的书中提出了六项原则，其中第五项原则是与消费者共同创造价值，这具体是指什么？

纳维·拉德友： 这是一种设计思维，强调品牌与顾客的互动，通过深入理解消费者的行为和需求来创造新产品。随着技术的进步，设计思维的应用领域得到了扩展和深化。利用元宇宙技术，品牌可以建立虚拟零售店，监控并分析顾客的行为模式，从而更准确地把握消费者的实际消费习惯。同时，人工智能算法能够通过电商平台收集和分析顾客的消费数据，使得设计思维的应用更加高效和经济。

更具体来看，在中国，创客空间模式开始兴起，提供了 3D 打印机等设施，让顾客能够亲自创造产品。西方市场中，宜家是一个典型的例子，它不再仅仅销售产品，而是在瑞典推出了家具租赁服务，并计划让顾客在其工作室中使用工具自制产品，将消费者从被动的购买者转变为生产者。

这种与顾客互动的模式在其他行业也得到了应用，如德国等国家允许顾客将多余的太阳能电力卖回电网，使客户成为能源的生产者。零售行业中，有公司创建了让顾客自制衣服的商店，通过"宜家效应"让顾客对自己的产品产生情感依赖。

现代品牌不再单纯依赖传统营销，而是倡导与客户共同创造新产品。建筑行业中，有公司通过虚拟平台与未来租户共同参与房屋设计，实现增量式建筑，即用户可以根据自己的需求对房屋进行升级。

这些趋势表明，市场正在从单一公司推动的产品销售模式转向客户共同研发产品和服务的模式。共同创造产品本质上也是一种节俭创新，因为它大大减少了产品推出后失败的风险和浪费。通过与顾客的紧密合作，产品更贴合顾客的实际需求，从而提高了成功率。这种模式预示着未来市场发展的方向，即品牌和顾客共同参与产品的创造过程。

陈玮： 如何扩大朴素式创新的规模，推广这些理论？

纳维·拉德友： 朴素式创新的理念强调"向外扩展"，即在不同地区根据当地的特定环境定制解决方案，而不是简单追求规模扩张。这种创新不应局限于一种全国性的统一战略，而是应在各个区域如深圳、北京、上海等发展出符合当地限制、资源和需求的特定生态系统。这意味着基于当地资源，动员当地参与者共同构建区域性的创新生态系统。

中国的工业部门在这方面已经取得了显著成效。然而，朴素式创新的目标不仅仅是商业模式的创新，更在于推动思维模式的转变和地区发展水平的提升。全国性政策可能不适用于所有情况，但可以制定一个国家层面的框架，为改革运动提供支持，例如通过法规保护知识产权等。

在具体实施层面，不同行业会面临不同的挑战，如医疗保健行业需要考虑病人隐私和健康数据等问题。因此，中国需要在国家层面上制定一个总体框架作为指导，同时允许特定部门根据行业特点制定改革方向，形成成熟的发展规划。这样，地区和行业内的企业就能充分理解国家的长期策略，并在此基础上大胆投入朴素式创新的实践。通过这种方式，朴素式创新不仅能够促进企业的可持续发展，还能够推动整个社会的进步和繁荣。

本文根据作者 2022 年 9 月 13 日在北大汇丰商学院创讲堂的演讲整理而成，经作者审阅并授权发布。

双碳及世界变局的挑战及机遇

江朝晖

跃昉科技创始人、谷歌原网络云首席技术官

江朝晖，一名地道的大湾区居民，10 岁时随母亲移居澳门。后因年少时期性格顽皮，受母亲"要么留在澳门做一个好孩子，要么离开"的二选一抉择激励，毅然远赴加拿大和美国接受学业训练，专攻电子工程和化学工程。在美国期间，她一直专注于技术领域，从事技术创新工作。三年多前，恰逢全国政协常委、香港恒基集团的现任主席李家杰先生寻找在科技领域有所建树的合作伙伴，为科技创新贡献力量，受其邀请，江朝晖又毅然决定离开谷歌，回国投身创业。尽管对商业了解甚微，但在技术方面，她有着丰富的知识和经验。江朝晖深信，优秀的技术如果得以充分发挥，将会影响并改变许多人的生活，甚至改变世界的格局。

创业＝不断设置新挑战＋将想法化为实践

在我的职业生涯中，我喜欢给自己设定挑战。相比于技术专家们通常专注于某一特定领域，我更倾向于不断涉足新的领域，这样做既能挑战自己，又能促使我不断学习新知识。这也解释了为什么在过去二三十年间，我涉足了三四个创业项目。后来我的公司被一些专注于安全和信息安全领域的大型企业收购，我被任命为副总裁兼院士。

我涉足了许多领域，从 IT 行业到网络行业。进入思科（Cisco）后，我从零开始证明自己，很快就升任了 CTO，负责全球网络部门。我的发明帮助思科进入了物联网行业。之后，我认为英特尔产生的大量数据可以通过云和人工智能分析挖掘出许多商业价值，这项工作需要云支持，但思科并非云计算公司，于是我离开了思科，加入了谷歌，负责该公司的云架构和网络架构。

在谷歌工作的几年里，我推动了物联网平台等不同服务的发展。也正是在这个过程中，我结识了李家杰先生。三年多前，当我回到中国时，他询问我应该如何用技术为国家服务，我就大胆地表达了我的看法，我认为中国目前存在一个核心问题，即缺乏自主的 CPU 架构。CPU 作为计算机的核心技术，是电脑不可或缺的部分，缺乏自主的 CPU 架构将使我们在贸易摩擦中面临失去电子产品生产能力的风险。李先生鼓励我着手解决这个问题。在他的投资和其他爱国人士的支持下，我们成功引入了一个名为"RISC-V"的开源 CPU 架构技术。在过去的三年多时间里，我创办了三四家公司，围绕 RISC-V 架构展开业务，其中一家专门提供 RISC-V CPU 的 IP，另一家则生产围绕 RISC-V CPU 的应用芯片。因为新架构缺乏应用和人们的信任，我们又创立了一家应用芯片公司，并为新架构提供操作系统。就像 X86 有 Windows，ARM 有 Linux 一样，我们也需要自己的操作系统，这只是一个很小的举动。过去一两年，我们还参与了许多国家级、省级的关于半导体的更大型项目。目前，我也加入了广州湾区半导体产业集团，这是一家颇受关注的半导体制造公司，助力国家解决第三代半导体的问题。

除了芯片问题外，中国的数据中心也面临着许多挑战。怀着想为应对这些挑战贡献绵薄之力的心情，我加入了芯潮流公司，任首席科学家，该公司主要致力于解决数据中心的核心问题。无论是高速传输的 IP、高端的 CPU 架构还是网络，数据中心 90%—95% 的关键技术都依赖进口。我们通过芯潮流公司为中国提供数据中心方面的支持。它是一家庞大的合资公司，投资额达 4 亿美元，并将在横琴设立基地。作为大湾区的一员，我们将利用这一 IP 为中国提供最优质的服务，围绕这一 IP，我们将开发出 DPU、高速交换机以及高速多芯粒来解决数据中心的问题。

其实，在 20 岁大学毕业后，我便开始了创业之路。我是一个一旦有想法就迫切想要实现的人。我的第一次创业是利用 GPS 和 GIS 技术开发导航软件。如今大家所使用的手机和汽车导航技术，实际上都源自我的知识产权。

第二次创业，我创造了现今所有 Email 和 Intel 的基础技术，并构建了稳定的系统和传输系统。基本上，现在全球大多银行和股票交易所后台所使用的操作系统都由我提供。

之后，我又投身于 IoT 和创新领域，进行了大量创新。如大家所见，目前，我主要专注于 RISC-V 技术。从过去到现在，我们已经成功推出了 20 多个产品。

创新方法论：从 Why、What 到 How

许多人都好奇我的成功秘诀，但实际上我所倡导的创新方法论并没有什么特别之处。或许你在大公司或小公司都从事过创业工作，可能已经听说过，要成功推出一个新产品，通常需要围绕三个基本元素展开：首先要回答为什么要做这件事情（Why），其次是思考做出这个产品会带来什么影响（What），最后才是具体的实施计划（How）。工程师出身，使得我起初常常从"如何做"这个角度出发，即使是在程序设计上也是如此，"做什么"和"为什么"通常是在之后才会考虑的。我经过长时间的自我训练，才逐渐学会从"做什么"这个层面进行思考。人生有限，我们必须确保所做之事具有足够的影响力才值得去做，不要将大量时间浪费在琐事上。一旦厘清了"为什么"和"做什么"，"如何做"就会变得轻而易举。我还添加了另外两个元素，一个是考虑到产品对人类的正面影响，即人的因素（People）；另一个是即使创新再好，如果难以使用，也会无济于事，因此我将可用性（Usage）也纳入考量范围。这就是我希望与大家分享的创新方法论，它并不复杂。

而我的三次创业之路正是我对这一创新方法论的实践。我是在 20 多岁时开始展开创新探索的。当时，我被美国成功发射了四颗人造卫星到太空并用它们构建了 GPS 定位系统的壮举所吸引。我认为这个技术非常酷，于是我每天都在思考如果能将其用于导航，是不是不仅可以解决我经常迷路的问题，还能创造出人类必不可少的工具。那时我正在一家 GPS 芯片公司工作，我非常兴奋地向我的老板提出了利用这项技术开发导航系统的想法。然而，当时这项技术只能用于定位，要实现导航，需要满足几个基本条件：全球范围内 24 小时持续的 GPS 信号覆盖，以及有相应的地图数据。这在当时几乎是不可能的，因为四颗卫星只能提供一个小时的定位信息。我的老板告诉我这个项目无法实现。但我坚信这是一个伟大的想法，为什么不去尝试呢？他劝我去读 MBA，指出即使美国政府开始了这项工程，全球覆盖也需要十年时间，解决这两个问题可能需要更长的时间。他还提到让我成立一家公司，他会购买我的产品。于是，第二天，我就辞职了，并着手创办了一家公司：十年的努力终于让我实现了这个梦想。

这个例子充满了激情与信念。由于我迅速离职并投身创业，其他竞争者至少落后我五六年。因此，我的产品成了市场上唯一的选择。这就是我第一次创业的故事。

公司成立后，我开始思考第二次创业。当时我面临一个问题：在开发 GPS 系统的过程中，我经常不得不到南极等极端环境中进行测试，而我的电脑经常会出现死机的情况；与此同时，当时的电子邮件网络速度很慢，没有人愿意投资，因为可以使用的 Email 和 Intel 上的 IMAP 协议都是开源的，人人都有可能开发。这个问题在我看来十分重要，实际上却没有人站出来，于是我决定去做。我成立了一家电子邮件公司，不久之后，许多大公司开始使用我的产品，有一家公司甚至向我递出 IPO 的橄榄枝。后来有一家公司想要收购我们，它的产品组合看起来非常强大。但是，我向其指出我们公司的长远发展并不乐观，因为如果它也采用同样的 IMAP 协议，那么我们的价值就会下降。我建议他们将公司出售，但对方不同意，坚持要进行自己的 IPO。最终，这家公司确实进行了自己的 IPO，并成为我们的竞争对手，最终导致了我们公司的关闭。然而，一个好消息是在我们关闭的那一天，我们楼上的一家公司找到了我，希望购买我们的公司，以便其更好地上市。因此，我最终没有遭受损失，并成功地进行了 IPO。

在公司上市后，当时年仅二十六七岁的我意识到需要创建一个稳定的公司。于是，我创办了一家专门从事文件系统和存储系统开发的公司，如今全球的文件系统和存储系统都是由我们提供的。我们当时为 IBM 和惠普提供服务，这次经历让我学习到新的东西，之前我从未了解过文件系统和存储系统是如何构建的。然而，我们失策地加入了一家公司，两个月后遇到了巨大的困难，因为微软的源代码速度太慢，系统不仅由许多不同的服务商提供，而且存在着许多安全漏洞。

这是我们面临最大压力的时候，如果我们的核心代码出现问题，全球几千个系统都会崩溃，所有人都会想要"诛杀"你。在这个困难的过程中，我利用晚上的时间发明了一个框架，希望能自动化地将成千上万个不同的系统整合成一个。然后，我花了 15 天时间将它制作出来。我觉得这个创意非常出色，于是我找到了我的老板——公司当时的 CTO——解释了这个产品。他认为这个想法非常好，并在第二天就带着我去见客户戴尔。又过了一天，他们就给了我一份合同。之后，我们的股价不断飙升，最终增长了数千倍，而这个发明基本上只花了我四个晚上的时间。后来，公司派出了一个 100 人的团队，他们使这个产品变得非常复杂且难以使用。戴尔每年都说要放弃我们，但却一直在使用我们的产品。因此，这个例子可以被认为是成功的。

寻找新的创业机会：创新方法论的反复实践

全球变暖问题和"双碳"计划：挑战与机遇共存

目前我最为关注的是全球变暖问题。这个世界现在显得有些混乱，除了全球变暖之外，还存在着诸如芯片和半导体短缺、战争和贸易冲突、人工智能取代人类工作等诸多挑战。尽管如此，我仍然非常喜欢这些变革，因为这些都是正在改变世界的因素，每一次挑战都代表着我们有更多创新的机会，可以做出更有影响力的事情，对我而言，这是非常令人振奋的。

谈及全球变暖问题，我们要明白地球是我们唯一的家园。地球目前面临的情况非常不容乐观，碳排放导致每一摄氏度的气温上升都对地球构成致命威胁。数据显示，平均气温上升2摄氏度将导致海洋发生改变，许多食物和海洋生物都将消失。当平均气温上升3摄氏度时，珊瑚礁这个重要的海洋生态系统将几乎面临灭绝，这意味着90%的海洋生物将会消失，这是一件非常可怕的事情。另一个令人担忧的情况是，如果平均气温上升3摄氏度，导致冰川融化，海平面将上升7米，这将使许多沿海地区居民失去家园，他们将成为气候变迁的"难民"。每个人都有后代，如果我们的家园变成这样，那么无论我们拥有多少财富都将毫无意义。因此，这是我非常关注的问题，地球需要我们的关爱。

就这一角度而言，中国提出的2030年和2060年的"双碳"目标非常令人鼓舞。要实现这一目标，我认为需要进行一场由硅技术取代碳技术所引领的革命。如今的信息时代，我们可以看到人们谈论工厂燃煤产生的二氧化碳、某光能公司的光能产能以及某电动车企业所节省的煤气或汽油。然而，如果信息不集中，大家根本无法知晓我们是否在实现节能、减碳，还是在增加碳排放。因此，我认为实现"双碳"目标必须从信息化入手，我们需要了解光能产生的数量、光能如何回馈电网，以及电网如何通向每个渠道。未来的"双碳"实质上是硅能源的革命，只有将这些环节串联起来，我们才能知道是否实现了 2030 年和 2060 年的目标。基于这一观点，我们需要从几个方面进行考虑：

首先，我们需要了解目前有多少工业正在使用碳能源，以及有哪些新技术正在生产绿色能源。我们的首要任务是将使用碳能源的工业转向零碳排放，并通过光能、风能和其他水电等方式进行补充，因此我们必须从清洁能源、石化能源达成平衡的角度着手实现这一目标。

其次，围绕此目标，我们需要技术了解何为使用碳能源的电和使用清洁能源的电，这便是所谓的"能源互联网"。要实现这一目标需要采取重大举措，代表着我们需要获取每个用电设备的信息，并确保在能源互联网中尽可能使用清洁能源，最大限度地减少使用火电等传统能源，以实现 2030 年和 2060 年计划的目标，这涉及架构方面的工作。

当完成了这些工作，我们将面临巨大的机遇，但要实现这些目标，我们要求所有的端点（endpoint）都安装芯片，这些数据必须反馈到能源互联网平衡中，通过这些技术实现能源互联网。因此，我们已经做了一份报告，指出实现这一目标将会带来巨大的产业增长，估计每年将增长约 6 000 万—7 000 万美元，这既是一个巨大的挑战，也代表着巨大的机遇。

从 Why 到 How：找到对的落地思路

刚才提到的大方向就是我所说的"Why"，现在我明白了我们为什么要去做这件事情，那就是为"双碳"目标做一些实质性的贡献。一旦我们做到了，将会产生巨大的经济效益。现在我要谈的是"How"，也就是我过去几年的努力。

我无法解决所有的问题，但我可以处理的是信息方面的事务。我希望帮助人们了解所有用电设备的能耗情况，因此我选择了采用 RISC-V 架构来开发应用芯片，以便跟踪每个用电设备的能耗情况。选择 RISC-V 的主要原因正如前所述，CPU 作为大脑是无处不在的，而 RISC-V 的优势在于其开源的 CPU 架构。关于 RISC-V，我们成立了几家公司，其中包括我创立的跃昉科技。我们的使命是利用 RISC-V CPU 架构开发工业物联网芯片。在过去的两年多时间里，我们的团队从零开始逐步壮大，目前大约有 160 名员工，分布在中国珠海、深圳、北京以及印度。为什么我们要在这么多地方设立分支机构呢？因为中国的芯片设计人才相对稀缺，而且人才竞争非常激烈，基本上，哪里有优秀人才，我们就会在哪里成立公司。另外，在印度设立软件公司，可以很好地缓解在中国寻找操作系统方面人才的难度。

我们的使命则是围绕着安全、稳定以及工业级的概念，同时秉持着"中国制造"和"中国设计"的理念，来解决工业物联网领域的挑战。我们的核心技术主要集中在这些方面，这也是我们独特的创新之处。目前，市场上的芯片多为单一用途，有的是 CPU 芯片，有的是 AI 芯片，有的是电控芯片。虽然这种分散的情况使得每种芯片都能专注于某一特定功能，但同时也带来了管理和能耗上的问题，因为每个芯片都需要单独装在不同的板卡上。因此，我们认为最佳的解决方案是开发针对特定行业需求的集成芯片。我们的集成芯片涵盖了几个方面的创新：首先，它具备感知和控制功能；其次，在数据安全和可追溯性方面进行了一系列创新；最后，我们认为并非所有数据都需要传回数据中心，尤其在许多工业场景中，这样做是低效的，因此，我们的芯片也需要具备边缘计算的能力，这也是我们芯片的另一项特色创新。

基于这一理念，我们已经开发了三代芯片，它们都具备相同的功能特点。尽管有不同系列的芯片，但它们都是集成芯片。唯一的区别可能是在一些特定场景中，某些芯片系列的 CPU 算力可能不那么高，而在其他场景则需要更高的算力，因此我们在某些系列中会使用更多核心的 CPU。

除了芯片和数据追踪平台外，我们还提供了开源操作系统和工具链。因为 RISC-V 是一个全新的生态系统，如果没有提供相应的软件包，那它就无法真正发挥作用。这是我们过去几年来的努力成果。

此外，我们花费了大量时间来解决全栈操作系统、工具链、IDE 等问题。很多人并不了解 RISC-V，Arm 有 260 个指令集，而 RISC-V 只有 40 多个。可以想象，当我们编写软件时需要调用这些指令集，而在 CPU 架构中寻找合适的指令集是一项挑战。想象一下，你的软件在 X86 和 Arm 上运行得很好，但是迁移到 RISC-V 后却无法工作，因为原有的指令集不再适用。在这种情况下，我们需要提供新的工具，以确保应用程序的顺利迁移。因此，我们致力于打造一个完善的 RISC-V 生态系统，这需要提供硬件、软件和工具系统，缺一不可。这也是我们需要投入大量资源和专业人才的原因。

未来方向：创造共同价值，解决人类需求

我们将更关注智慧能源，思考如何减少碳排放，以及整个能源体系如何从传统的火能转变为硅能。如果成功实施，这将是一个价值数万亿的市场。

我们也考虑将我们的产品向智慧城市方向进一步延伸。大部分城市的电力消耗主要来自建筑物，若能利用芯片、传感器和不同的 AI 算法找出节电方法，我们至少能帮助客户节省 10%—20% 的能源消耗，对于实现"双碳"目标也将大有裨益。我们的产品可应用于智能建筑、智能制造、智慧物流等场景。

在过去的两年中，我们一直致力于解决能源问题。首先，我们致力于协助电网平稳负荷。或许很多人并不了解，我也是在学习的过程中才发现，如今的电网常常出现这样的情况：电压尽管需要维持在两万伏特，但到了中午时分却会上升。经研究发现，这是由于许多冷气机和其他系统会在中午自动启动，导致负荷达到峰值。国家电网只能依靠火电来应对这种突然增加的负荷，因为光电和风电

无法应对这种瞬间的加压。为解决此问题，我们从信息和芯片的角度出发，通过标准和芯片，将其应用于大型电力设备中，使电网能够稍微延迟几秒钟调整负荷，以避免出现突然的需求增加。通过逐步调整，我们可以更充分地利用光电和风电，从而减少约 40% 的碳排放。

其次，针对城市中智慧楼宇占据很大比例用电量的状况，我们提供节能方案，如借助一个端到端的感知系统加上人工智能。

此外，在与电网合作开发智能系统以监控电网方面，我们也做了一些努力。通过无人机或人工智能监视器，我们每隔两公里设置一个监测点，以监测周围环境并将信息传回电网进行调度。这一举措的优势在于，当某些地区受到大风或温度过低等影响而威胁电网正常运行时，电力可以通过其他线路进行调节，从而避免电网发生死机的风险。鉴于电网重新启动的高昂成本，这构成了我们的第三和第四应用场景。

挑战不止，机遇不止

我在"双碳"路上的所得，正呼应了我们面临着巨大的挑战，但也伴随着巨大的机遇。但除此之外，我们也面临着许多其他挑战，许多年轻人都正在思考如何应对这些挑战。例如，有不少报道称到 2050 年，人工智能可能会导致 50% 的人失业。那么，对于这些失业者，我们应该采取何种措施？随着全球变暖，许多人担心土地将无法耕种，因此我们是否有其他解决粮食问题的方案？当人们被手机"困住"，许多孩子可能不再愿意阅读书籍和学习，而只对手机感兴趣，是否有新的方法来解决这个问题？清洁能源之一的核能尚未有太多人投资，它也并非如人们普遍认为的那样充满危险，为什么我们不在这方面进行更多创新？很多人都很关心人生的终末问题，如果死亡不再是终点，那我们是不是就有更多时间来解决其他问题？总的来说，我们有很多机遇，但也伴随着许多挑战；我们有很多挑战，但也充满机遇。

回顾成败：热衷解决问题，不被框架束缚，着眼人类问题

回顾我的成功与失败，我感到最自豪的一点是我一直都热衷于解决问题。我不仅仅是把问题告诉别人，而是采取实际行动去解决它们。不要因为问题太艰难而放弃尝试，因为许多看似困难的问题实际上可能有简单的答案，但如果不去尝试，就永远不会知道。因此，尝试是至关重要的。

另外，不要被别人设定的限制所束缚。例如，我们经常听到一种说法："我们解决不了光刻机的问题，我们做不了 3 纳米、5 纳米。"但实际上我们可以从其他角度去解决问题，不要因为别人说不行就轻易放弃。我希望每个人都能勇敢地尝试去解决问题。

还有一个非常重要的问题是，我们只有一个地球，我们应该共同努力去解决当前的问题。人生短暂，我们必须要有所作为，而且我们的目光要长远。毕竟，我们只有一次生命，不要浪费在无意义的事情上。人生短暂，我们应该去追求自己想做的事情。

最后，我们要铭记，地球是我们唯一的家园。让我们共同努力，解决我们当前所面临的问题！

精彩问答

Q：为什么您在 20 岁左右的时候，就想着要解决世界级的难题呢？很难想象

那种豪情和改变世界的愿望，这种勇气是从哪里来的呢？

A：这要从我五六岁开始说起。我在农村长大，而我的梦想却是离开地球，探索太空。尽管当时我还很小，但对外太空的向往却深深植根于心。那时的我有点懒惰，曾幻想外星人会来接我，这样我就无需自己解决问题了。于是我躺在屋顶上等待了整整七天，那段时间过得相当糟糕，农村的蚊子咬得我几乎睁不开眼。后来，我渐渐意识到必须依靠自己。于是，我开始努力学习技术，我的终极目标是建造太空船，解决太空中的能源和食物问题。或许是因为农村的生活相对乏味，我整天都在胡思乱想，并下定决心要实现这个一生的梦想——去太空。

Q：谈到您的第一个项目，老板和其他人都觉得这个任务几乎不可能完成。毕竟，要实现类似 GPS 的系统听起来有些不切实际。您为何要如此冒险地尝试呢？

A：我认为有几个原因。首先，我深信这是一个巨大的问题，特别是在开车时，导航问题尤为突出。在当时还没有 GPS 的情况下，司机只能依靠纸质地图，而边开车边查看地图实在太危险了。因此，我认为导航系统是必不可少的。我找到了适用的技术，觉得如果不利用它来解决这个问题，就太可惜了，这也是我决心去做这件事情的原因之一。

当然，我也认为不尝试怎么知道呢？我知道有很多种方法可以解决导航问题，不一定非要等到所有的 GPS 卫星都上天。在六七年的时间里，我尝试了很多技术，虽然这看起来有些不理智。另外，我也没有花费太多资金，一切都是依靠自己。我每天工作 22 个小时，六个月里每顿都吃着相同的饭盒。

Q：在技术上，有没有遇到过什么一开始总是想不明白，后来突然就有所发现的难题？

A：实际上，我反倒没有遇到过这样的情况。我对技术一直非常执着，遇到难题时我会不断努力解决。我甚至会在睡觉时思考，因此我相信问题迟早会迎刃而解。但对我来说，最具挑战性的是对团队成员的责任。在我供职赛门铁克

（Symantec）期间，手下有两三千人。起初公司业务兴隆，作为赛门铁克的院士，我并不需要过多地参与人员管理。然而，当公司业务逐渐不景气时，有一天老板找到我，要求我协助裁员，需要砍掉 40% 的人员。因为我们是一家软件公司，而我懂技术，所以他认为我可以负责这件事。那个晚上我几乎没有入睡，因为我从未想过自己会被委以此重任。我们的团队已经一同成长了很久，裁员 40% 将影响 800 人的工作，这是一项极其艰巨的任务。我对老板说我不愿意承担这个责任，我只是一名技术人员。然而，老板给我举了一个例子，他说，想象我们的团队是一棵果树，你可以修剪掉它的枝条，但留下它的主干，它还能结出其他的果实；但如果砍错了，这棵树就彻底死去了。老板告诉我，作为技术人员，如果我能确保公司和团队有未来，就必须从技术角度找出解决方案。我花了一整个晚上思考，找出了可以裁减而不影响技术核心的地方。第二天，我告诉老板我可以裁掉 40% 的人员。他问我裁员后产品会受到什么影响。我告诉他，我一个人能胜任800 人的工作，只要给我三个月的时间。赛门铁克最终裁掉了 800 人，那时我哭了，因为我感到对 800 多个同事不负责任，他们每个人的背后都有一个家庭。

后来我开始学习 MBA，以及刚刚说的怎么用"可用性"的问题。在学习过程中我意识到，起初我只是负责创新，但随着公司的不断扩大，每个人的工作量增加，却并未对用户产生实质影响。这导致产品变得越来越复杂，需要越来越多的人力。结果是员工增多，客户也不满意。作为技术负责人，我在这个最不快乐的时刻学到了一条重要的教训，每次引入新事物时，我们都应该问自己：我们为什么要这么做？我们真的需要吗？这真的必须这么复杂吗？

Q：您提到使用"Why、How、What"的模型时，讲到一般的工程师都是从"How"开始的，那么您是如何经历这个转变过程，从而能够在思维和认知上发生如此大的改变的？

A：我举一件事的例子。在我还是赛门铁克的一名院士时，我过分注重"How"，整天都在思考如何推进技术、编写专利、制定长期规划，却完全忽略了其他方面。有一天，我的老板打电话给我，要求我去见客户。我拒绝了，因为我认为作为院士不应亲自去拜访客户。但他告诉我，我们公司的产品收到了客户的抱怨，我需要亲自听取客户意见。于是，我跟着公司的销售负责人去了华尔街。这段经历让我深刻认识到销售工作的艰辛，他们不仅需要提供优质产品，还得善待客户。对我而言，这是一个全新的领悟。

在客户的抱怨中，我发现问题不在于我们的产品有多糟糕，而在于客户连如何操作我们的产品都不清楚。我说，每年我们公司能赚你们那么多钱，你们却连产品都不会正常使用？我感到非常难以置信。回到办公室后，我购买了一套全新的软件，模拟客户使用流程，结果发现我们公司的软件根本无法运行。因为客户无法使用我们的软件，与我们的销售人员也无法进行有效的谈判，于是我花了大约一个星期的时间研究为何会出现这种情况，发现原来我们尚未解决许多基本问题。主要原因是用户甚至无法安装我们的产品，这是一个严重的问题。我于是在产品中加入了一些人工智能功能，监控了一个月后发现，99% 的用户根本不使用我们的产品。这让我认识到，再好的产品若无法被使用都是白搭，这是一个极大的转变。

我在收到了客户的抱怨后，亲自研究了产品使用的困难。于是，我督促团队改进了软件，最终将客户满意度从 60% 提升到了 90%。

Q：您曾带领过很多美国工程师团队，目前您在中国管理团队也有三年的经历，您觉得在管理上有什么不一样的地方吗？该如何应对文化上的差异给创新带来的影响？

A：我认为中国的团队就像一个大家庭，大家都像亲人一样团结。在国外，比如在谷歌管理几百人的团队，那些人可能缺乏情商，但他们的智商都很高。不过好处是他们会不断地挑战你。比如你要他们做 A，他们会问为什么不做 B，或者认为他们的方法更好。这个过程中，我们的目标不会改变，但我们的思路可能完全不同。这样的讨论会激发很多不同的创新。我希望中国的工程师也能做到这一点，他们的技术水平很高，如果能够更加敢于挑战，我们将无往不利。我们应该多发表自己的看法。

我在谷歌推动 SBM 项目时，基本上每个人都会挑战我，这个过程可能需要三到四个月才能确定下来，但一旦确定了，就不会再改变。在这个过程中，每个人都会觉得自己的意见被采纳了，所以会更加认同。国外的工程师虽然有时看起来效率不高，但每个人的工作都有结果，我审批的项目会自动运行。这样看起来可能比较慢，但长期来看是很稳定的。相比之下，中国团队在遵循管理之下会有很多"野蛮生长"的时刻，项目进程因此存在变数。这个过程虽然会有不少惊喜，但也很痛苦，会浪费很多资源。所以我认为我们可以借鉴两种方式，建立良好的团队流程，明确解决问题的目标，同时激励团队成员勇于发表自己的看法。

Q：作为协同发展的大湾区，您认为每个地方应该承担什么样的角色？我们如何通过协同作用来发挥大湾区的优势？

A：两年前我与时任广东省领导交流了很多，我在广东看到了一个非常大的发展计划，旨在解决你刚才提到的问题。中国每年进口的芯片总额达 3 500 亿美元，其中有 40% 的芯片在广东制造。如果我们不能解决广东自身的芯片和半导体问题，那就意味着 40% 的问题得不到解决。因此，广东省在过去几年致力于打造中国的第三代半导体芯片工艺。上海市和北京市已经实现了第一代和第二代的芯片制造，而广东省则致力于第三代。为了实现这个目标，广东省成立了"广东强芯"工程，旨在加强芯片工程能力。该项目包括了"五梁八柱"，你提到的问题可以查阅"广东强芯"工程相关资料，其中详细阐述了如何充分利用广东的资源。目前我也在参与"广东强芯"工程的工作，该项目布局非常合理，只要按照这个方向前进就能取得好的结果，当然，这需要时间。

本文根据作者 2022 年 6 月 21 日在北大汇丰商学院创讲堂的演讲整理而成，经作者审阅并授权发布。

重塑信念，实现人生逆袭

孙小军

健行仿生创始人、CEO

孙小军，9 岁时因病失去了一条腿。他虽一度因此陷入迷茫，但还是以惊人的意志重新"站"起，走出乡村，远渡重洋获得了东京大学博士学位。甚至他并不止步于此，为了帮助更多像他一样，因为疾病或者意外失去肢体的人，孙小军选择创业，并在电动假肢行业取得一番成绩。他的故事，是对坚韧不拔精神的最好诠释，也是对"科技向善"的深刻实践。

少年折羽："独腿博士"修炼记

我在 9 岁的时候因为生病导致右腿截肢，但父母在贵州农村务农，没有足够的经济支持，因此我并没有立即安装假肢，而是使用拐杖生活。

父母在务农期间因为我截肢这件事而忧心忡忡，他们意识到我未来的生活将面临巨大挑战。在农村，缺少一条腿意味着无法从事农活，因此他们虽然文化水平不高，但却告诉我要努力学习，希望我将来能找到一份坐办公室的工作，一种不需要身体劳动的工作。从那时起，我开始认真学习，成绩也逐渐好转。经过努力，我成了班上的第一名，并一直保持着这种努力的态度。随后，在初中和高中阶段，我拼命学习，最终成功考上了华中科技大学。事实上，在此之前，我是个调皮捣蛋的孩子，根本不重视学业，成绩一直垫底。从贵州农村到武汉这样的大城市，我身体残疾，经历了一段艰难的道路。

尽管高中时期成绩优异，但进入大学后，我的成绩有所下滑，我为此感到很沮丧和失落。正好在大一时，我听了俞敏洪老师的一场演讲。他分享了自己从农村考入北大的故事，他虽然未能实现出国留学的梦想，但通过创办新东方取得了成功。当时他说的一句话，至今仍是我的座右铭："从绝望中寻找希望，人生终将辉煌。"听到这句话时，我感觉他是在对我说话。我当时处于绝望和失落之中，但听完他的故事后，我开始从绝望中振作起来，努力准备学习，也正是这次讲座使我萌生了出国留学的想法并开始着手准备，尽管家境困难、英语水平有限和身体残疾给我带来了压力。在大四期间，我有幸获得了日本东北大学的交换留学机会，于是来到了日本。这段经历让我对日本有了许多新的认识，包括对日本人、对日本这个国家及其文化方面的理解都有了全新的视角。

留学之后，发生了一件重要的事情。在日本，根据该国的福利政策，包括外国人在内的每个人都有权安装假肢。因此，在2011年，我有幸在日本的福利政策下装上了第一套假肢，告别了从9岁截肢到2011年整整15年的双拐生活。这15年有许多不便之处，比如下雨时无法自己撑伞，平时吃饭也难以自己拿托盘，但我克服了这些困难。

在2011年开始使用假肢后，我的生活发生了翻天覆地的变化。假肢解放了我的双手，让我能做更多的事情，也让我能像正常人一样行走，不再需要双拐。但同时我也意识到了使用假肢时遇到的问题和挑战。当时我刚从东京大学毕业，进入索尼公司担任工程师。在做产品设计工作的过程中，我开始思考是否能设计出更好的假肢。因此，我决定辞职并回到东京大学攻读博士学位，专注于假肢的研发。我并没有机器人方面的知识背景，于是辞去了索尼公司的工作后，我从零开始学习机器人技术，探索如何将其应用于假肢。这是一个从零开始的过程，历时三年。

2018 年，我在东京大学获得了博士学位。那时我意识到，尽管我在学校学到了很多假肢相关的专业知识，但这些只是理论和论文，没有实际用处。我希望努力将自己的研究成果转化为真正有用的产品。于是在 2018 年底，我在东京大学的一个孵化器租下了一间办公室，开始了一个人的创业，并陆续购置了家具，逐渐完善了办公设施。不过，创业并不是单枪匹马能完成的，无论是技术方面还是商业方面，都需要团队的支持。于是，我开始陆续招聘人才。在 2019 年 4 月，公司有了四名新成员，我们随即成立了一个小团队，开始了真正的创业之路。后来，我们进行了一轮种子融资，开始逐步推进产品开发。

科技之翼：问路电动假肢行业

每次看到那些身体残障、需要依靠双拐生活的学生，我就不禁回想起自己初中和高中时的经历。那时候，我同样需要双拐支撑，每天都在艰难地行走，偶尔才能小跑。意识到中国仍然有许多像我和他们一样的人——没有双腿，仍然艰难地生活在这个社会上，这样的情景给了我深刻的触动，让我觉得自己所从事的事业非常有意义、有价值。因此，我决心要将这项事业做好，让真正需要假肢的人能够使用到我们的产品。

根据我们的初步统计数据，针对中国、日本、美国和欧洲等国家，约有 750 万人接受过截肢手术。然而，其中真正使用假肢的人可能不到一半，甚至最多只有 30%。而且，这些假肢产品大多数是低端、原始的。如果考虑世界范围，下肢截肢者至少超过 1 000 万人。

然而，现今生产假肢的制造商主要集中在欧洲。欧洲有三家公司几乎垄断了整个行业，包括中国和日本在内的市场，大部分中高端假肢产品都来自这三家公司。这种垄断现象带来了两个问题：一是技术发展缓慢，因为这些垄断巨头缺乏推动新产品发展的动力；二是价格昂贵，普通假肢可能要价 10 万到 20 万元，而高端产品甚至达到 30 万到 40 万元。整个亚洲都缺乏优秀的假肢制造商，这为我们提供了良好的机遇。我们计划首先在亚洲市场，尤其是中国和日本开展业务。我们希望能够设计出更适合亚洲人的假肢。

假肢的种类，主要分为两种：主动式假肢和被动式假肢。被动式假肢，可以将其简单理解为一种倒立摆。就像初中或高中学过的物理，它基于重力和惯性原理产生运动。当前的假肢大多是被动的，它仅由人体的骨骼和关节组成，没有电子元件。因此，它无法为使用者提供驱动力，无法给予使用者额外的支持。在使用被动式假肢时，用户在日常生活中常常面临上楼梯困难等问题。在博士期间我对 88 名假肢用户进行了问卷调查。调查显示，在日常生活中，他们可能会遇到一些问题，比如在上楼梯时，由于假肢不够给力，只能一步一步费力前行，导致行动缓慢。此外，膝关节可能会突然弯曲导致摔倒，因此用户必须时刻警惕以防止发生意外。另外，刚进行完假肢手术时，由于没有动力支持，用户需要自己驱动假肢，这会给身体带来巨大负担，可能导致二次损伤等问题。最近虽然出现了一些能够通过电子控制调节阻力的膝关节，以及能够提供防摔倒功能的假肢，但被动式假肢仍然没有任何动力来源。

主动式假肢或电动假肢，可以将其想象成在原有的骨骼和关节之上添加了一些"肌肉"。肌肉对我们的身体至关重要，因为我们的日常活动几乎都依赖于肌肉。通过大脑发出的信号，肌肉可以发挥力量，执行各种动作，例如行走、跑步，以及使用手部抓取物品。电动假肢通过机器人技术与人体有机融合，为用户提供助力，帮助他们更好地行走。全球唯一商业化的电动膝关节是由一个行业巨头通过收购获得的，目前在欧洲、美国等地区的售价非常昂贵，大约在 10 万美元，相当于七八十万元人民币。

我们公司专注于研发电动假肢，通过机器人技术与人体有机融合，为用户提供助力。我们希望克服旧有假肢的弊端，让更多人又便捷又舒适地用上假肢。

振翅启航：帮助人们移动的"健行仿生"

2015 年，我在东京大学 JSK 实验室攻读博士学位期间，由于当时没有任何经费，因此无法进行硬件开发。于是，我开始申请一些政府资助，最终获得了一笔无偿资助用于三年的研发。后来，我们在深圳和东京成立了公司，开始进行产业化。2019 年，我们获得了一轮种子融资，2020 年也获得了一轮 A 轮融资，用于推进这项工作。

我们现在有两家公司，一家位于深圳，一家位于东京，同时进行这项工作。虽然在这个行业中，欧洲公司占据领先地位，几乎垄断了市场，但我出生和成长于中国，又在日本生活了十年，对两国文化都有深入的了解，因此我们希望利用亚洲国家，尤其是日本和中国的优势，将这项工作做得更出色，这是我们从事这项工作的初衷。

我们的目标是将假肢从被动式转变为动力式，以使用户能够更好地生活。我们致力于设计更轻、更小的产品，以满足亚洲用户的需求，让更多人受益于假肢技术。此外，我们希望成为一家有影响力的个人移动公司，将仿生技术和机器人技术应用于老年人等人群，帮助他们解决"最后一公里"的移动难题。因此，我们公司的愿景是为所有人提供能够增强移动能力的解决方案。

在这样的初衷和愿景的指导下，我们目前的两款产品，都是通过人机融合的创新产品：一款是针对大腿截肢的膝关节，偏向硬件；一款是针对小腿截肢的踝关节，偏向软件。换句话说，我们为不同的截肢部位设计了不同的产品。我们的目标是让假肢具备肌肉功能，因此我们设计了一种全新的模拟人体肌肉的结构，并利用智能技术驱动这个结构为用户提供助力。通过仿生曲线的设计，我们将各种元素和零部件集成在一个非常小的空间内。这其实是一项非常具有挑战性的任务，因为我们需要确保假肢能够提供足够的力量支撑用户的体重，并且需要保持足够的小巧轻便，以便在有限的空间内集成所有零件。而另一款针对小腿截肢的踝关节产品，则涉及软件部分。我们利用仿生学原理来控制假肢，并通过人工智能实现智能化，同时通过能量收集来提高效率。

我们的技术最终能为用户带来的价值，让我用一个案例来简单说明。目前，传统假肢都是被动的，在站立瞬间缺乏力量支持，需要依靠用户的正常腿站立。因此，我们为假肢加入了"电动泵"，在用户站立瞬间可以提供额外的助力，使用户更轻松、自如地站立。此外，传统假肢很容易因膝关节突然弯曲而导致摔倒，而我们的假肢能够感知到这一过程并提供伸直力量，为用户提供支撑，从而保证更安全、稳定。具体来看，使用传统假肢下楼梯时，用户需要一步一步地完成。而我们的假肢最近参加了一场比赛，我们的用户在双手抱着东西的情况下能够实现双腿交替上楼梯。这意味着我们的假肢在支撑用户体重的同时，逐步伸展膝关节给予用户助力，使得用户能够像正常人一样轻松地上楼梯。

刚才提到的电动化即自动化，我们的假肢内部装有许多传感器，这些传感器收集用户的步态数据并传输到云端。通过机器学习，假肢可以更好地适应每个人的步态差异。借助自我学习功能，假肢实现了不断进化。我们的产品是一个联网设备，可以说是一种物联网设备。因为用户每天穿戴假肢，我们的假肢不断将数据传输到云端，使得假肢就像是安装在用户身上的一种设备。这样就能够为用户提供一些额外功能，比如检测步态是否优美、是否对称，为用户提供步态建议，并为制造商和客户提供维护功能。此外，这一设计还能为康复提供更高效的建议，使康复过程更加有效，节省康复人员的时间。

　　我们希望我们的假肢不仅在功能上优越，也在外观设计上更加漂亮，成为一款高功能、高性能的假肢。我们希望用户能够自豪地展示假肢，将其作为自己生活的一部分，将其作为个性展示的一种方式，而不是将其隐藏起来。我们希望利用这些复合优势将这款产品打造成假肢领域的高端产品，我们将自己定位为假肢领域的特斯拉，通过出色的产品树立我们的品牌，让更多的用户使用我们的产品。

　　我们的员工中有很多来自一些知名大公司和大学，拥有丰富的产品设计和量产经验。这也助力了我们斩获各类大奖。2020 年，我们荣获了德国的一个设计大奖，即红点之星年度大奖（Red Dot Award）。在超过 4 000 份参赛作品中，我们的设计是唯一获得此项年度大奖的作品。此外，我们曾在 2017 年获得美国西南偏南（South by Southwest，SXSW）展会的创新设计大奖，同时也在国内的一些创业大赛中有所收获。

　　值得一提的是，我们还参加了一个名为 Cybathlon 的科技领域残奥会，许多团队参与了这个全球性的比赛。尽管我们只获得了第四名，但第一名和第二名在木框里行走时，假肢直接伸展，不够灵活，相比之下我们的假肢能够逐步弯曲，更加自然、流畅地行走。由于其他团队的成员都是欧洲人，因此他们的身高都很高，也更加强壮一些。虽然这个比赛是科技竞赛，但身体素质也是很重要的因素。因此，在时间上我们处于劣势，排在第四名。但从整个流程和动作来看，我认为我们做得还不错。

　　我们的成就也受到了国内一些媒体的关注，包括中央电视台、《南方日报》及《广州日报》等。此外，我们还受到了日本主流媒体的重视和多次报道，比如《日本经济新闻》。借助这些媒体，更多人知道了我和我的公司的故事，我希望这能帮到更多人。

精彩对谈

陈玮：能不能分享一下 9 岁截肢时的心路历程？

孙小军：当时我只有 9 岁，并没有完全理解截肢的含义。直到截肢后，我才开始面临许多问题。比如，我曾经热爱打篮球，但截肢后我无法再继续这项运动。与周围的小伙伴一起玩耍也成了不可能。父母开始有所担忧，他们担心我以后是否能够从事农活，或者是否能找到一份工作以维持生计。周围环境的变化让我意识到了自己未来将面临的挑战，我开始思考该如何应对生活和困境。父母也强调我要努力学习，以便将来能够考上一所好大学，找到一份轻松的办公室工作。听到这些话后，我才意识到自己的生活已经发生了改变，我不再能像以前那样轻松玩耍，唯一的选择就是努力学习。

我被迫做出了改变。如果没有截肢，我可能会继续放纵自己。但是截肢后，我开始意识到生活中存在着很多问题，开始思考如何更好地学习和努力。虽然我失去了一条腿，但我可以通过知识来弥补这个缺陷。我每天都非常努力地听老师上课，并且在回家后认真学习。我也读了一些励志小说，比如张海迪老师的作品，以及《钢铁是怎样炼成的》等。这些作品激励着我，尤其是张海迪老师的故事。她经历了很多苦难，但通过自己的努力克服了困难，取得了巨大的成功。看到这些成功人士的故事，我开始相信，尽管我少了一条腿，但只要我努力，我也能像他们一样取得成功。因此，我怀着这种憧憬，一点点地努力。虽然我曾怀疑过自己是否能够成功，但我通过阅读励志书籍和了解成功人士的故事，不断给自己打气。随着一点点的进步和成绩的到来，我逐渐获得了自信，也拥有了更多的动力。

陈玮：您小时候是一个非常贪玩的孩子，学习成绩也差不多是班上的最后一名。当您意识到需要努力读书的时候，也许这是唯一的选择，但改变一个人的习惯并不容易。您是怎么做到的呢？

孙小军：改变一个人的习惯确实很困难。当时我是一个非常贪玩的孩子，突然间要努力学习确实很难。通过不断地自我激励，我开始意识到与别人相比我有很多劣势。于是我告诉自己，即使我少了一条腿，我也可以通过努力来弥补这个缺陷。每当我贪玩时，我就会提醒自己，别人也许有更好的家庭条件或双腿，但我没有，我必须更加努力。这种自我激励对我非常重要，每个人都有贪玩的时候，但通过不断提醒自己，我开始认真学习了。

陈玮：那现在您也会告诉自己少玩一点，把时间用在工作上吗？

孙小军：人都有惰性，现在手机和网络很方便，有时候我也想多玩一会手机或看看抖音。但我会提醒自己，我正在创业，有很多事情要做，所以要克制一下。当然，想玩是正常的，但我会努力克制自己。

陈玮：您一直这样鞭策自己，同时也有像张海迪这样的榜样的激励，但是从最后一名变成第一名，其中并不完全是努力了就可以解决的问题，在这个过程中，您有没有在方法论上有所突破？

孙小军：是的，我觉得光靠努力是不够的。我亲身经历过从最后一名到第一名的变化，或者说是在初中到高中这几年的学习过程中，我发现努力只是一方面，方法论的重要性也非常突出。通过与他人讨论和向优秀的同学学习，我经常总结自己的方法，如果某种方法不够有效，我会思考是否需要改进，是否有更好的方法。我会不断地反思自己的做事效率和质量是否足够高，在这个过程中，我逐渐总结出一套适合自己的方法。这种思维方式在初中和高中时期对我非常有用，至今也同样适用，我会不断地总结、整理自己的经验，从而发现哪些方法是行之有效的，下一步如何调整和改进。

陈玮：您刚才提到您进入了华中科技大学，这可是一所名校，非常优秀的学府，但是之后您立刻感到了失落。你是怎么克服这种失落感的？您刚才稍微提到了俞敏洪的演讲带来的改变，能否再详细介绍一下？

孙小军：每次从一个环境到另一个环境，都会带来很大的失落感。比如刚才提到的从初中到高中的转变，失落感就相当强烈。但是从高中到大学的失落感更加剧烈。在高中时，我的成绩一直名列前茅，我觉得我英语学得也很好，特别是用了李阳老师的疯狂英语的方法后，我觉得自己的英语水平还不错。但是一到大学，我发现我根本不会说英语，甚至听不懂别人说的。这让我感到非常沮丧，我发现自己和周围的同学相比，英语水平差距太大了。再加上经济上的困难，我的同学大多来自武汉或湖北省其他城市，经济条件相对较好，而我来自贵州农村，还需要借助助学贷款才能读书，我不可避免地产生了一些自卑感。此外，周围的同学都是健全的，而我却有身体残障，这让我感到更加失落。

恰好在大一的时候，俞敏洪老师、徐小平老师和王强老师这三位成功人士来到我们学校做演讲。俞敏洪老师在演讲中分享了自己的人生经历，他来自江苏农村，考入北大后还生病留级，经历了很多困难，但最终通过不懈的努力，创办了新东方，将其发展壮大。他的故事让我感到非常震撼，每个成功的人都经历了各种挫折，才最终取得了成功。我记得在高中时我们学过一句话，"天将降大任于斯人也，必先苦其心志、劳其筋骨"，俞敏洪老师讲的"从绝望中寻找希望，人生终将辉煌"也给了我很大的鼓舞。我感到自己正处于绝望中，但只要我能找到希望，我的人生也会变得辉煌。这些话就像是俞敏洪老师对我说的，于是我决定去追求出国留学，尽管我面临着经济拮据、身体残障等重重困难，但是这些励志的话语激发了我的斗志，我着手准备英语，努力学习专业知识，争取获得高分，希望能够获得奖学金去国外留学。

陈玮：您为什么觉得被感动或激动会促使你采取行动呢？

孙小军：我认为这主要是因为我所处的环境驱动了我。最近我一直在思考人有几种类型。一种是内心驱动型，他们不需要外部的鼓励，因为他们内心里有一种梦想、一种目标,这种梦想会不断激励着他们去行动。我现在就是这种类型,我的内心驱使着我要去实现某些事情。还有一种是外部驱动型,他们是在外部环境的压力下被迫去做出改变,否则他们就会被环境所改变。比如,俞敏洪和马云等成功人士,他们都经历了种种困难,但通过自我努力和拼搏,最终取得了成功。对我来说,初中、高中时期也是这样,我被外部环境所驱动,比如我的残疾,我必须努力学习才能改变自己的生活,否则我就无法生存。在大学时期,我仍一直处于被动状态,必须做出改变才能生存下去,这迫使我不断努力,一步一步地将事情做好。

陈玮:在具体行动上,您有做出哪些具体的改变吗?

孙小军:每个人听完励志演讲后都会有冲动去行动,但能不能坚持下去是个问题。我之所以能够坚持下来,原因是我内心仍然怀抱着一种梦想,同时也有外部环境的驱动因素。尽管我面临着各种困难,比如身体残障、贫困等,但我仍然希望能够为社会做出一些贡献,改变自己的同时也带给他人一些帮助。这种内心的驱动使我坚信,无论遇到什么困难,我都要坚持下去,一定会成功。我会给自己不断打气、不断自我安慰和提示。每个人都会面对挫折和困难,关键是如何调整自己的心态。我相信,只要能够调整好心态,就能够更好地面对问题,一步一步将事情做好。

陈玮:经过一番努力行动之后,结果是否立竿见影呢?

孙小军:并不是,需要花费很长的时间。我认为,无论是学习还是其他事情,短期内可能会看到一些进步,比如一个学期的努力可能会提高成绩,但要达到明显的效果,并不是一蹴而就的,这需要一个周期,需要时间的积累。

陈玮:您认为自己什么时候感觉到自卑情绪逐渐被克服,内心变得越来越自信、开放呢?就像您现在展现的那样,我感觉您非常自然、自由,充满了自信。

孙小军:我觉得是在去日本之后,我变得更加开放、更加自信。当然,这肯定是有前期积累的,比如听了俞敏洪老师的演讲后,我下定决心要出国留学,并且通过自己的努力实现了这个目标。我一步步地实现了自己设定的目标，虽然其中有些目标并没有真正达到，但至少达到了自己满意的水平。在努力付出后，如果没有看到明显的成果，人们通常会感到绝望，逐渐放弃。所以，设定一些短期目标是很重要的，比如我决定这个学期要在班级中取得什么名次，如果成功了，就会增加自信心，然后再设定更高的目标，一步步地走向成功。从初中时期，甚至是截肢后的困境，到高中成绩的改善，再到大学，我一步步地实现了自己的目标，这些小小的成功不断积累，最终形成了我现在的自信心。

陈玮：您可以再具体说说在受俞敏洪老师演讲激励，决定出国留学后，您是如何克服这些困难，最终去日本读书的呢？

孙小军：当时听到俞敏洪老师的演讲，我内心充满了憧憬，但第二天清醒过来，我意识到自己面临着几大问题。首先是经济问题，家里无法承担留学费用，我必须靠自己赢得奖学金。其次是英语水平，我的英语必须达到一定水平才能申请留学，这是一个巨大挑战。最后，我也担心国外是否接受残障人士。为了解决这些问题，我采取了一些措施。我了解到国家提供公派留学项目，听说拿到奖学金也可以出国留学，于是我下定决心要努力拿到奖学金，因此把提高成绩作为我的主要目标。在整个大学阶段，我几乎没有回过家，每天早上6点就起床，利用早读时间学习英语和其他课程。课后，我会一直自习到晚上10点左右，然后在寝室走廊上学习到深夜一两点。这样的坚持不懈带来了成绩的提高，每门科目我都考得很好，这增强了我的自信心，离我的目标也越来越近。总的来说，通过积累小的胜利，我逐渐建立了信心，进而更加努力地实现了自己的目标。

陈玮：我发现成功的人往往都经历过一段艰苦的时期，在人生的某个阶段，他们会全力以赴，全身心地专注于某一事业，然后迈出关键的一步。从您刚才讲的故事中，我也看到了这种影子。那您是怎么得到去日本的机会，迈出"关键的一步"的呢？

孙小军：我在华中科技大学读书时，我们学校与日本的东北大学有一个交换留学项目。起初我并没有考虑过去日本，而是想去美国攻读博士。我主修材料成型及控制工程，而东北大学在日本的排名非常靠前，所以我打算先到日本，然后再考虑去美国。我申请了这个项目，学校派出了几个学生，我的申请得到了东北大学的录取。我很高兴，但开始时他们并没有提供奖学金。虽然不用交学费，但一年 10 万元的生活费对我来说是一个巨大的挑战。由于家里无法提供这么多钱，我起初几乎放弃了这个机会。后来，东北大学给了我奖学金，最终我实现了去日本留学的梦想。整个过程是一个从高兴到焦虑再到失落，最后又是喜悦的曲折故事。

陈玮：能否讲述一下创业的经历？一开始您是如何考虑的，特别是资金和基础条件方面。您当时面临了什么问题，又是怎么想的呢？

孙小军：其实早在 2014 年我就产生了做假肢的想法，当时我还在索尼担任工程师。但一开始想到如何实现这个想法时，我发现自己既没有技术，也没有资金，更没有人脉。所以我想先去学习这方面的技术，于是我辞去了索尼的工作，回到学校攻读博士学位，以积累相关技术。在学习技术的同时，我意识到我需要资金。我所在的东京大学是一所非常好的学校，我利用学校里老师的资源，申请到了一些研究经费，用于制作样品和开展前期研究。随后，我将研究成果展示给投资人，他们对我们的技术和原型机表现出了浓厚的兴趣，最终进行了种子轮投资。整个过程如此展开。

在大学期间，我不断参加创业活动，代表东京大学团队参加国际展会，与志同道合的人合作。虽然当时并未正式成立公司，而是以小团队的形式参加比赛，但我们始终不断积累技术和经验。直到我博士毕业后，我们已经具备了一定的资源和技术，才于 2018 年底正式创业。因此，从最初的想法到真正创业，我经历了三到四年的时间，这段前期积累的经历虽然看似慢了一些，但实际上是非常重要的。因为在这个过程中，我有更多的时间思考如何实现我的目标，如何寻找资金和团队。这种前期积累的过程对我接下来的发展是有益的。

陈玮：创业的第一笔资金是从哪里获得的呢？

孙小军：我们获得的第一笔资金来自参加创意比赛，后来我们迅速组建了一个团队，并获得了一笔种子轮投资。第一笔投资大概 100 万美元，也就是几百万元人民币。日本的一家 VC，专门做投资的一家机构投了我们。

陈玮：您一开始是一个人，但在获得投资时已经有了一个团队。能介绍一下您的团队吗？你们如何结识的？

孙小军：一开始一个人，后来逐渐增加。其中一位是设计师，我们从 2015 年、2016 年开始一直合作设计。他是我在大学期间建立的人脉资源。另一位是我在大学参加创业活动时认识的，他对我的产品非常感兴趣。当时他在宝洁公司工作，但经常来我们实验室参观，我们建立了深厚的关系。半年后，他辞去了宝洁公司的工作，加入了我们。而另外两位是我成立公司后，通过朋友介绍认识并被吸引过来的。这几位都是日本人。除了已经提到的宝洁的那位，其他人还有在东京大学读书，还有从索尼和三菱电机来的。

陈玮：他们为什么会有勇气离开大公司，选择创业呢？尤其是未来的前景也并不确定，您认为是什么驱使了他们呢？他们是否也曾犹豫不决？这个过程中有什么值得分享的故事吗？

孙小军：日本人一般不太倾向于创业，他们更倾向于在大公司里工作一辈子。我们公司的员工大多来自日本大公司，那些早期加入我们的人之所以愿意加入一个初创公司，我认为首先是因为他们有着自己想要实现的目标和毅力。其次，他们看到这个事情对社会有着重要意义。他们可能不是为了高薪加入我们，毕竟我们公司的薪资水平并不高，而是因为看到我们公司的愿景，愿意为之努力。我们的愿景是帮助人们移动，这对社会来说是非常有意义的。因为每个人都会面临老化和身体不便的问题，我们希望通过技术为人们的移动带来便利。所以，他们加入我们是因为看到了这种使命感。

比如，我们现在的首席运营官之前在宝洁工作，宝洁是一家非常好的公司，工资也很高。当他辞职的时候，他的妻子强烈反对，觉得放弃这样好的工作和工资去一个不知名的初创公司是很冒险的。此外，他们刚生了第二个孩子，面临着家庭的责任和压力。他的妻子认为在宝洁这样的大公司工作很稳定，虽然工作内容并不是自己向往的，但至少能够获得稳定的收入。但他认为在宝洁工作就像是做一颗"螺丝钉"，做的事情循规蹈矩，而我们公司的事业可以真正改变人们的生活，这对他来说具有更大的意义和价值。因此，他准备了一份演讲，向他的妻子展示了我们公司的愿景和使命，最终说服了她，他的妻子同意了他的决定，他就加入了我们公司。

陈玮：乔布斯当时说服百事公司的 CEO 时问他是想一辈子卖糖水，还是想一起改变世界，您在说服他们加入公司时有讲过类似的话语吗？

孙小军：我们现在经常使用这种方法。我最主要的工作就是招聘，因为许多人在大公司工作薪水很高，想要吸引这样的人才，我会通过我们公司的愿景和使命，以及公司给社会带来的价值来吸引他们。我会讲述一些我自己的故事，介绍我们公司的愿景，让他们产生共鸣，进而加入我们。

比如，之前我招聘了一位工程师，这位工程师是日本人，他在索尼担任部长。他同时收到了另一家公司的录取通知，工资也很高。但我认为他在我们公司有着更大的发展空间。我会整理好需要讲述的故事，第二天一早就给他打电话，告诉他虽然我们公司处于初创阶段，工资可能比他期望的要低，但我们的事业对社会意义重大。我会强调他在索尼积累的经验对我们公司非常有帮助，我们最需要的就是像他这样的人才。最终，他选择放弃了另一家公司的录取通知，加入了我们。

陈玮：创业以来有没有一件您觉得做得很成功、自己很满意的事情可以分享一下吗？

孙小军：我觉得招聘这方面还是比较成功的。目前我们招到的这些人都非常出色。每次招聘时，他们可能同时收到其他公司的录取通知，其他公司给的薪水可能更高。但经过我的努力争取和说服，他们最终选择了我们的公司。在日本，这对一个外国创业者来说是非常困难的，因为日本人对外国人有着不信任感。我要如何证明给他们看，让他们相信这是一个由中国人创办的可信的公司，是一个很大的挑战，也是我自己面临的挑战。我不断通过讲述我的经历，从贵州农村到大学再到日本一步步地创业的故事，让他们看到这些。通过这些努力，他们也会感受到，跟随我可能并不一定会成功，但至少能够经历一番事业的挑战。

陈玮：在您看来，要将技术应用到真正的产品中，可能还需要克服哪些难关，还有哪些阶段需要跨越？

孙小军：我们目前致力于开发假肢产品，尽管表面看起来很简单，因为行走对每个人来说似乎都是一个相对简单的过程，但让机器人模拟人行走是非常困难的。这涉及机械、电路、控制、生物力学和人体工程学等多个学科领域，是一个复杂的交叉学科。目前我们也面临一些挑战，要想将产品真正推向市场，可能还需要克服几个方面的挑战。首先是软件方面的挑战，因为每个人的行走过程都是非常随意的，每个人的步态都不固定，我们需要让假肢能够感知用户的意图，这是非常困难的。其次是控制方面的挑战，要为用户提供合适的助力，因为假肢用户的使用环境多样，要确保在各种环境中都能够保持足够的安全和稳定性。最后还有防水、防尘方面的挑战，以及硬件方面如何保证足够小的假肢能够支撑用户的体重，这也是一个很大的挑战。

我们从 2015 年开始研发，在大学期间做了四代样机，成立公司后又做了四代样机，现在已经是第八代样机了。下一步的核心任务主要有两个方面。一方面是软件方面的不断改进，我们需要通过用户测试来改进我们的软件和算法，确保产品足够安全、稳定。另一方面是准备进行量产。现在我们已经有了硬件产品，接下来需要在工厂进行小批量生产，按照工厂标准进行自动化生产。虽然我们的生产量不会太大，但仍然需要按照工厂标准进行自动化生产，这也是一个挑战。因此，我们需要解决如何进行量产并保证产品质量的问题，这是我们接下来要做的工作。

陈玮：我认为这个项目的意义非常重大，不仅仅是因为它可以造福很多残障人士，我认为未来甚至老年人也可以受益于这些技术，因为他们可以通过电动化辅助行走来改善生活质量。因此，这个项目的未来应用价值是相当广泛的，我这样的理解是否正确？

孙小军：是的。目前我们的产品主要针对下肢截肢者，但我们的技术实际上涉及一些机器人技术、仿生技术和机电技术。我们希望将这些技术应用到更多人身上，比如老年人，帮助他们更好地移动。我们公司的愿景是为人们的移动提供动力，我们将专注于开发能够帮助人们更好地移动的个人移动设备。

陈玮：您在中日两地都生活过很长一段时间，在对待或帮助残障人士方面，有什么建议可以和我们分享的？

孙小军：我个人的体会是日本的无障碍设施做得非常好。在日本，你可以看到很多使用轮椅的人，他们可以自由地行走，使用专用电梯，这些设施可以帮助残障人士融入社会生活。相比之下，中国有着数量庞大的残障人口，但真正能够融入社会生活的人却很少，很多残障人士因为无障碍设施的可得性不够而被困在家中，无法参与社会活动或工作。因此，我认为中国需要更多地发展无障碍设施，这不仅仅是为了残障人士，也可以帮助更多人。特别是，我们现在面临着严重的老龄化问题，老年人需要更好地融入社会，而不是被困在家中。让更多人融入社会可以提高他们的生活质量，也能够给社会带来更多的价值。

本文根据作者 2020 年 11 月 26 日在北大汇丰商学院创讲堂的演讲整理而成，经作者审阅并授权发布。

把思考作为习惯——湛庐的创业故事

韩焱
湛庐创始人、董事长

韩焱在机缘巧合之下进入了出版行业，并在"干一行爱一行"理念的指引下，深深在行业内扎根，成立了湛庐。湛庐始终坚持着"对话最伟大的头脑，与最聪明的人共同进化"的核心使命。面对技术对内容行业的变革，湛庐将迎接挑战，致力于利用未来的先进技术帮助人们学习，并将中国的声音传递给世界，让世界更好地理解中国。

投身出版：做对的事情

我创业的旅程始于一系列幸运的机缘。我学的是国际贸易，所以我以前一直认为自己未来的职业道路就是国际贸易类的。在大学三年级时，因机缘巧合我加入了全球知名出版公司西蒙与舒斯特（Simon & Schuster）在中国的分支机构，从而开启了我在出版领域的职业生涯。1995 年，为重入 WTO，中国承诺开放一部分"内容市场"，西蒙与舒斯特公司便是第一个进入中国的海外出版公司。我在公司组建初期便参与其中，开始为组建分公司的首席代表服务，以实习生身份成为第 1.5 个员工，协助图书进出口、版权等业务。

在西蒙与舒斯特公司，我在目录准备和产品介绍等工作中被公司的出版资源和文化影响深深震撼，仿佛阿里巴巴进了四十大盗的宝库。在这里我接触到了许多知名作品和作者，我的工作不仅涉及商业图书的引进，还包括计算机教材和将英语作为第二语言进行教学（ELT）的出版物，这些工作与当时中国的社会发展趋势不谋而合。

但因美国总部老板三次离婚变卖资产，公司被转手给加拿大皮尔松出版品牌。我在思考何去何从时，想到自己一直在做版权业务，却还未体验过国内完整的出版流程。于是我选择加入机械工业出版社旗下的华章出版，经历了从 0 到 1 打造商业类出版品牌的全过程，并一直做到商业类图书的中国第一。

在华章我做的最后一个产品是"德鲁克"系列，在打造产品的过程中我感受到德鲁克思想对我的洗礼：做对的事情比把事情做对更重要。有时候，改变自己，或者是挖掘自己的内心，找到自己是谁、自己的使命是什么，更重要；那对你来讲，你就是你自己的英雄。于是我开始思考，并在内心深处感受到了一种召唤，我渴望与最伟大的头脑对话，与最聪明的人共同进化。这种召唤促使我创立了湛庐出版，投身于出版事业，至今已有 17 年之久。

湛庐出版秉承的核心使命为"对话最伟大的头脑，与最聪明的人共同进化"，致力于汇聚全球各行业、各领域的专家与实践者，特别是那些在知识领域不断拓展新境界的先驱者。湛庐的宗旨在于将这些前沿的发现与成就及时传递给广大读者，坚信每位读者都应享有获取更高层次认知的权利，以此助力缩小人类认知的已知与未知之间的界限。

"与最聪明的人进化"大致可分为三个类别：第一类是天才人物，他们在推动人类认知边界的扩展中发挥着关键作用；第二类是参与湛庐事业的团队成员及各领域专家，他们认同湛庐的理念并愿意为共同的目标贡献智慧与经验；第三类是终身学习者，他们通过持续学习不断促进个人的成长与进化。这三类人都在各自的领域内以不同的方式促进着知识传播和个人发展，共同构成了"最聪明的人"的群体。

与许多人先寻找兴趣再从事工作的方式不同，我是通过投身于工作本身来发掘自己的热爱，属于"干一行爱一行"。正如我从体育差等生逐步训练自己能够完成马拉松，甚至拿到世界大满贯一样，我相信人生并非预设，而是需要我们去探索和把握命运赋予的机遇。如果命运已经给了你一些东西，不管是机会，还是能力，都应该紧紧把它抓住，观察这些东西的组合到底能够产生一些什么魅力。

我曾受到一位老社长的建议启发，他认为年轻人在30岁甚至40岁前应多尝试不同事物，以找到真正适合自己的事业。这一建议促使我不断地给自己尝试的机会，我认为这对于年轻人来说至关重要。回顾我的职业旅程，从国际出版公司的一名员工，到国内合资公司的一名员工，再到自主创业，我不断地变换角色和视角，从而保持了对工作的热情。大家需要寻找自己的"甜蜜区"，即个人擅长、能维持激情且符合组织或行业需求的交集区域。成功人士往往是在特定的机遇下投身于某项事业，并在其中不断探索和发掘，从而越来越感兴趣。因此，我提倡"干一行爱一行"的理念，这比"爱一行再干一行"更能避免自我设限，后者可能会使人错过重要的机遇。

沙里淘金：深度连接作者与读者

在我的创业旅程中，尽管面临诸多挑战，但我并不认为自己经历过所谓的至暗时刻。我始终怀有感恩之心，觉得自己非常幸运，因为创业过程中的困难和挑战往往是变相的机遇。在创业之初，由于资源有限，我在依靠于行业中积累的信用寻求合作伙伴支持时遭遇了合作伙伴的谨慎态度。但我很快意识到他们基于对我自身能力的肯定和对我眼光的信任给出了积极的建议，这将成为核心竞争力。我可以利用自己的专业眼光去"沙里淘金"，专注于辨识优秀选题，发掘那些未被充分认识的作品。目前湛庐的镇店之宝，如《影响力》《牛奶可乐经济学》《大数据时代》等百万级畅销书，均仅以一两千美元的价格购入，为湛庐保存了资源去购买更多有潜力的版权。"沙里淘金"这条路让我和更多作者有了因缘际会的可能性。

《影响力》这本书到今天为止已经出版了大概40多年，在湛庐之前，我认为它在中国的出版经历没有发挥出它更大的使命。当时《影响力》按社会类别出版，副标题是"如何让别人对你说是"，书里教大家如何识破商家骗术。实际上，这本书反过来看完全可以服务商业界，商家的说服力便体现为用这些手段实现自己的正当利益。商家想把自己好的产品、好的想法、好的观点，更好地传播出去，也要用上书中提到的武器。因此，湛庐锚定了销售员、市场部等人群，制作思维导图，免费放到网络，服务了一群真正需要这本书的人。

精准定位目标读者群体至关重要，先做减法，先找到最精准的用户群体，才有被扩大的可能性。这就像一个湖面，我扔一颗石子下去激起了一些涟漪，然后一圈圈荡起来，这个石子只有激得准，或者力道角度都对，荡出去的涟漪才会大，声响也会大。做减法就像一种雕刻，出版人一个很大的作用，就是把一块璞玉、大理石雕刻出一个他认为应该是的样子。出版人既理解作者的视角，也会考虑适合的用户任务视角，最后用自己的编辑视角结合这两个视角，这就是所谓的三个视角。

2021年，我们又做了《影响力》的更新版，现在的时代每五年就需要重新寻找卖点，与市场对标。在做《影响力》的时候，我们在想怎么样让大家明白影响力的内涵。我们意识到了封面设计上视觉冲击的重要性，在一次团队会议上我们选择了蒙娜丽莎作为封面图像，因为这幅画在人们心中具有强烈的迷人、有影响力的象征。这一决策最终也得到了作者罗伯特·西奥迪尼（Robert B. Cialdini）的认可和赞赏，他在"湛庐大师行"的时候专门将封面展示给大家看，并将中文版带到了巴菲特的股东大会，这让我们感到开心与自豪。

随着时间的推移，湛庐的封面设计风格也发生了变化，我们现在更倾向于使用简洁的国际主义风格，强调书名作为主要信息。这种风格的转变反映了我们品牌发展的新阶段。但在当年，我们依然选择了具象的图象，这也成为这本书成功的标识。

在回顾湛庐出版过去 17 年的历程时，我特别感到自豪的是我们所举办的"思想马拉松"活动。这一活动是我们为了促进跨界和跨领域的思维而创立的，因为我们相信在这个日益复杂的世界中，创新往往诞生于不同学科和领域的交叉点。

我们的"思想马拉松"每年举办两次，分别在 5 月和 11 月。我们邀请来自各行各业的领军人物参与，尤其是那些跨界合作的专家。例如，我们曾邀请量子密码学家、博物学家、哲学家和天文学家等，他们虽然来自不同的领域，但都在各自的领域内做出了卓越的贡献。

在活动中，我们将专家邀请至一个场域内，并设置红队和蓝队，鼓励专家们像在高级行业会议上一样深入地分享他们的研究和见解。活动一共设置 7—9 位发言人，包括多样的学科与不同性别，他们在计时的情境下展开深入交流，活动全长达十多个小时。活动现场，红、蓝两队的 7—9 位老师以 U 字形坐在中间，第二圈列席往年演讲、分享的嘉宾，他们可以随时提问、随时批判、随时追加问题。最外圈的工作人员则完全为与会者服务，不干扰嘉宾思维与思想的流动。

这种交流方式激发了与会者的思考，在人工智能、量子密码学、天文学、哲学、数学等多领域内，他们能够基于思维逻辑的共性理解并欣赏彼此的工作，甚至提出建设性的建议和挑战。"思想马拉松"不仅是一个知识分享的平台，更是一个思想碰撞和创新的孵化器。我们从思维马拉松中集结出科学家们认为亟待解决的问题，并出版为《那些比答案更重要的好问题》一书。

心灵储能：创造存在的意义

现在很多人都处于焦虑的状态中，担心努力得不到自己想要的回报，或是现在同等的努力达不到以前的成果，所以总是关注"值不值"。我们最近有一位作者的新书将要出版，他是耶鲁大学心理学家保罗·布卢姆（Paul Bloom），专门研究情绪、心理能量、快乐与痛苦等相关问题。在新书中，保罗·布卢姆想要解决一个问题：什么样的痛苦是值得的？什么样的努力是值得的？

结论在于目标感。爬 5 000 级台阶和攀登乞力马扎罗山同样都要耗费体力，但是爬山带来一种目标感。当经历痛苦的时候，目标指引会让我们想尽一切办法克服困难和痛苦，努力达成它，这将会带来满足感和突破感。因此，越感觉到焦虑、有压力，越感觉到混沌、不明确，越感觉到周围的一切都是"乌卡"状态的时候，越要为自己做的事情去找到目标感。

人生的意义感就是不断给自己塑造一些目标。生物学家肖恩·B.卡罗尔（Sean B. Carrol）写的《进化的偶然》让我们明白，本来人类是不会存在的，只是在一些偶然事件下人类在数次灾难中都适者生存。不仅是物种，我们每一个个体的存在其实都是由一系列的偶然造成的。我们本身的出生，我们本身的存在，都没有意义，既然没有意义，我们是不是每一天都躺平？既然已经出生，我们生存过程中最好玩的就是创造，创造现在世界上没有的东西。因此，我们一定要通过努力、通过克服困难和痛苦，去创新、去找到自己的目标。你要让你的这一次存在被你自己不断地塑造出意义来。

每个人的状态都有高低起伏，关键在于顺应状态的周期。我们不可能永远都处在能量高昂的阶段，所以要了解自己的高峰期和波动周期，在不同阶段做不同的策略。因为新冠疫情的因素，湛庐在印刷、物流、仓储、门店等各方面也受到了影响，面临不能盈利甚至亏损的状态，这给我们带来了很大的压力和焦虑。然而，通过与团队的沟通和对公司基础的反思，我们找到了克服困难的方法。

第一，湛庐从稻盛和夫的《干法》学到一定要保持尽可能多的现金流，有三年以上资金储备，没有滥用资金杠杆。第二，湛庐具有优秀的选题储备，出版规划有条不紊，同时在管理流程上梳理提升。第三，湛庐在 2016 年、2017 年时开始从物质产品走向数字化产品，湛庐阅读 App 里第一时间上架的电子书、有声书，还有配套的精读班等，在此期间发挥了作用，也促使湛庐思考更多新布局。

压力和焦虑也能成为变废为宝的契机，通过明确下一步的行动计划，我们可以为自己的心灵储能，从而提升心理能量。

深度连接：还原真实中国

深度连接来自出版人思维。出版人思维在于帮助作者发现价值、增加价值、传播思想，进而达到共赢。因此，能帮我的合作者达成对他们而言的重要部分，是产生深度关系的关键。在工作合作中，无论是谁的选题，我们都会通过阅读原作来学习、理解、产生连接。通过阅读内容去理解作者的表达，把握表达中的价值，帮助作者向目标客户传递价值，这才能使出版人和作者间的连接从虚线变成一条实线。

帮助作者出书只是起点，我们还要通过深入交流和创新的合作模式，孕育新的内容。在和美国知名心理学家菲利普·津巴多（Philip George Zimbardo）交流时，通过沟通时下趋势，我们了解到视频与创作者生态已成为中国的趋势。我们进而在 B 站上开设专栏，让津巴多与中国年轻人直接对话，从而实现了双方的深度连接和价值传递。这种合作不仅加深了我们与作者的关系，还促进了知识传播和文化交流，甚至衍生出了津巴多心理学奖，进一步扩展了合作的边界。

此外，湛庐出版一直致力于推动中外文化交流的工作。仅仅通过图书和内容的输出是不够的，因为文化隔阂使得直接的文化传递并不总是有效。打破传言和偏见的最直接、最有效的方法是让人们亲身体验和真实交往。

过去，我们邀请了许多国际作者来到中国参与一系列活动。这些作者到访中国时除参加活动外，也会接触到中国的政府机构和商界人士，深入了解中国风土人情。这些作者作为各自领域的领军人物，我们与他们之间的交流对于改变认知至关重要，他们的观点和体验将能够影响更多人。有一位来自纽约大学的作者，他来中国之前非常紧张，甚至准备自带大米。但当他真正踏上中国的土地，随着行程的展开，他的顾虑和预设观念都发生了改变。他意识到他之前对中国的理解与实际所见大相径庭；当他再次访问中国时，他的态度和体验已经完全不同。

新冠疫情期间，虽然国际旅行受限，但我们并没有停止我们的努力。我们通过线上的"湛庐大师行"继续促进中外专家的交流，将中国的声音传递给世界。我们坚信，通过这些实际的行动，我们能够持续地为中国读者提供有价值的内容，同时也让世界更好地理解中国。这是我们一直在做的实实在在的事情。

湛庐出版的使命和初心——对话最伟大的头脑，与最聪明的人共同进化——在未来十年、二十年乃至三十年都不会改变。然而，我们采取的方法将会随着技术的发展而变化。正如每个行业随着新技术的出现而经历变革一样，内容行业也在不断地利用新技术来满足人类对知识更新和认知发展的需求。过去，我们主要通过阅读纸质书籍来获取知识。随着技术的进步，我们现在可以通过音频、视频等多种媒介来学习。未来，随着交互式技术的发展，我们可能会看到更加动态和共创的学习体验，比如实时更新的电子书。

包括人工智能在内的许多新技术将不断升级和改变我们的学习和阅读体验。湛庐出版即将推出的关于元宇宙的书籍就是一个例子，它探讨了技术将如何塑造未来。作为内容服务者，我们的目标是不断寻找和利用最好的技术来帮助大家实现学习的革命。在十年、二十年后，我们仍将致力于利用未来的先进技术来帮助人们学习和进化。

本文根据作者 2022 年 7 月 13 日在北大汇丰商学院创讲堂的演讲整理而成，经作者审阅并授权发布。

活出 "七幕人生"

杨嘉敏

七幕人生创始人

杨嘉敏，2012 年从日本软银回国，并在当年正式成立了七幕人生公司。公司的核心业务是引进西方经典音乐剧的版权并进行本土化制作。随着不断发展，公司业务范围已扩展到少儿艺术教育和艺人经纪等领域。自成立以来，公司成功引进并制作了多部西方经典音乐剧，包括《我，堂吉诃德》《Q 大道》《音乐之声》《一步登天》《灰姑娘》《玛蒂尔达》《放牛班的春天》和《狮子王》等。公司的目标是创作出能够代表中国走向世界的艺术作品，并将艺术教育带给中国的各个年龄段的观众。

当热爱遇到理性

陈玮：您可以先介绍一下公司为什么叫七幕人生，而不是九幕人生吗？

杨嘉敏：这个名字的灵感来源于莎士比亚的作品《皆大欢喜》中的一段独

白，大意是，世界是一个舞台，所有人都是演员，每个人都有自己的出场和退场，西洋人的一生可以分为七幕。他随后描述了人生的七个阶段，从婴儿到上学，再到找到爱人、成为将军，最后退休、老去，直至失去感官的敏锐，回到孩童般的状态。这与中国文化中关于人生阶段的描述有异曲同工之妙，比如"三十而立、四十不惑"。因此，我觉得"七幕人生"这个名字既源自莎士比亚的文本，又与中国文化中对人生阶段的理解相契合，它讲述的就是人的故事，所以非常适合我们公司。

陈玮：您回国创业时才 25 岁，是什么促使您在 25 岁时选择创业，并且决定投身于音乐剧这个行业？这个决定的背后有什么故事吗？

杨嘉敏：我认为可以从三个方面来解释我的决定。首先，是我个人的热情。在大学学习文学期间，我对电影、文学和戏剧产生了浓厚的兴趣，虽然当时只是把它们当作爱好，并没有想过将它们转变为终身事业。

其次，我在日本软银工作的经历让我有机会观察其他创业者在做什么，也让我开始思考自己的未来事业方向。创业的想法似乎根植于我心中，这可能与我成长的环境有关，因为我来自浙江，那里的商业氛围让我感觉投身实业是一种自然而然的选择。

最后，在日本工作期间，我发现音乐剧在日本有着产业化的潜力，并且已经孕育出了几家百年企业，如 1913 年成立的宝冢歌剧团和 1953 年成立的四季剧团。这些公司不仅具有长期价值，还在艺术、商业和社会影响力方面取得了巨大成就。我觉得在中国，音乐剧还是一个未被开发的领域，而我自己对此又充满热情。

陈玮：您对音乐剧的哪些方面充满热情？为什么？

杨嘉敏：我一直认为优秀的音乐剧作品能够在现场给观众带来超越其他文化形式的体验。音乐剧的表现手法全面而充分，它具有天然的现场感，以及音乐和舞蹈本身的魅力。音乐和舞蹈从远古时代就根植于人类的基因中。音乐剧将这些元素巧妙地结合，用以讲述人类的故事，因此它可以说是艺术领域的集大成者。我自己最震撼的体验都来自音乐剧现场，它能够以现场的形式展现出无限的想象力。

陈玮：您第一次感受到音乐剧的震撼是在什么时候？

杨嘉敏：我记得是在 2008 年，当时我第一次在海外观看音乐剧，那是在百老汇看的迪士尼的《狮子王》。当剧中太阳升起的场景出现时，我被那种想象力深深震撼。尽管我之前看过《狮子王》的电影，但音乐剧的现场表现力和对有限空间的极致利用，展现出了无限的想象力。那种在有限条件下创造出的震撼感，只有在现场才能体验到。那次体验让我后背发凉，而且不止一次，是多次现场观剧的震撼，它超越了所有的文字和影像内容。

陈玮：这种艺术形式最能激发您的情感？

杨嘉敏：是的，音乐剧对我有着特别的意义，它能够深深触动我的内心。

陈玮：喜欢某样东西是很自然的事情，但将这种喜爱转化为创业的动力需要一个过程。您能分享一下是什么让您决定将对音乐剧的喜爱变成创业项目吗？

杨嘉敏：实际上，我在决定创业之前进行了一些理性分析。我在日本工作时担任财务分析师，对市场和商业模式有一定的了解。我虽然对音乐剧充满热情，但最初关注的是移动互联网的机遇。然而，我注意到日本的音乐剧市场比中国发达得多，这让我意识到音乐剧不仅是公益事业，也是一个产业。

我利用在投资领域学到的方法论对市场进行了研究，发现音乐剧具有持久且可规模化的商业模式，并且当时的中国正处于一个非常适合音乐剧发展的时机。我观察到，当一个国家的人均 GDP 突破 1 万美元时，音乐剧这种娱乐形式就会兴起，这与消费品类似。一旦达到某个经济水平，就会出现新的消费品类和娱乐方式。

在 2011 年至 2012 年间，我认为未来十年是中国音乐剧发展的大好时机。音乐剧的商业模式门槛低，但一旦成功，其复制壁垒非常高。如果抢占先机，尤其是在市场头部集中度高的情况下，成功制作的音乐剧可以持续上演数十年，产生巨大的经济效益。例如，百老汇的《狮子王》和《悲惨世界》累计票房超过 100亿美元，其中还不包括演出带动的周边经济。

陈玮：更进一步说，是什么最终促使您决定投身于这个行业呢？是因为热情、喜爱，还是因为您认为这是一个好的商业机会？

杨嘉敏：我认为两者都很重要。要做成一件事，热情和使命感是必不可少的，它们支撑着你在各种困难时刻坚持下去，并决定你能走多远。没有热情，你可能只能取得一些小成就，但不可能将事情做到你希望的程度。同时，理性的分析和客观的决策也非常重要，因为只有热情而没有理性的商业逻辑，很难保证事业的稳定和长远发展。

陈玮：很多人可能分析了很多，也很喜欢某个领域，但最终只停留在思考，并没有真正采取行动。您当时在日本软银的工作也很不错，做这样一个改变不太容易吧？

杨嘉敏：对我来说，这并不是一个难以做出的决定。当你决定要做一件事情时，就应该开始行动。从个人成长的角度来看，我认为自己的学习更多是通过实践来完善的。我在读书时就意识到，我不是那种只做纯理论研究的人。我希望通过实践结合理论，然后在实践中提炼认知和方法论，再用这些认知和方法论指导新的实践。这可能是我习惯的成长方式。

陈玮：从想法到实践，它具体是怎么启动的？

杨嘉敏：实际上，有一个客观的外部力量助推。2011 年日本发生了前所未有的大地震，这对我产生了重要影响。当时我正在软银总部的 26 层工作，目睹了东京铁塔冒烟的景象。由于日本是一个地震多发的国家，平时的小地震大家都习以为常，但那天的情况让我感到非常害怕，因为我看到身边的日本同事哭了，所有的通信设备都中断了。那一刻，我深感人生的无常，意识到如果今天能够活着回去，我应该去做自己真正想做的事情，而不是一直准备而不行动。

陈玮：在那种紧急的情况下，您还有时间去思考这些关于人生的大问题吗？

杨嘉敏：虽然当时的情况很紧张，但我们并没有处于真正的生死存亡之中。那种极端的情境让我思考，如果我能活着离开那座大楼，我还有哪些真正想做的事情。那天晚上，我们只能爬楼梯回到住处，因为电梯已经停止运行了。在日本度过了类似疫情封锁的一周后，我最终经停大连回到了国内，然后就着手启动音乐剧项目。

以真诚作为武器

陈玮：您最初是如何开始这个项目的呢？

杨嘉敏：一开始我什么都不懂，但我已经分析了四季剧团、东宝和宝冢歌剧团等成功的商业模式。我知道需要一个先引进海外剧目，再进行本土化原创的过程。具体来看，通常需要大约十年的时间来引进海外剧目，积累经验、方法论，并对本土市场和观众有深入的了解，然后才能尝试原创制作。我最初的计划是引进海外剧目，了解别人的作品是如何制作的以及其长盛不衰的原因。这个过程也能锻炼我们的团队。

陈玮：那您是如何解决启动过程中遇到的问题的呢？

杨嘉敏：我首先分析了启动项目所需的基本要素和资金，比如最初的版权费用，以及组建一个精简团队所需的人员。这个过程很快就能拆解出来，但真正开始执行的时候，我发现每一个环节都是一个难点。最大的难点是版权问题。一开始我尝试寻找投资，但由于我没有这个行业的从业经验，即使有投资公司的背景，也很难找到资金支持。因此，我决定使用自己的40多万元积蓄来启动项目，量力而为。我计划用这笔钱先做出一个样本。首先，我们需要验证中国观众是否接受音乐剧。我咨询了一些话剧制作人和舞台相关人员，了解了租用剧场的规模和成本。最终，我选择了北京苹果社区的木马剧场，一个大约能容纳 100 多人的小剧场，场租是 2 000 元一场。我租了三周，这比许多演出的周期要长。因为音乐剧需要长期演出，不同于电影可以全国放映，音乐剧是场次制的。我们之前可能一周只演出四五场，三周十几场，花费大约 4 万元，占了我积蓄的十分之一。

接下来，我需要找到导演。幸运的是，我在北大学习英美文学时的导师是一位戏剧导演。我拜访了他，讨论了我的设想，没想到我们一拍即合。他希望在中国大学里建立戏剧系，因为戏剧系在海外大学是标配，但在中国却不是。他同意加入我们，成为我们的第一位导演和主演。我们的第一部作品是《我，堂吉诃德》。

陈玮：选择这部剧的原因是什么？

杨嘉敏：我们讨论了很久，导演认为这是音乐剧里最好的作品之一。虽然我知道《音乐之声》等更知名，但我们的预算有限。导演建议我先读剧本，如果我喜欢，我们就继续讨论。我读剧本到深夜，深受感动，决定要制作这部作品。尽管许多人可能认为堂吉诃德是个疯子，但这部作品展现了他的理想主义和对人的热爱，非常感人。通过故事和音乐，剧情节奏逐步推进，观众会被深深吸引。

我在阅读剧本时，脑海中已经有了音乐的旋律。我对这部作品的音乐非常熟悉，所以即使没有实际听到，我也能想象出音乐的感觉。

陈玮：剧本和音乐是如何同时打动您的呢？

杨嘉敏：剧本和音乐都非常感人。特别是剧中有一首歌曲《不可能成功的梦想》(The Impossible Dream)，这首歌曲非常著名，被包括猫王在内的许多世界级歌唱家翻唱过。我和导演很快就在第一部作品的选择上达成了共识，然后着手获取版权，这个过程耗费了我们大约半年的时间。最大的挑战是对方不对中国开放版权。我们最初联系的是版权代理机构，对方告诉我们中国市场的版权不开放。我们研究了版权的情况，发现实际的版权持有者是作品的作者——作词、作曲和编剧。我们尝试联系这些作者，发现其中只有一位作曲家还在世。

我们联系到了这位 80 多岁的作曲家的经纪人，并向他们发送了一封充满诚意的邮件。经纪人给我们报了一个价格，100 万元人民币，但我总共只有 40 万，而且这还要用于制作。我们尝试与他们协商，最终他们同意让我们飞往纽约与作曲家本人面谈。

陈玮：您能具体描述一下当时的场景吗？

杨嘉敏：我记得他非常富有，他在纽约繁华的曼哈顿拥有一栋小楼，并且他还捐赠了一栋以他的名字命名的大楼给耶鲁大学。我们向他表达了我们对音乐剧的热爱，以及《我，堂吉诃德》这部作品对我们的深刻影响。我从观众的角度讲述了这部作品如何打动我，以及我对中国音乐剧市场的潜力和需求的看法。我们强调，制作这部作品对我们来说不是一时的冲动，而是看到了在中国推广优秀音乐剧的巨大潜力。我们相信，如果这部作品能在那个时刻深深打动我这么一个 25 岁的年轻人，那么它同样能够打动更多的中国观众。我们希望能够通过我们的努力，让更多人了解并欣赏这部作品。

交谈中，导演强调了《我，堂吉诃德》所展现的理想主义色彩和对人性的深刻理解与爱。他认为在 2011 年至 2012 年中国快速发展的时期，这样的作品能够带来正面影响。虽然堂吉诃德的命运看似是悲剧，但导演和作曲家都认为这部作品本质上是戏剧。在与全球多位导演的交流中，我们发现能够看透悲剧外壳看到戏剧内核的人并不多。

经过三个多小时的交谈，这位作曲家相信我们能够很好地照顾这部作品，并给了我们一个远比经纪人报价低得多的价格——10 万元人民币。我非常开心，觉得项目终于可以启动了。虽然一开始没有预料到谈判会花费大量时间，但我们还是克服了所有障碍。

陈玮：回来之后，这件事情是怎么推进下去的？

杨嘉敏：回来之后，我们开始进入排练阶段。大约三分之一多的预算花在了版权和场地上，剩下的 20 多万元全部投入制作上，包括舞美、演员费用和主创费用。我们的班底主要是北大的学生，他们的酬劳非常低。虽然每场演出演员的费用只有 100 元到 200 元，但大家都很有激情。

演员来自各个系。有一次因为演员不足，我们的音乐总监，一个北大合唱团的主唱男生，反串了一个女生的角色。尽管有很多奇怪的好玩的事情，但我们还是在有限的经费上做到了最好。

不过，第一周上座率非常凄惨，因为我没有市场运营经验，也没有资金。我们把所有的钱都用在了版权、制作和场地上，只剩下 1 万元用于宣传。我们尝试了开发布会，但效果不佳。后来，我想到了利用微博的影响力，通过找到一些在北京、粉丝量在百万以上，并且曾经提及过音乐剧的文化名人，然后向他们发邀请。在他们的积极回应和支持下，我们逐渐提高了上座率。

到第三周基本上一票难求。所以三周过后，虽然没有盈利，但至少验证了音乐剧在中国是有观众的，并且观众有复购和转介绍的可能性。这让我确信这个模式是可行的，于是我开始正式投入这个事业。

危机中蕴含着机遇

陈玮：在这个过程中，有哪些重要的节点或者难忘的故事可以分享的吗？

杨嘉敏：最初我们其实在持续爬坡，每年保持 80% 以上的增长率。到了 2019 年，我们达到了 40 多万观众，收入超过 2 亿元，但团队只有 30 多人。每年的收入增长大约在 70%—80%。虽然看起来增长稳健，但实际上每年都在摸爬滚打。最大的挑战是 2018 年前后，我们在组织管理方面遇到了很大的挑战。在公司成立的头五年，也就是 2012 年到 2017 年，我们没有任何的管理或组织概念。团队成员都是凭借热情和激情在工作，虽然非常辛苦，但成果还不错。然而，到了 2017 年，我在管理上遇到了瓶颈。要将演出规模化，需要非常精细化的管理，而我对管理一无所知。文化消费品的本质要求我们无论多少场都需要保证每一场演出的品质。与生产手机等标准化产品不同，每一场演出都是由人来完成的，存在不确定性和柔性因素，所以实际上，这对组织的管理和要求比工艺品生产还要高。

在这种情况下，2017年我们遇到了许多问题，比如在剧目选择上出现了一些偏差。这些问题暴露出我们在组织和管理上的不足，需要我们从根本上解决这些问题，以便在未来能够更好地发展。我们最初选择剧目时有三个关键标准：好故事、好音乐和长档期。前两者是实现长档期的基础。但是到了2017年，为了扩大规模，我们在内容选择上有所放松。我们选择了一些可能并不符合我们对好故事和好音乐定义的剧目，只是认为这些题材可能会受到观众喜爱，或者符合当时观众的喜好。但这些剧目被推向市场时，并没有取得成功。甚至有一部职场剧，其成本消耗了我们近一轮融资的资金。这主要是因为我们做出了一些不够谨慎、不够理智的决策。

尽管现在我们依然强调内容是核心，每一部作品都必须能够真正打动观众，这是建立声誉的基础，但当时有一个剧目，我们团队甚至没有仔细讨论剧本和歌曲，仅粗略地浏览就决定要上演。这对我来说至今仍然是不可原谅的。如果自己都未被作品打动，就很难期望它能够打动观众。这是一个深刻的教训，提醒我们在选择剧目时必须保持高标准和真诚的态度，确保每一个作品都能够触动人心。

另一个危机来自团队。我们在验证了一些成功的方法论后，开始扩充团队。虽然还没有到完全失控的状态，但在2017年，收入只有2019年的五分之一时，团队人数已经达到了150人。那时候的效率非常低，人员冗余。但我当时认为每个部门都要齐全，以为增加人手就能增加组织效能。但实际上，没有深入思考和打磨核心运营方法，只是简单地依靠增加人员和产量来扩大规模。

于是，我发现老员工开始进入一种"上班"的状态，而且因为自认为是元老，对新员工并不那么认同，他们的原始激情消失，进入了疲惫的状态。其次，对于新员工，我可能自己在选人用人上没有足够的经验，新员工也没有很好地融入团队和产出成果。尽管 100 多人的团队规模不大，但已经出现了很强的"部门墙"。很多事情在内部协调时推进困难。很多时候需要我亲自组织会议，大家才开始行动。如果只是依赖内部协同，很多事情最终不了了之。很多会议都没有实质性的结果。

陈玮：有没有关于部门或组织方面的具体事件的例子？

杨嘉敏：在公司规模扩展到 70 至 80 人时，我首次面临管理挑战。起初，我没有深入挖掘问题的本质，也未意识到自己在管理方面的不足，认为应该聘请一位擅长管理的 COO 来协助。然而，这位 COO 上任后，尽管团队人数在三个月内从 80 人增至 150 人，工作效率却未见提升。更换办公室时，COO 提出的一些要求，如需要独立办公室以及同事间应以职称相称，让我感到不适。这些细节逐渐让我认识到，公司的文化和氛围与我最初设想的创新创业环境背道而驰。官僚主义的滋生导致了老员工的不满和新员工间的隔阂。这种情况在我于 2018 年初休完产假回到公司后变得尤为明显。那时公司的氛围已经发生了显著变化，这促使我重新审视管理策略，并思考如何改善公司的内部环境，以恢复创新和协作的精神。

我意识到我需要成长，不能期望通过引进一个人来解决公司成长过程中的问题。我需要自己来解决这些问题。至今，我仍然认为这不是 COO 一个人的问题，根本上还是我自己的问题。期望一个 COO 或 CHO 来解决公司最根本的问题是不现实的。

所以，对我来说，最大的成长是回来承担起责任。我决定亲自回到公司，挑起大梁，着手解决这些问题。这个过程虽然痛苦，但也是我个人和公司成长的重要一步。

陈玮：面对已经扩张到 150 人的团队，您是如何改变现状，重新激发团队活力的？

杨嘉敏：我需要明确业务的核心驱动力。没有将资源集中在最强驱动因素上的扩张是不准确的。在 2018 年到 2019 年，我做了两个主要的调整。第一个是重新确认我们业务的核心驱动力——产品和产品质量。好的产品和口碑是所有事情的基础。如果产品本身不具备吸引力，再多的营销手段也无法促使用户复购。所以，我们在产品上投入了更多的精力，确保我们能够将一个 80 分的产品提升到更高的水平。

我们在版权选择上变得更加严格，制定了定性和定量的评估标准。定性方面，我们通过评审委员会来判断故事是否能打动我们，因为如果连我们自己都不感动，不想看，那么观众也可能不会有观看的兴趣。定量方面，我们会评估这个作品在中国是否有超过五年的生命周期。这是一个非常严格的要求，因为大部分客户可能在第一年之后就不再关注，所以要保证作品能够持续吸引观众至少五年。这对作品的时效性和流行性提出了很高的要求。通过这样的标准，我们确保引进的作品不仅在当下受欢迎，而且能够持续产生影响力。

我们会考虑音乐是否有传世的可能性，至少有一两首歌曲能够让人耳熟能详，比如《音乐之声》和《猫》中的那些经典旋律。在定量方面，我们会从多个维度进行评估，比如这个作品在海外的表现如何，在百老汇上演了多久，在日本和韩国的票房如何。如果一个作品只在原生地国家成功，并不代表它改编成中文版后也能成功，所以我们会参考日韩的演出情况。

我们选择的作品不是全新的，有的在日韩已经有成功的经验。例如，《我，堂吉诃德》在百老汇上演了超过 10 年，在日本演了 50 年，在韩国也一直是票房前十的音乐剧。虽然我们在 2012 年选择这部作品时没有使用这些标准，但后来回顾时发现，当时的选择虽然是偶然的，但是是正确的。因此，我们要找到更多符合这些标准的作品。我们会对作品进行评分，75 分以下的作品我们会暂时搁置，期待它们可能会随着时代的变迁而重新焕发生命力。

陈玮：据我所知，七幕人生起初不是会员制运营。从原来的销售导向转变为会员制和内容营销，这个过程中有什么具体的变化？

杨嘉敏：我们发现团队中大部分人做的是销售工作，并没有产生多少效率，同时只保留了 20% 的客户。所以我们精简了团队，保留了最核心的成员。我们意识到，以前那种推销并不是我们内容产品应有的方式。现在我们转变为会员制，让客户真正成为我们的用户。

就团队而言，从产品到运营的本质改变解决了很多人的问题。我们通过这种方式优化了团队结构，提高了效率，确保了每个人都能在正确的位置上发挥最大的作用。这样的组织变革是必要的，它帮助我们更好地专注于我们的核心业务——制作高质量的音乐剧作品。

无论是面向 C 端还是 B 端，我们都把客户转变为会员，成为我们能够深度服务的人群和机构。另外，我们意识到在运营过程中忽略了音乐剧本身作为内容的价值。我们开始尝试使用短视频作为营销工具，因为音乐剧非常适合视觉展示。以前我们依赖图文，但那无法带来直观的感受。现在我们制作大量的短视频内容，用内容本身吸引潜在用户。这个过程也慢慢孵化出未来有潜力做原创的人才和团队。我们把原来以销售为导向的团队，转化为以会员运营和内容营销为主的团队，人数减少但效率提高了。

2019 年，我们发现通过提升内容质量，用户好评率大幅提高，微博和豆瓣上的正面评价的数量和程度都很高。从经济效益角度来看，我们的单场收入直接翻了一倍，因为内容质量的提升使得观众愿意支付更高的票价，即便票价提高，依然一票难求。这证明了将核心驱动因素做到更极致的想法是正确的。

此外，2017 年我们参与了一个名为《声入人心》的音乐剧和歌剧选秀节目，这是我们初步的合作。这个节目极大地推动了我们的票房，甚至整个市场的票房。我们意识到综艺可以带来一个巨大的线上放大效应。因此，我们在 2017 年、2018 年初步合作后，开始考虑是否可以持续做一些音乐剧类的综艺节目。我们研究了其他线下演艺品牌的成长过程，发现无论是开心麻花、德云社，还是海外的四季剧团、皇家莎士比亚剧团，它们的成长都与线上手段的运用有关，这是一个很大的增长引擎。综艺在某种程度上解决了传播问题，但它不是根本，根本是追求单体质量的事情。

个人潜能的发挥需要组织的支持

陈玮：您谈到2018年的挫折，但我听起来您讲得很平静，好像在讲另一个人或公司的故事。在这个过程中有什么痛苦的地方吗？

杨嘉敏：2018年，我在生完孩子后不久就开始担心公司的事情。5月回到公司开始整顿，最痛苦的阶段是5月到10月，大约半年的时间。作为一名新手妈妈，在自己手忙脚乱的同时，还要处理公司业务。最困难的是，我需要劝退那些我花了很多时间和精力招募来的人。我的内心其实很柔软，所以劝退每个人的过程都非常艰难。我觉得我肩负了很多责任，不舍得让任何一个人离开。那半年是一个情感爆发点，但整顿之后，状态就好很多了。这对我来说是一个自我否定和重新塑造的过程。从2018年开始，虽然我知道裁员很痛苦，但我也认识到了组织的重要性，这是我个人成长的一个重要部分。我开始更多地关注每个普通成员的成长，学会在重要的节日给予关心和关怀。

陈玮：您是如何悟出这些道理的？是外部因素还是内心的觉醒？您提到了"重塑"，这个概念似乎非常重要，您能分享一下这个过程是如何发生的吗？

杨嘉敏：回顾过去，我认为有很多因素在那个关键时刻共同发挥了作用。首先，成为母亲这个看似与工作无关的变化，实际上极大地影响了我。它让我对人有了更多的同理心。以前我可能会用一个很高的标准来要求别人，如果他们没有达到我的期望，我可能会感到不满。但是，当我看到一个新生命，他连最基本的动作，比如抬头和走路，都需要学习，我开始更加理解人的成长过程。

其次，我在组织中遇到了巨大的挑战。这让我意识到，我并非无所不能。如果想要建立一个长久的企业，我不能仅靠自己。我需要一个团队的支持，需要团队成员齐心协力。在此之前，我对团队的理解还很肤浅，我把它看作完成任务的工具，而没有意识到团队本身的力量和使命感。通过这些经历，我开始重塑我的管理理念和领导方式，更加重视团队的建设和成员的成长。

当然，我也在学习中成长。比如说，2018年阿里巴巴投资了我们公司，阿里巴巴的一位投资顾问在管理上给了我很大的帮助。我记得当时我向他倾诉了很多组织上的困扰。他从一个旁观者的角度指出，我遇到的问题实际上是组织层面的问题，而不是个人问题。他告诉我，应该考虑是否将员工放在了合适的位置上，而不是单纯地认为某个人有问题。他的话让我意识到，个人潜能的发挥需要组织的支持，而我以前在这个问题上的视角可能有些单一。

包括通过与一些企业家的交流，我发现我遇到的问题并不是新问题。通过与他们的对话，我了解到他们是如何看待和处理这些问题的。所以，我认为是通过这些各种各样的契机，我逐渐发生了变化。这个过程更像是一个渐进的转变，而不是一个突然的顿悟。

陈玮：在2018年那段时间，您休完产假回来后的几个月，似乎您的创业上的和个人生活上的变化都集中在一起，您有没有感觉到自己从中走出来了呢？

杨嘉敏：我觉得到了2019年初，我整个人的状态放松了很多。尽管工作节奏依然快速，我的心态却变得更加轻松。有两个主要的感觉。首先，我现在投入工作中时感到非常愉快。回想起八年前，我对很多事情都不太了解，包括对艺术形式和组织的认识。现在，我每天都抱着一种"今天是创业的第一天"的心态，感到非常幸运。八年前我几乎一无所知，但我现在已经懂了很多，这种感觉让我非常开心。

其次，我感到了一种深刻的连结。无论是与家人还是团队成员之间的联系，都变得更加紧密。我们齐心协力，共同前进。之前我没有管理经验，我妈妈甚至开玩笑说我连当班长的经验都没有。所以，无论是工作还是学习，我一直都是单打独斗的状态。无论是做分析师还是投行工作，都不需要团队，靠自己就足够了。

但现在，我不再把人看作工具，而是把他们视为成长中的个体。我开始更加关注他们的成长和变化。我认为，只有当组织中的每个人都在成长时，整个组织才能成长。这是我的浅见，我认为组织不仅仅是完成任务的工具，更是一个生命体。这个生命体越是健康、营养全面，思想认知越是接近本质，它所追求的目标就越有可能实现。

另外，我对自己的认知也在发生变化。以前我从不示弱，在团队内部，我从不直接说"我错了"。即使意识到自己犯了错误，我也会用其他方式表达。现在，我更愿意承认自己有想不到的事情。我发现，以前同事们不愿意提出意见，但现在我们的一线同事可以在半夜直接给我打电话，告诉我他们认为我在某些事情上没有考虑清楚或做得不对。虽然我觉得他们这样直接打电话有些冒失，但我还是会倾听他们的意见。

陈玮：您对七幕人生未来的发展方向有何期待？

杨嘉敏：我的理想是远大的。首先，从公司的使命出发，我真心希望我们的公司能够影响中国一代甚至几代人的审美、生活和精神。这几个方面是紧密相连的。我相信，通过提供优秀的内容，让大家接触到美好的事物，是提升人们精神、生活和审美的基础。未来，我希望能够创作出属于我们自己的《悲惨世界》，并且不仅仅是七幕人生在推动这一进程。随着中国经济的发展和人们审美意识的提升，我们的土壤也在发生本质的变化。例如，前两年我们很难找到具有国际视野的本土设计师和导演。但是这两年，随着"95后""00后"的成长，他们中有许多人出国学习艺术、设计、文学、导演和制作，人才变得丰富起来。再加上我们在这一领域的耕耘和积累的经验，我相信我们可以与这些人才结合，共同创造出伟大的作品。

如果要说愿景，我希望我们能成为真正意义上的像迪士尼一样的企业，这是一件值得投入一生去做的事情。

本文根据作者 2020 年 11 月 18 日在北大汇丰商学院创讲堂的演讲整理而成，经作者审阅并授权发布。

由爱出发，持续创业

李霞

深圳市诚信诺科技有限公司创始人，关注环保和 BOP 人群的社会企业家

李霞的创业之路高光不断。2018 年和 2019 年，她获得了诸多荣誉，不仅入选"一带一路"青年创业故事 20 强，荣获社会创新家 TOP10，还被亚洲开发银行评为"新能源领袖"；2024 年，她又荣获当年施瓦布基金会社会企业家奖项，并受邀参加达沃斯世界经济论坛。李霞不仅是一位杰出的创业者，还是三个孩子的母亲。她的创业故事就像她的诸多身份一样，既独特又充满责任感。

做一家有温度的企业

我们的公司"POWER-SOLUTION"致力于通过清洁能源改善极端贫困人群（bottom of pyramid，BOP）的生活环境。自 2009 年以来，我们一直在为这个群体提供服务。BOP 人群的生活环境非常具有挑战性，全球有超过 40 亿人口的日收入不足 2 美元，他们使用煤油灯面临的挑战包括每天有大量人因火灾或二氧化碳

排放导致的死亡，以及 19 亿吨的二氧化碳排放。我们通过实地考察和研发升级，推出了名为"蜡烛消灭者"（Candles Killer）的产品，它使用当地常见的矿泉水瓶作为支架，降低了支架高度，减少了材料使用，同时也降低了"最后一公里"的运输成本。

我们的愿景是希望通过太阳能创造新生活，为 BOP 人群提供清洁能源，让每个人都能负担得起。我们提供的不仅是"蜡烛消灭者"，还有旨在在"最后一公里"建立电子信息传递系统的太阳能数字化传播产品，以帮助他们获得有效的教育类内容、疾病预防知识等。同时，我们还提供太阳能家用系统，如太阳能电视、太阳能风扇和太阳能冰箱等太阳能直流家电，以帮助他们享受更好的生活。

为了使清洁能源更加为人所负担得起，我们在 2012 年进入生产制造业，希望从源头控制成本和品质。尽管很多人可能认为服务 BOP 人群时技术不是最重要的，但我们仍然拥有近 80 项专利，包括外观专利、实用新型专利、发明专利和软件著作权等。

我们还结合太阳能技术和媒体内容，开发了 Solar Media 这样的产品。这是因为我们发现 BOP 人群的文盲率极高，尤其是女孩子受教育的机会更少，大多数人缺乏疾病预防和护理知识，使得疾病进一步加剧了家庭的贫困。我们希望通过 Solar Media 这样的产品，在这一群体中建立信息化的数据传递。特别是在当时新冠病毒全球暴发的情况下，对于"最后一公里"没有电力和信息渠道的人来说，这个产品的意义非常重大。

经过 11 年的努力，我们的产品和服务已经覆盖了全球 66 个国家，拥有长期合作的经销商。这些供应商都是我们亲自走访非洲的批发市场一个个谈出来的。至今，已有 5 500 万 BOP 人群受益，用清洁能源产品改善了生活。从商业角度来看，这是一个潜力巨大的市场，目前全球没有任何电力设施仍不在少数。虽然我们头三年的销售额非常低，但到 2016 年，我们的营业额已经超过了千万美元。我们的商业模式相对简单，90% 的收入来自与经销商的合作，8% 来自政府项目，

2% 来自国际非政府组织（NGO）的采购。

我们也得到了国内外的广泛认可和支持，不仅受邀参加全球气候大会并发言，也受到瑞士发展合作署、国际金融公司（世界银行集团下属机构）、壳牌基金会、道达尔石油公司等的积极关注。我们的努力还被收录在人大商学院和哈佛商学院的案例研究中。我们也一直与联合国 SDG（可持续发展目标）同行，除了专注于提供可持续、可负担的清洁能源，现在已覆盖更多目标，如通过 Solar Media 提供优质教育，以及通过延长晚上的工作时间和阅读时间来有效防止女童早婚，促进性别平等。

虽然服务的是贫困人口，但作为一家"金牌"社会企业，我们也一直在回馈社会。我们向国内云南和西藏的一些山区学校捐赠太阳能系统，为印度和非洲的欠发达地区的一些学校提供奖学金，在国内发生重大灾害时捐赠太阳能灯等物资。我们会继续努力，直到每个人都能享用清洁能源，向世界的每一个角落传递光和爱。

在一无所有中闯出创业路

陈玮：您是怎么走上创业之路的呢？其中有过去人生经历的影子吗？

李霞：很多人问我为什么选择服务 BOP 人群，这与我的成长经历有关。我出生在黑龙江省尚志县的一个偏远乡村，由于家庭条件不佳，我没有机会接受更进一步的教育，无法像其他人一样去读大学。当通过不懈的努力最终获得美国一所大学的 MBA 学位时，我甚至已成为一位母亲，怀着第一个孩子。这些经历让我能深刻理解 BOP 人群对拥有机会和改善生活的渴望，这也是我选择为他们服务的原因。我可能会用余生来做这件事。

我的第一次创业是在 2004 年，当时我虽然才 23 岁，但事实上已经有了五年的工作经验。那时我的创业动机很简单，就是想改变家庭的经济状况，特别是为了支持我弟弟上大学。我开设了一家贸易公司，主要为全球品牌提供促销赠品，比如化妆品公司赠送的化妆包，航空公司赠送的旅行箱等，我们从不同的厂家选购产品，然后销售给这些品牌公司，它们会在每个季度进行选品，我们则提供一系列产品供它们选择。

整个过程并不容易。创业的契机是我在深圳的工作经历，这段经历让我了解到国际贸易的流程，知道了如何与客户沟通；其中，也得益于我 1999 年起在北京接待外国旅行团的工作经历，这让我有机会锻炼英语口语，并在后来的工作中成了我的优势，因为当时很多大学生的英语口语并不流利。我刚创业时一无所有，几乎所有的时间都用来工作，每天早上 8 点就开始工作，白天与供应商沟通，晚上 8 点到凌晨 2 点与有时差的客户沟通。

陈玮：您是如何在毫无基础的情况下做到这些的呢？

李霞：之前的工作让我对生产流程和质量控制有了深入的了解，也清楚了价格构成。此外，我在电子厂的工作经验让我积累了丰富的国际贸易经验。我知道如何在网上找到客户，虽然这并不容易，但我的语言优势帮助我迅速与客户建立了信任——我经常通过电话与客户沟通，这很重要，但在当时并不常见。

我的第一笔订单是为新加坡的一家礼品公司提供 4 000 台触摸屏幕电话机。我通过网络找到它的联系方式，在和客户多次沟通后才成功获得这笔订单。事实上，客户起初对我的年轻和公司规模都有所顾虑，而我获得他们的信任的方式就是带他们参观供应商工厂，展示我的供应链实力和对产品质量的把控能力。

我的英语能力、国际贸易经验及对供应链的了解是我能在毫无背景和资源的情况下成功建立自己的业务的最大优势。我利用这些优势，通过网络寻找客户，并勇于通过电话沟通建立信任。我甚至在公司名片上大胆给自己"安装"了一个名头，以避免因年轻而失去客户的信任。第一笔订单让我赚了大约 1 万多元，这对当时的我来说是一笔不小的收入。从 2004 年到 2009 年的五年多时间里，我积累了一定的财富，实现了有房、有车的生活，并组建了幸福的家庭。这段经历为我后来的创业之路奠定了坚实的基础。

在转型中寻找新生机

陈玮：您在这五年的创业中取得了很大的成功，可以说是人生的一次"逆袭"。是什么让您决定改变，选择一条陌生的道路重新出发？

李霞：有一次我去印度拜访客户，看到了那里的贫民窟和艰苦的生活环境，这让我深有感触，想起了自己的童年。我当时就想，如果我再次创业，我希望做一些能真正改变人们生活的产品，而不是生产一些人们并不需要的东西。同时，我也开始关注环境问题，希望未来能做一些既可以帮助人们，又对环境友好的事情。2008 年金融危机后，太阳能和 LED 的价格大幅下降，我觉得这是一个机会。结合自己在深圳发展出的优势，我决定尝试进入这个领域，看看能否创造出既环保又能帮助贫困人口的产品。

最初进入这个领域不免困难重重。所以，我决定从自己熟悉的贸易以及擅长的产品选择和供应链谈判出发，于是开始上网搜寻各种太阳能和 LED 的相关产品。我挑选了三四十种不同厂家的不同产品，然后带着这些产品去参加广交会。选择广交会是因为那里是接触客户最广泛的场所，有不同领域的产品，也有来自不同国家的客户，尤其是发展中国家的客户，这与我之前主要服务的发达国家客户不同，后者更通常选择香港展会。

然而，这并不是一个顺利的开头。由于资金紧张，我们希望新公司能够自我盈利。我们在网上搜索客户信息，发送了至少几万封甚至可能十几万封邮件。前两期广交会上基本没什么收获，大多数人对我们这家新公司持观望态度。我们的产品种类繁多，包括太阳能汽车充电器、灭蚊灯、换气扇、充电器、安防灯、救援闪光灯和太阳能路灯等，于是我们尝试说服一些客户先拿几箱产品，即便卖不出去，也可以作为应急使用或做慈善。当时我们选择的产品都是基于新能源和环保的定位。

陈玮： 那您是如何在这个艰难开场中找到转机的？

李霞： 在近两年的时间里，我们通过海量的客户访谈和问卷收集，摸索客户的喜好和市场需求。我们让客户先尝试小批量购买，如果反响不错再大量订购。这样一步步摸索，最终找到了适合市场的产品和销售策略。

这其中广交会也给了重要的帮助。在广交会上的交流和与客户的后续沟通让我们开了一个好头。虽然验证过程较长，有些客户回去后对产品持怀疑态度，但大约一年多后开始逐渐有客户传回正面反馈。我们也在不断地向消费者传达太阳能产品的好处，并教会他们正确使用这些产品。虽然头三年，特别是头两年，我们并没有达到收支平衡，但到了 2012 年，我们的营业额就已经超过了 1 000 万元人民币。

这其中主要有两个主要的变化。首先，我们找到了一些精准的客户，他们的购买量逐渐增加，从最初的几十个、几百个，到后来的几百箱，再到整个货柜的购买，采购数量显著增加。其次，我们的客户基数也在增长，从海量搜索中筛选出建立信任的客户，这个过程变得更加容易。产品的聚焦也是一个关键因素，我们从最初的三四十种产品减少到只有几种，更加专注于市场需求。

到了 2012 年，我们只有四种主打产品。我们根据终端用户的收入水平来设计产品线，比如对于极端贫困的人群，我们设计了 5 美元以下的产品，主要考虑点灯功能；对于中等收入但需要走远路充电的人群，我们增加了手机充电功能，并增大了太阳能板。

那 5 美元以下的产品就是我刚才介绍的"蜡烛消灭者"，它直接对标煤油灯，但客户只需支付不超过 3 至 4 个月煤油灯费用的成本，即可购买并享受长达 36 个月的服务。这款产品的性价比非常高，尤其是对于收入微薄的群体，我们帮助他们优化已有的消费，而不是简单地提供新产品。这也是我们产品设计的初心。

以迎击挑战和拥抱变化破局创业困境

陈玮：从开始到业务逐渐稳定增长，站稳脚跟，您认为其间有什么对您的创业之路来说特别重要的节点吗？

李霞：一个重要的节点是 2012 年，我们决定进入制造业。尽管当时有很多争议，包括我先生也不完全同意，因为我们之前作为轻资产公司运作得非常成功，但最终我们还是决定投资 100 多万元进入重资产行业，包括房租、装修、生产设备、测试设备、产品模具和原材料的采购等。这是我们业务发展中的一个重大转变。

在贸易业务发展不错、风险也低的情况下做出这样的转变其实是艰难的，这背后有几个重要的原因。首先，我们希望能够制造出更具性价比的产品。作为一个更侧重销售的团队，我们没有自己的研发和生产能力，与供应链的沟通非常困难。我们想要为终端客户设计合适的产品，但供应链不理解我们的需求，他们认为非洲市场不需要那么高的标准。其次，我们的供应链没有遵守商业规则，直接联系了我们的客户，用更低的价格竞争，这对我们的市场开发造成了很大的影响。最后，我们意识到如果想要可持续发展，就必须拥有自己的团队，掌握自己的命运。这样我们才能更好地控制成本，提高产品的性价比。

陈玮：具体来说，进入制造业后，您遇到了哪些挑战？有没有什么经验可以分享一下？

李霞：这次转变挑战非常大。我们在技术上遇到了很大的困难。比如有一次我们与尼泊尔客户的合作，由于技术问题导致大批产品出现故障。我们不得不重新制作电子板并亲自去尼泊尔修理机器，这使我们损失了 50 万。这次经历让我们认识到技术的重要性，也让我们付出了高昂的学费。但我们从中学习到了很多，也加强了我们在产品质量控制上的能力。

从广州飞往加德满都，大约需要五六个小时，我一个人踏上这段路，去确认真实情况。客户甚至为此举办了一个展会，展会的名字叫 ilike，显示了他们对这个产品的期望；结果，我不仅了解了客户的市场规划，也发现其反映的不良情况确实存在且非常严重。

我在那儿待了一段时间，确认了问题后才回到公司。然后我们重新制作了PCBA（印刷电路板总成），并带着解决方案再次前往尼泊尔。这次我和两位工程师一起去，用三五天的时间安排好后续的工作，又为客户提供了售后和维修培训。

虽然现在回顾起来只有短短几行，但我当时其实非常难过。有了自己的工厂，接到了一个好客户，一切看起来很美好，结果却遇到了这样的问题。客户对我们非常有信心，认为我们是非常好的合作伙伴，但这次事件也的的确确对他们造成了打击。我们甚至没有想到公关，只想着怎么第一时间挽回客户的损失。所以不计成本地重新更换了PCBA，代价就是我们遭受了三五十万元的损失。这次经历对我们来说是一次非常宝贵的教训，也让我们更加认识到技术能力的重要性。

陈玮：除此之外，您觉得还有什么转变对公司进入制造业的发展至关重要的吗？这些转变有带来什么不一样的结果吗？

李霞：进入制造业后，我们引入了新的商业模式，比如分期付款。尽管在发展中国家，信用体系往往不太完善，这样做存在一定的风险，但我们还是尝试了创新的分期付款模式。例如，我们的产品配备预付费充值系统，经销商购买设备后，以分期付款的形式销售给用户，用户只要先支付一部分定金，然后按月充值就可以使用，充值的金额通常只比他们使用传统能源的成本略高。这样，用户可以负担得起，经销商也可以通过这种方式增加销售——即便他们承受了一部分资金风险。

这个模式在我们公司的应用源于我们与客户的沟通。我们发现，终端用户对美好生活充满向往，但他们的经济条件有限。我们参考了国内的房贷模式和其他成功案例，尝试解决让更多人买得起的问题，以实现销售数量的增长。

这种模式最显著的受益者就是低收入家庭，不仅改善了他们的生活质量，还提高了他们的生活水平。我们的产品本身就是高质量的，再加上世界银行等组织的帮助，他们的生活质量得到了明显的提升。未来，我们还计划将这种模式应用到更多的生产性用具上，如太阳能水泵和磨米机，进一步帮助提升他们的收入、改善他们的生活。

陈玮：对于公司过去在新能源领域的发展以及未来的广阔发展空间，您是如何将这些无限的可能性变为现实的呢？

李霞：我们公司的发展策略是一步一个脚印，稳健前行。我们的产品线已经从太阳能灯具扩展到了冰箱，接下来我们计划进入太阳能水泵领域。我们的创新主要集中在跨界整合上，而不是纯粹的技术研发。我们的目标是将成熟的技术与新的商业模式结合起来，比如将分期付款模式应用到太阳能水泵销售中。

跨界整合，是我们的创新方向。与其他一些高科技公司不同，我们无法支付高薪聘请顶尖的研发人才，因此我们更多地在跨界整合上下功夫。例如，我们将太阳能和 LED 灯两个不同产业结合起来，创造了新的产品。我们的新产品 Solar Media 也是一个跨界创新，它结合了太阳能、电源和平板，解决了在非洲等地区由于缺乏电力而无法观看视频内容的问题。

而跨界整合这个创新想法来源于我们对客户需求的深入研究。与客户保持深入且持续的沟通，是我们发展至今所秉持的一个实践原则。通过对客户需求的深入了解和探索，我们发现了许多痛点，比如粮食损耗问题，以及由于缺乏电力和设备而无法获取重要信息的问题。我们的产品 Solar Media 就是基于这样的需求进行跨界整合创新的典型案例。通过传播内容，我们计划通过第三方收费的方式来降低 BOP 人群获取知识和信息的成本，这也是我们在跨界整合和创新方面所做的一些尝试。

陈玮：以 Solar Media 为例，您可以分享一下是如何想到开发这样一个产品，以及如何寻找它的商业模式的吗？

李霞：Solar Media 这个想法最初源于我对 BOP 人群的关心，特别是孩子们。当我成为母亲后，我对这些孩子们的困境有了更深的同理心。我发现，尽管这些孩子可能生活在贫困中，但他们同样渴望知识和信息。因此，我开始思考如何将知识和信息带给他们。这个产品结合了平板电脑和太阳能灯，这样用户不仅可以用它来照明，还可以通过它来获取信息和知识。我们的第一个试点项目设在肯尼亚，部署在当地村庄中的 800 台设备由当地合作伙伴运营。这些合作伙伴是一家在服务"最后一公里"方面有十几年经验的当地 NGO 组织 Mama Layla 以及肯尼亚第二大媒体机构 Standard Group。媒体机构提供符合当地需求的内容，NGO 组织负责发放设备给当地村民，并监督他们使用、更新内容等。当地人可以通过观看里面的内容进行学习。

在商业模式方面，我们的目标是让第三方为我们的屏幕内容付费，从而降低产品的销售成本，以使更广泛的 BOP 人群能够负担得起。目前，我们的合作伙伴愿意降低他们的利润来支持这个项目，因为他们通过这种方式可以更有效地传播他们的服务内容。长远来看，我们希望 BOP 人群能够为内容付费，同时吸引更多的第三方为我们的设备中播放的内容付费。

也许很多人可能会质疑 BOP 人群是否有支付能力来接受这样的商业产品。事实上，虽然可能收入较低，但他们仍然是消费者，有购买能力，关键在于我们是否能提供符合其购买能力的产品。就像宝洁公司通过改变包装和销售策略成功地将产品销售给 BOP 人群一样，我们也希望通过创新的产品和商业模式来满足这个群体的需求。我们相信，只要产品对 BOP 人群有价值，他们就会愿意为此付费。

陈玮：那么，在已经取得了显著脱贫成就的中国，您认为刚刚提到的跨界整合和模式创新是否也有可能有所作为呢？

李霞： 在中国，通电率已经接近 100%，所以我们没有通电方面的问题。不过，我们正在探讨如何将我们的太阳能技术应用到中国的自然保护区和偏远的藏区游牧民族中，为他们提供便携的太阳能设备，满足他们的日常需求。此外，随着太阳能和储能成本的下降，新能源在中国仍有巨大的发展潜力，尤其是在环保和节能方面。

陈玮： 您如何看待中国的发展经验对其他发展中国家的影响？

李霞： 中国的发展经验对发展中国家具有很大的借鉴意义。中国的高速发展过程令其更快地进入了更先进的技术时代。同样，其他发展中国家也可以从中吸取经验，加快采用新能源技术，这不仅有助于他们快速发展，还能有效减少碳排放。我们的公司在过去 11 年中已经减少了 380 多万吨的碳排放，这些减排量如果按照现金价值计算，也可以用于有效的扶贫工作。我认为，将中国的成功经验赋能给其他发展中国家，帮助他们少走弯路，是我未来会投入更多精力的领域。

平衡工作和生活

陈玮： 同时作为一个三个孩子的妈妈、创业者和公司负责人，您是如何平衡这些角色的？很多人觉得这几乎是不可能的，您能否分享一些经验和诀窍？

李霞： 平衡工作和生活的关键在于找到支持你的人。对我来说，我的先生在家庭中承担了很大的责任，他的支持和付出让我能够专注于工作。他在我转型服务 BOP 人群时给予了我极大的支持，即使这意味着收入可能会减少，工作会更加辛苦。他的理解和支持让我能够继续追求我的梦想。所以，我先生的支持对我来说非常重要、非常宝贵。

我曾经在 2017 年经历了一段非常艰难的时期。那时，我生了两个孩子，并且坚持母乳喂养，这让我有四年没法出差。当我重新开始频繁出差时，我发现自己时常非常想念家人，尤其是挂念孩子。有一次我从非洲出差回来，发现我的女儿对我有些陌生，这让我非常难过。我开始反思，我的家庭和孩子在我的生活中应该占据怎样的位置。

那段时间我感到非常疲惫和沮丧。我开始质疑自己的选择，甚至不想继续工作。我意识到，尽管工作对我来说非常重要，但我不能忽视家庭和孩子。我开始寻找方法来更好地平衡这两方面。

陈玮： 那您是如何克服这种状态的，有没有什么好的方法可以分享给大家？

李霞： 在意识到需要找到一种方法来平衡工作和家庭生活后，我开始尝试不同的策略，比如调整工作时间，以便有更多的时间陪伴家人。同时，我也更加珍惜与家人在一起的时光，确保在工作和家庭之间找到平衡。这个过程并不容易，但通过不断努力和调整，我逐渐找到了适合自己的平衡点。我找到了一种方法，就是把时间划分好，明确哪些时间是属于家庭的，哪些时间是属于工作的。我把重要的事情做好，减少紧急情况的发生，确保属于家庭和个人的时间得到尊重，不被工作侵占，比如周末和上课的时间。我还确保每年抽出时间带孩子旅行，看看世界。这样的时间管理让我感到更加放松。

此外，有几个关键因素也在帮助我找回状态，我认为这些对于走出情绪低谷同样重要，给了我很大的动力。首先是外界的认同感，比如在 2018 年和 2019 年，我们公司获得了很多关注和奖项，这让我深受鼓舞。这些来自外界的认同给了我很大的动力，让我意识到即使是我们这样规模不大的公司，也能够做出有意义的贡献，并且得到认可。这种认同感给了我巨大的能量，推动我继续前进。

其次是来自家庭方面的支持和动力。随着孩子们逐渐长大，他们开始理解我所做的事情，并且认为它很有意义。比如，我女儿会节约用水，我儿子会珍惜玩具，他们懂得不浪费，这些价值观让我感到非常欣慰。看到孩子们因为我的工作而产生的积极变化，让我更加坚信我所做的一切都是值得的，这给了我继续坚持的动力。

陈玮：对于个人和公司的未来，您有什么寄语？

李霞：就个人而言，我会坚持继续做这件事。我希望有更多有能量的人加入我们，因为单靠我一个人的力量是有限的。我希望我们的公司，无论未来是成为一家上市公司，还是被更大的平台收购，只要能够让更多人真正受益，那就是我所期待的。

本文根据作者 2020 年 12 月 9 日在北大汇丰商学院创讲堂的演讲整理而成，经作者审阅并授权发布。

后记

    北大汇丰创讲堂是由北大汇丰商学院创新创业中心主办的面向社会大众开放的公益性创新创业主题讲座，由北大汇丰管理实践教授陈玮发起创办。北大汇丰创讲堂甄选全球拥有独到见解的一线企业家、投资人、学者，为创新者、创业者及在校师生提供商业最佳实践案例、创业热点趋势和企业成长故事等创新创业分享。自2018年9月创办至今，创讲堂已经成功举办80期，邀请到不同领域的知名创业者、企业家、投资人、学者前来分享。

    本书精选了17篇创讲堂演讲，并在现场演讲的基础上做了拓展和补充。在这些演讲中，我们可以看到，无论是科技的革新、市场的演变，还是消费者行为的变化，都对商业世界产生了深远的影响。每一位嘉宾都以其独特的视角，分享了他们对于如何应对这些变化的见解和策略。他们的故事告诉我们，成功的创业不仅仅是抓住机遇，更是在变化中寻找规律，以创新的思维和行动去适应和引领这些变化。

    感谢所有参与北大汇丰创讲堂的演讲嘉宾，他们毫无保留地分享了自己的经验和智慧，为创新创业者提供了宝贵的参考；感谢北大汇丰商学院创院院长海闻教授、院长王鹏飞教授对创讲堂的持续指导；感谢王雨润、于睿、褚莹、刘诗懿、孙若涵、宁小群、龚钰轩等志愿者同学对创讲堂的会务协助和文字校对支持；感谢北大汇丰商学院创新创业中心曹飞苑，公关媒体办公室绳晓春、曹明明，格致出版社编辑程筠函、周天歌为本书的策划、整理和编校做的大量工作。是他们的共同努力，使得这些宝贵的思想得以结集成册。

本书的出版是北大汇丰创新创业中心对知识传承与创新精神的一次深刻实践。我们深知，在快速变化的商业环境中，唯有不断创新，才能引领时代潮流。我们期待本书能够为读者提供一份关于商业变革与突破的思考指南，能够成为连接过去与未来的桥梁，不仅记录下这个时代的商业智慧，也为未来的商业领袖提供灵感和动力。在这个充满不确定性的时代，让我们携手前行，共同探索和创造一个更加美好的商业未来！

未来，北大汇丰创讲堂将持续邀请更多优秀的嘉宾来分享他们的创业故事、投资心得和商业哲学，将更多创新创业思想带到大湾区，将更多启发与思考带给创业者和创新者，助力粤港澳大湾区成为世界级的创新创业热土。

最后，欢迎大家关注北大汇丰创新创业中心的公众号——PHBS创新创业中心，获取更多创新创业资讯。同时，北大汇丰创讲堂持续招募演讲嘉宾，欢迎在公众号后台联系我们推荐嘉宾。

图书在版编目(CIP)数据

创见未来 ：新时代的商业突破与变革 / 魏炜，张坤
主编. -- 上海 ：格致出版社 ：上海人民出版社，2024.
ISBN 978-7-5432-3638-7

Ⅰ. F241.4

中国国家版本馆 CIP 数据核字第 2024XY8865 号

责任编辑　程筠函　　周天歌
装帧设计　仙境设计
美术编辑　路　　静

创见未来:新时代的商业突破与变革

魏炜　张坤 主编

出　　　版　格致出版社
　　　　　　上海人民出版社
　　　　　　(201101　上海市闵行区号景路 159 弄 C 座)
发　　　行　上海人民出版社发行中心
印　　　刷　浙江临安曙光印务有限公司
开　　　本　720×1000　1/16
印　　　张　17
插　　　页　2
字　　　数　235,000
版　　　次　2024 年 12 月第 1 版
印　　　次　2024 年 12 月第 1 次印刷
ISBN 978 - 7 - 5432 - 3638 - 7/C·329
定　　　价　85.00 元